小学数学教学改革的
探索与实践

王丽卿　著

中国海洋大学出版社
· 青岛 ·

图书在版编目（CIP）数据

小学数学教学改革的探索与实践 / 王丽卿著 .

青岛：中国海洋大学出版社，2025. 2. -- ISBN 978-7
-5670-4135-6

Ⅰ. G623. 502

中国国家版本馆 CIP 数据核字第 2025HF5063 号

小学数学教学改革的探索与实践
XIAOXUE SHUXUE JIAOXUE GAIGE DE TANSUO YU SHIJIAN

出版发行	中国海洋大学出版社		
社　　址	青岛市香港东路 23 号	**邮政编码**	266071
出 版 人	刘文菁		
网　　址	http://pub.ouc.edu.cn		
订购电话	0532 - 82032573（传真）		
责任编辑	赵孟欣	**电　　话**	0532 - 85901092
印　　制	青岛国彩印刷股份有限公司		
版　　次	2025 年 2 月第 1 版		
印　　次	2025 年 2 月第 1 次印刷		
成品尺寸	170 mm ×240 mm		
印　　张	16		
字　　数	287 千		
印　　数	1—1 000		
定　　价	68. 00 元		

发现印装质量问题，请致电 0532-58700166，由印刷厂负责调换。

前言

作为一名小学数学教师，我是一位不断前行的探索者。在34年的小学数学教学教研实践中，我经历了无数的挑战，同时也收获了很多很多……

在追寻教育梦想的路上，我一直在思考：数学是一门严谨的科学，需要学习者逻辑缜密、思维深刻。如何让数学教学不再是学生眼中枯燥的公式与数字，而是充满生活气息的探索游戏？如何帮助学生从对数学充满困惑和迷茫，逐步转变为满心喜爱和迷恋，并在其中找到乐趣？数学不仅是学生眼前的学习科目，更直接影响着学生未来的职业发展。在我看来，数学教学是一段师生共同探索未知的人生旅程。有一个个生活中的小秘密，等待着我们一起去揭开；也有一场场充满挑战的趣味数学竞赛，激发学生的斗志与求知欲。在多年的数学教学教研中，我见证了一个个懵懵懂懂、满怀求知欲的学生，在我的引导和启发下，逐渐通过自主思考解决一个个数学问题，那一张张洋溢着开心和骄傲的笑脸，也让我满足和陶醉。

这些年来，我深刻意识到，传统的教学方法已经无法满足现代学生的需求。为了让数学走进学生们的生活，我不断尝试新的教学方法：动手实验、游戏化教学、合作探究等方式，这不仅可以让学生们在轻松愉快的氛围中掌握知识，还培养了他们独立思考、合作和创新的能力，同时也促进了他们数学核心素养的全面发展。

《小学数学教学改革的探索与实践》是我多年教学思考与实践的结晶。书中的每一个案例、每一种方法都源于真实的课堂，融合了我对数学教育理论的深入思考。我希望这些经验能为更多小学数学教师带来启发，帮助大家找到适合自己的课堂教学策略。本书有以下特点：实践性强——书中的内容源自一线教学，涵盖了多样化的教学方法与课堂管理策略，具有较强的操作性；探索性突出——书中不仅总结了丰富的教学经验，还把思维导图和数学文化巧妙地融入了数学教学，从而为学生的多元化发展提供了更多可能；理论与实践结合——书中通过对新课标教育理论的探寻，将理论与实际教学有机结合，帮助教师在日常教学中灵活应用；关注学生的全面发展——书中通过生动的案例展示数学教学的魅力，不仅是传授知识，更是培养学生思维能力、合作精神与创新意识，从而促进他们茁壮成长。

希望本书能成为教育同行的良师益友，陪伴大家在教学探索的道路上不断前行。愿我们在数学的世界里，挖掘学生们无限的潜力，激发他们对知识的热情和对世界的好奇心！

本书在编写过程中，参考了多部相关著作，借鉴了他人许多的宝贵经验。在此，我向相关作者致以诚挚的感谢。由于我能力有限，书中难免存在不足与疏漏之处，恳请各位专家、同行及广大读者批评指正。

王丽卿

2025 年 1 月

目 录

第一章
驻足回望

白驹过隙,岁月如梭,转眼之间,我从事小学数学教育工作已经 34 年了。期间,我从一个初出茅庐、青涩懵懂,对教学充满激情的"小白教师",成长为一个对学生充满爱心,不仅能给予他们智慧,还能给予他们力量的"立体教师"。这一路走来,有过彷徨,有过迷茫,有过犹豫。但幸运的是,我从未停止过学习和探索的脚步。正是这份坚持与执着,让我在探索小学数学教学的路上,与学生一起成长着、快乐着、收获着,深深体会着做一名小学数学教师的幸福。

第一节　难忘的 2009

2009 年是我终生难忘的一年。这一年,我荣获了市级优秀教师称号;这一年,我从中级教师晋升为高级教师;也是在这一年,我由实验小学一名普通的数学教师,成长为牟平区教学研究室的一名小学数学教研员。这一年是我职业生涯中的一个重大转折点,也是角色转换的关键拐点。注定在 2009 年这一年,我要驻足对自己的小学数学教学之路做一次深情的回望。

1991 年,作为优秀毕业生,我被分配到牟平实验小学。这是全县唯一一所县直属小学,学校办学条件优越,这里有全区最优秀的教师团队,也有全区一流的生源。因为满怀着要成为一名优秀人民教师的美好愿望,我每天大部分时间都在备课、上课、批改作业、辅导学生……与此同时,作为一名新教师,我还坚持做到三勤。一是手勤。我有一个小法宝,那就是我会随身携带一个记录本,遇到问题随时进行记录。哪些学生课前准备做得好,哪些学生上课听讲不认真,哪些方面还存在问题等,我都会——记录。二是嘴勤。平日里我会虚心向老教师们请教教学和管理方面的问题,尽可能不让问题过夜。三是腿勤。作为青年教师,我会每天早早到办公室整理卫生,早早到教室和学生一起做值日。课间我会带领他们进行种类多样的破冰小游戏。功夫不负有心人,我入职不久的第一次青年教师课堂亮相课,就得到了学校领导和老师的好评。同时,因为年轻,能和学生玩到一起,也得到了学生的喜爱和家长的认可。第三年又获评了区优质课,在入职前三年评选区优质课的教师当时并不多。年轻的我有点飘飘然了,似乎自己已经是一名优秀教师了。直到有一天,在一次校级青年教师课堂教学大比武后,德高望重的级部主任孙老师语重心长地对我说:"小王啊,课堂不仅仅是教师展示自我的舞台,更要认真倾听学生说了什么。"原来,教学"平均分"这一课时,学生虽然都会平均分,但在交流时学生都说"分",而没有突出"平均分"这一关键词语。当时的我不仅没给学生及时指出,还不住地颔首称赞。一语点醒梦中人。在以后的教学岁月中,孙老师的这句话时时跟随着我,我也会时刻提醒自己。我告诉自己,我可以不优秀,但不能用错误的知识去误导学生。

从此,我开始静下心来研究课堂。平凡的生活中多了几分刻意的忙碌:我开始阅读苏霍姆林斯基的《给教师的一百条建议》。随后的几年,我又读了朱永新教授的《新教育之梦》和叶澜教授的《教师角色与教师发展新探索》等教育专著。阅读教育专著让我更深入地理解名师的教育思想,学习先进的教育理念,并进一步丰富我的教育实践。同时,《山东教育》《小学数学教师》《人民教育》《小学数学教育》等专业教育杂志也成为我桌头的必备读物。在备课过程中,我会仔细研读教材和教学参考书,并设计多种教学方案作为预案。课堂上,我不仅传授知识,更重视引导学生自主思考,培养他们的学习能力。课后,我会及时进行反思,梳理每节课的优缺点,并做记录总结。

稍有空闲,我会走进其他教师的课堂,学习他们的教学经验。同时,我也主动邀请教师来听我的课,虚心听取他们的建议,从而不断丰富教学策略、提高教学水平。一分耕耘,一分收获,几年时间,我多次执教区、市级优质课,省电教优质课,国家级优质课,并多次执教区、市级公开课,示范课,观摩课。

多年的教育教学经历让我深刻体会到,一个不研究的教师是难以持续成长和进步的。因此,我开始关注日常教学中的各种问题,并积极投入课题研究中,努力让自己成为一个研究型教师。1996年,我主持了市级"珠心算教学实验"课题,并为全区珠心算实验的推广提供了现场会。现场会上一年级的小学生在算盘上拨珠时,那一双轻盈如飞的小手让人眼花缭乱,叹为观止。百以内两位数加减混合运算的心算速度,让与会教师无不为之惊叹。同年我撰写的《在珠心算教学中培养学生兴趣初探》发表在《烟台教育》杂志上。针对小学生数学课堂上情绪不高,注意力不集中,不愿意举手发言等普遍现象,在前期广泛调研教师与学生的基础上,我承担并主持了"小学数学体验式教学方式的研究"实验课题,历时三年的研究,课题顺利结题。这期间我撰写的《让学生在体验中学习数学》发表在《烟台教育》2006 年第 11 期。2002 年,我主持了"小学数学开放式教学方式研究"的课题,被授予区科技进步二等奖。

　　凭着一股永不言败的精神,我在教学中不断磨炼自己,这一闯就是 18 年。这 18 年的经历,让我的专业能力得到了快速提升。这主要源于我不满足于传统教学模式的简单运用,而是每一堂课都基于学生的实际情况进行深入思考,努力探索适合学生的教学方法,始终追求创新和突破。

　　18 年来,我做了 16 年班主任,多年的班主任经历让我明白爱是成功教育的原动力。有一年我担任一年级实验班班主任,这些学生和普通班学生相比,家庭条件优越,自理能力较差。记得那是一天上午,一位教师急匆匆地跑到办公室告诉我:你班学生在教室小便。什么?教了十几年的书,这种事我还真第一次听说。谢过同事后,我赶紧往教室里跑。一进教室,我看到××学生正拿着一个崭新的本子,一页一页地撕着,往地上铺呢!看到我,还朝我笑了笑,丝毫没有不好意思。我没有指责他,而是快速拿起笤帚,把地上的纸扫了起来,又把地拖干净了。收拾好了之后,我把他叫出了教室,问他"为什么不去厕所?""厕所人太多了,也太脏了。"他一脸的委屈。我耐心地对他进行一番教育后,又让他的同桌以后陪着他去厕所。事后学生的妈妈找到我,一个劲儿地向我赔礼道歉,不停地说:王老师,孩子回家总说,我们数学老师真好,对我们很有爱心。谁说学生年龄小不懂事,他们的内心也充满丰富的情感。只要我们以真诚之心对待,学生就能感受到我们的关怀与爱意。爱不需要华丽的辞藻,它是一种无声的语言,能穿透一切,架起心灵之间的桥梁。作为教师,如果我们能真心关爱学生,用心去引导和陪伴他们,学生的心灵就会如花朵般绽放。拥有了这份纯粹的爱,我们的教学工作也会变得更加充实而富有成效。

　　爱是相互的,由于我对学生的真诚与关爱,我也赢得了他们的喜爱。2005 年 3 月的一天,我收到了一份生日礼物,这也许是我收到的一份最特别的礼物。那是我教过的一名学生在我教她时写下的日记。

2003 年 9 月 10 日　星期三　天气阴

今天是教师节，我用小猪储蓄罐里攒的零花钱，给数学老师买了一枝花。我送给数学老师的时候她笑了，但很快就把笑容收起来了，她笑起来很好看的。她轻轻对我说："花——老师很喜欢，但你这么小，还不能自己赚钱，所以以后不要乱花钱，知道吗？"看起来她没那么厉害，我有点喜欢她，不过，她要是经常这么笑，我会更喜欢她。

2003 年 12 月 15 日　星期一　天气晴

我发现数学老师越来越会说好听的话了，"你的声音真好听，下节课我还想听你发言""你的想法与众不同，太棒了！""你的思路真清楚！""你们小队的纪律真不错！"刚开始我们觉得真是吃惊，到后来连我们自己都觉得我们真的很了不起。一道难题，我们在老师的鼓励下很快就做出来了，数学老师的表扬可真是我们的打气筒啊！！

2004 年 8 月 30 日　星期一

这些天我一点也不开心，校长为什么要换我们的数学老师呢？听说数学老师当领导了，哎，我不想让数学老师当领导，我还想让她教我们数学。唉，多好的数学老师啊，怎么给换了呢？？？

2004 年 9 月 38 日　星期三　天气晴

今天我去找我们原来的数学老师了。数学老师说：没关系，新的老师也很好的，刚开始不习惯很正常，过几天你们就会适应新老师了，因为你们很聪明啊。她说得对啊，当时我们不是也很快就适应她了吗，对，我们的新数学老师也一定会很好的。可为什么心里还是想着原来的数学老师呢？

方方正正的小本，这可是一个小女生纯洁的心，它就晶莹剔透地放在我的面前，静静地向我诉说着她的喜怒哀乐……我，一名普通的教师，还有什么不满足的呢？

2007 年我荣获烟台市教学能手称号，2009 年获烟台市优秀教师称号。驻足回望，"年轻是资本"已成往昔，时光的流逝，带走了青春的容颜，但也赋予了我们智慧和坚忍。唯有在成长的过程中经历风雨的磨砺，生活才会更加多姿多彩，才能享受阳光的温暖。既然已经从事教师这个职业，就应坚持内心的那份热爱。不管在哪个工作岗位，心系学生，一生与课堂相伴，永远保持着对教育的那份初心，心中多一分踏实、安静与平和，减少浮躁、喧嚣和对名利的追逐，静下心来，倾听学生们内心的声音，关注他们的成长与发展，从而让我们在教育的道路上走得更加坚定、从容，最终到达理想的彼岸！

第二节 我与新课程共同成长

成长需要改变,改变我们的态度、习惯和方法……但成长更离不开挑战和机遇。作为一名小学数学教师,我是幸运的。2002 年,我与国家第八次基础教育新课程改革不期而遇。还算年轻的我,带着满腔热情和对教育的执着,再次走进新课程,在教育的舞台上不断绽放光芒,与学生们一起迎接一个又一个挑战,收获一个又一个成果,共同成长。

一、在培训中提升

前前后后参加的多次培训,其中给我冲击最大的无疑是 2002 年省级新课程培训。42 天的集中学习,专家们精彩的报告如密集的炮火,不断冲击着我对小学数学课堂教学的既有认知,让我重新审视自己课堂。随着时间的推移,我不断积累知识,内心越来越感受到一份沉甸甸的责任。新课程理念下的课堂,对教师提出了更高的要求,教师应该做哪些改变,如何改变?这些问题一直萦绕在我脑海中挥之不去……

(一)转变观念是前提

师者,传道、授业、解惑也。这是对传统教师角色最好的概括。在传统的教学模式下,教学是教师手把手、耳闻面授的单向传输,学生如同一张白纸,学习方法与所学知识完全由教师规划与引导,学生的主要任务是听、记、练。这样的课堂上,学生是拘谨的、被动的,师生之间、生生之间缺少交流,课堂充斥着排斥与疏远。

新一轮课程改革打破了这种传统的教学模式。教师变成了学生学习过程中的组织者、引导者和合作伙伴。教学过程是师生交往、共同发展的互动过程。交往互动意味着人人参与、平等对话,教师要从权威的讲台走到学生中间,不再仅是知识的输出者,学生也不再是一个个“待灌的瓶”。教师要深入学生中,随时了解、掌握课堂中的各种情况,并即时给予指导与帮助。如在学生小组合作学习时,作为合作者,教师要弯下身子参与学生的小组学习,深入了解各个小组的学习进展,针对学习困难的小组及时提供有效的指导和支持,使学习得以顺利进行。对于学习顺利的小组,教师则应更多地扮演倾听者的角色,细心观察,倾听学生的讨论过程,给予适时的鼓励与表扬,强化他们的自信心和合作意识。在全班交流时,教师作为引导者和倾听者,需要引导学生围绕教学中的重点、难点展开深度讨论和质疑,鼓励学生在观点的碰撞中产生新思路,从而促进知识的深度建构。教师作为教学的组织者,还要设计多样化的评价方式,关注每个学生在合作学习中的表现,鼓励学生主动表达与合作。

在这样一个师生互动、生生互动的过程中,教师更像一个牧者、组织者,他们不会直接替羊群准备食物,而是引导羊群走向水草丰茂的地方,自由地觅食。从而既管理羊群,又尊重羊群的独立生命活动。这种教学境界,难道不应该是新课程下每个教师都希望达到的理想状态吗?

转变观念,是我们教师面对新课程改革时的首要任务。我们需要从传统的教学思维中解放出来,拥抱更加开放、互动和民主的教学模式,从而不断提升学生的综合能力。我愿借着这次新课程培训的东风,和教师们一起在这条充满挑战和希望的教育道路上,不断前行。

(二)变革学生的学习方式是关键

学生是课堂的主角,数学知识、思想和方法应让他们在亲身实践与探索中理解和掌握,而不单纯依赖教师的讲解与灌输。因此,教师在教学中要树立以学生发展为本的理念,让学生通过自己的发现和创造学习。如何让学生在探究中学习数学知识呢?教师应做到以下几点。

1. 激发探究欲望。

小学生的思维以形象思维为主,只有那些熟悉的、有挑战性并能带来体验的内容,才能真正激发他们的学习兴趣。因此,教师在教学中要精心创设问题情境,点燃学生对新知识的学习热情,使他们产生强烈的求知欲望。学生才能在学习过程中主动思考、积极探索,从而更好地培养和发展他们的创新思维。如学习"排列问题"时,教师创设了一个开密码箱取礼物的情境,有效激发了学生的学习热情。课堂上,学生们个个跃跃欲试,但在多次尝试打开密码箱失败后,探索密码问题的欲望再次被点燃,教师也就自然引入了关于5个数字有多少种排列方式的新知识。

2. 提供探究空间。

对同一问题,不同的学生都会有不同的着眼点和着重点,因此也会有许多不同的解决方法。教师要珍视探究中学生独特的感受、体验和理解,留给学生独立思考的空间和时间。在教学"用数对确定位置"时，当学生意识到用"第几列、第几行" 6 个字来表示位置的烦琐时，教师并没有直接出示数对，而是以"你们想让老师直接告诉你们，还是自己去研究？"的问题来激发学生创造数对的热情。在学生创造出自己的"数对"后，教师引导他们进行交流与讨论。通过这一学习过程，学生不仅体会到数对产生的必要性，还在创造、讨论与交流中深入理解了数对。

3. 共享探究成果。

学生在独立思考、小组交流后，教师要给学生提供展示探究成果的机会。学生在分享与交流中，不仅学会倾听他人的观点、吸取他人的智慧，还能在相互讨论和质疑中拓宽思路、加深对问题的理解，从而进一步内化知识。在教学"排列问题"时，教师让学生独立探索 3 个数字的排列方法，学生们的排列方法各不相同，有的按照顺序排列，有的则是无序排列。面对这些不同的排列，教师不急于评价，而是将学生的各种排法直接展示在展台上，引导他们对每种方法表达自己的看法。在交流中，学生体会到有序排列的优势，进一步加深了对有序排列的理解。

4. 体验探究乐趣。

教师要抓住学生喜欢生活化和游戏化的特点，设计生动有趣的学习活动，让学生在实践中感受探索的乐趣。通过这些有趣的活动，教师可以逐步把学生引导到课堂的中心位置，让他们在自主探索与合作交流中，享受学习的快乐，培养主动学习的意识，最终成为学习的主导者。在学习"用数对确定位置"时，学生学会了用 6 个字准确描述物体的位置，但如何让他们体会到这种表示方法的繁琐，并自发产生寻求更简便表示方法的需求呢？教师设计了一个"捉迷藏"的游戏情境（在这个情境中，一个小朋友藏起来，学生用刚才的方法表示位置）。在游戏中，学生们意识到用"第几列、第几行"来描述位置根本跟不上小朋友藏的速度，这激发了他们使用更简洁方法描述位置的需求。最终，在他们的讨论中，数对便应运而生了。

变革学生的学习方式，不仅是教育理念的转变，更是教学实践的创新。通过激发学生的探究欲望，提供探究空间，共享探究成果，体验探究乐趣，教师可以有效地引导学生在探究中学习数学知识。这样，学生不仅能够掌握数学知识，更能培养自主学习的能力和创新思维，从而成为未来学习的主人。

（三）提升教师的综合素质是保证

在当今教育飞速发展的时代，学生获取知识的途径日益丰富。为了能游刃有余地驾驭课堂教学，教师必须突破书本的局限，广泛阅读，持续拓宽自己的视野，从而不断完善自己的知识结构。为此，教师在做好本职工作的同时，还须努力做到以下几点。

1. 多读书，不断提升自身素养。

作为一名骨干教师，我深知自己理论知识的匮乏。《小学数学教育概论》《小学数学教师》《小学教学参考》等理论书籍成为我业余时间的"朋友"。闲暇时，我常常阅读和摘录教育理论，学习先进经验和新的教育理念。在阅读中，我意识到，数学教学不仅要关注"教什么"（what），更要深入思考"为什么要教这一内容"（why）和"相应的教学活动对学生的提高究竟产生了怎样的作用"（how）。这些思考帮助我在教学中更有针对性地设计教学过程，提升教学效果。

2. 掌握信息化技术。

为适应数字化革命带来的教育变革，我放弃休息，积极参加信息技术培训，现在已经能够比较熟练地运用计算机辅助教学，建立了自己的工作室和教学资源库。我经常在博客上发布自己写的一些教学感悟、案例反思等，把写教育博客当成自己教学中的一部分，同时还利用教育博客开展教学研究，发挥辐射带动的作用。此外，我还利用信息技术进行在线教学，开展远程教育，为学生提供更多的学习资源和个性化辅导。

3. 具备合作精神。

在过去的教学过程中，教师通常独自面对教学中的各种问题。然而，新课程改革强调教师需要在更广泛的环境中与更多人进行平等的合作，这使得教师间的协作尤为重要。教师应学会与同事合作，分享教学资源和经验，同时还要与家长、社区和教育专家建立联系，共同推动学生的全面成长。

提升教师的综合素质是实现教育改革的关键。教师要不断学习和提升自己，才能更好地引导学生，适应时代的变化。通过广泛阅读、掌握信息技术、注重团队合作、创新教学方法、关注情感教育和德育，并树立终身学习的理念，教师才能在新课程改革的背景下，成为学生成长的引路人，共同推动教育的持续发展。

二、在课堂实践中历练

教师的成长,离不开课堂。作为一名教师,日复一日、年复一年地备课、上课,又有谁曾真正静下心来细细计算自己到底上了多少节课呢。然而,每个人心中都藏着那么几节难忘的课,或因为一次成功的尝试,或因为一次意料之外的失败,它们总会不经意间浮现在眼前。新课程改革,为我的课堂教学带来了新的挑战和机遇,推动着我不断反思与创新。让我在一次又一次的磨课中成长、历练,每一节课都见证着我的进步与蜕变,让我在课堂中享受着教学的乐趣。

(一)执教省级公开课

经过3个星期的培训,如何让新课程理念在课堂中真正落地生根,是每位参与培训的骨干教师都在认真思考的问题。幸运的我,再次获得机会在省课程培训的舞台上,为全省的骨干教师展示新课标下的新课堂。我执教的课题是一年级的"认识人民币"。由于课前经过精心备课,自认为对课堂上可能发生的情况都已了如指掌,作为一名有十几年教学经验的教师,我很自信地站到了讲台上。

第一环节:学生交流课前搜集的商品价格,自然引入课题。

第二环节:认识人民币。我采用小组合作学习的方式,让学生先观察,再交流,在交流中对学生进行爱惜人民币的教育。

前两个环节都如我课前预设的那样,进行得非常顺利。

第三环节:学习人民币的进率。我创设了一个"帮助幼儿园的小朋友买一个1元的玩具手表付钱"的情境。学生在小组讨论的基础上进行了全班交流。

师:怎么付钱?哪个小组愿意来分享你们的想法?

生1:我们小组用2个5角。

生2:我们小组用10个1角。

生3:我们小组用1个5角,再用1个2角,3个1角。

…………

课堂上,学生的付钱方式虽然是多种多样,但一切都在按我预设的方向进行。就在我准备引导学生观察这些付钱方法的相同之处,从而总结出元、角之间的进率时,突然传来了一个不同的声音。

生4:老师,我和他们想的不一样,我想用100个1分来付钱,因为1元等于100分。

这个回答让我愣了一下。虽然备课时预设了很多种付钱方法,但说真的,我真的没有想到这一种付钱方法。显然,这种方法是对的。经过片刻思考,我肯定了学生的回答。

师:真棒!你知道得可真多!

学生高兴地坐下了。本来,学生的付钱方法已经交流得差不多了,但这个学生的回答再次激发了大家的交流热情。

生 5:老师,还可以用 50 个 2 分。

生 6:老师,还可以用 1 个 5 角,50 个 1 分。

············

这样交流下去,显然已经偏离了教学目标。怎么办?面对那些高高举起的小手,我意识到之前的评价有问题。虽然学生的答案是对的,但这种付钱方式在生活中并不常见。于是,我立刻叫停了交流。

师:小朋友们,请把手放下,看,这个小朋友坐得真端正。刚才这位小朋友说 100 个 1 分等于 1 元,确实是对的。如果你是售货员阿姨,收到 100 个 1 分的硬币,你会有什么感受?

生:我会说,太多了,小朋友,你有 2 个 5 角吗?

师:对呀,100 个 1 分,数起来太麻烦了。想象一下,如果大家都这样付钱,会给数钱的叔叔阿姨带来多大的麻烦呀。

学生随着我的引导,高高举起的小手慢慢放下了,课堂又恢复了正常。

师:看看我们刚才讨论的这些方法,相加都等于几角呢?那你们知道角和元之间有什么关系吗?

············

第一次新课程学习的展示课虽然有惊无险,但也给我留下了以下两点思考。

1. 心中有标,筛选生成。

随着学生在课堂上主体地位的凸显,很多生成性内容是教师事先无法预设的。面对这些生成,教师需要时刻牢记教学目标,对于偏离目标的生成要当机立断。可以表扬学生的创意,但要迅速引导学生回到要解决的问题上来,使课堂既活泼又不失秩序。

2. 不断学习,提升能力。

新课程背景下的数学课堂,学生的思维更为活跃,这对教师提出了更高的要求。教师必须不断学习,提升专业素养和教学能力。只有通过不断学习和反思,才能有效地驾驭课堂,灵活应对各种教学情境。

（二）执教区新课程公开课

新课程培训结束后，作为第一批试用新课标教材的教师，我在全区小学数学教师新课程启动会上再次执教了区观摩课"分类"。"分类"是北京师范大学版（以下简称北师大版）小学一年级第一册第四单元的内容，单元包含两个课时：第一课时是按给定标准分类，第二课时是按自定义标准分类。现在我还清晰地记得，自己当时面对着花花绿绿的数学课本时的无助。我不断地问自己：这么简单的内容，怎么可能讲满40分钟？为此我苦思冥想了整整一个晚上。省培训时，专家的一句话提醒了我：教材只是教学的载体，新教材给教师留下了很大的发挥空间，教师要在深入解读教材的基础上创造性地使用它。在反复思考后，我决定把这两个课时合并为一节课，这样既解决了时间的问题，又尊重了学生的认知基础。想到这里，我不顾夜已深，反复阅读教材和教学参考书。根据一年级儿童的年龄特点，最终设计了以"冬冬的生日"为主题的六个情景："水果蔬菜分类""礼物分类""人物分类""动物分类""整理房间"和"唱生日歌"，为学生提供多次分类体验的机会。其中，"水果蔬菜分类""礼物分类"和"动物分类"重点让学生经历按一定标准分类的过程；"人物分类"则让学生按自定义标准进行分类，这是教学的难点。观摩课上，我充分利用多媒体教学的优势，每个学生一人一机，在观察、体验和交流中，感受按不同标准分类的思想方法，体会分类方法的多样性。最终，这节课得到了全区领导和教师的一致好评。同年，"分类"还获得了市优质课比赛第一名，并再次在省级观摩会上进行观摩展示。

这次新课程观摩课的教学，让我对新课程教学又有了以下新的思考。

1. 教学要尊重教材但又不拘泥于教材。

在新课程理念下，如何灵活使用教科书是每位教师都面临的现实问题。通过上这节课，我对"教材无非是个例子"这句话有了深刻的体会。本节课中，我将原本分为两课时的内容融合在一个课时的教学活动中进行。从课堂效果来看，学生能够准确地进行分类，这说明这样的处理符合儿童的认知特点，教学效果也较为理想。这次尝试让我认识到，创造性地使用教科书可以有效提升课堂效率和加深学生的学习体验。

2. 让学生经历知识的过程。

分类是一种实践性的学习活动，那么如何使学生的活动贴近他们的生活实际呢？在本节课的设计中，我通过创设"冬冬的生日"这一学生熟悉而又喜欢的生活情境，安排了5次与生活紧密相关的活动。活动从"水果蔬菜分类"开始,到"整理房间"结束,让学生在模拟的生活情境中经历分类的过程,感受分类的思想和方法。这样的设计让课堂更贴近生活,也使学生更能体会数学与日常生活的联系。

3. 给学生提供交流与表达的机会。

在本节课中,我努力给学生创设"看、想、做、说"的时机。并在这一过程中,时刻关注学生的活动状态,关注他们在分类过程中的思考和方法。这实际上是落实教学目标的过程,也是学生在做数学、交流数学的过程。整个课堂活动紧扣目标,学生的学习既充满活力又不失秩序,教师作为组织者、指导者和合作者的角色得到了充分体现。

(三)执教国家电教优质课

2006年,我有幸再次执教国家电教优质课。此次选拔过程可谓是一波三折,充满了挑战与考验,每一轮试讲和评审都让我对数学教学有了更深刻的理解和全面的认识。在备课过程中,我不断钻研教材,探索创新教学方法,力求将最优秀的课堂呈现给学生和评委。在磨课过程中我深刻体会到,教学是一门永无止境的艺术,需要我不断学习和进步。

我清晰地记得,那是一个星期五晚放学时间,学校刚刚举行完春季运动会。作为班主任的我,这一天不仅要为运动员们奔波,还要维持班级纪律,放学时已是身心俱疲,只想回家好好休息。就在这时,我接到了通知:区电教站要从三所直属学校中选出一名教师,参加市学具优质课的评选,教学过程中需要突出学具的运用。周一上午第一节课听课,教学内容是人教版教材四年级的"复式条形统计图"。

又是一个不眠之夜。晚上回到家,我盯着两张A4纸发呆(我们用的是青岛版教材,比赛课题只发了人教版一课时内容),看着上面的两幅图,真是绞尽脑汁地思考:如何体现学具的运用?平时上这节课,教师通常用课件让学生说一说单式条形统计图的信息,然后通过课件把两个单式图合成复式图,从来没有用过什么学具。不知不觉中,时针已指向12,可我依然一点头绪也没有。于是,不顾夜已深,我再次拿起了新课标反复阅读,要让学生经历数学知识的形成过程,这句耳熟能详的话再次映入了我的眼帘。对啊,以前我们上课时,从单式图到复式图的过程都是教师直接呈现的。学生最初脑海中的复式图是什么样子的?他们又是如何把两个单式图合成一个复式图的?想到这里,我忽然兴奋起来:应该让学生自己动手合成,而不是由教师直接用课件展示,这不正是学具的价值吗？学生在合并的过程中也能体会到图例的作用。

周六，我用整整一天的时间备课和制作课件。星期天一大早，我们全家去了美术社。当我说明我的需求时，美术社的老板说："你的这点活，用材不多，但太耗时了，工具给你，你们自己做吧。"就这样，我们一家三口在美术社忙了一整天，直到晚上 10 点才收工回家。第二天，我早早到达学校，做好了课前的所有准备。这次选拔赛没有时间进行试讲，说实话，我心里也是忐忑不安。7:30左右，电教站的领导们来到了教室门口，7:40，正式上课。中午放学时，我接到电话：初选通过了！接下来要准备参加下周三的市级比赛。由于市级选拔赛的承办学校有教师参加比赛，领导提醒我要放平心态，我们能拿个市级优质课证书就可以了，不要给自己太大的压力。让我意想不到的是，市级比赛当天下午四点多，我又接到通知，最终在市里也成功入选！ 2006 年 6 月，我代表烟台市赴延吉参加全国优质课比赛，并获得了国家优质课一等奖的好成绩。

这次磨课过程，让我感触颇深，真正体会到备好课是上好课的关键。

1. 课标是教师备课和上课的根本依据。

本次磨课让我再次深刻体会到研读数学课标的重要性。平时读课标时，我只是流畅地读出来，但对每句话的理解并不深入。如常挂在嘴边的"让学生经历知识的形成过程"这句话，在这次磨课过程中，我对这句话有了更深刻的理解。本节课我循着学生的思维，在他们已有经验的基础上，提供了充足的时间和空间，引导学生亲身体验复式条形统计图产生的整个过程，从而提升了教学效果，并加深了学生的学习体验。

2. 备课要深入钻研教材，充分理解编者的意图。

许多教师在第一次接触这一教学内容时，可能像我一样觉得内容过于简单，似乎没有太多可讲的地方。教材中仅展示了两个单式统计图、一个复式统计图，并提出一句"这两幅图看起来不方便，怎么办呢？"的问题。如何利用这些看似简单的资源，上好一堂 40 分钟的课，并确保每个学生都有收获？ 在深入研究教材后，我为学生准备了学具，鼓励他们通过操作、合作和讨论，亲身体验制作复式条形统计图的过程。学生从单式条形统计图逐步过渡到复式条形统计图的制作，整个过程自然顺畅，对图例的理解也更加深刻。这次备课和磨课让我深刻体会到，表面看似简单的内容，只有在深入钻研教材、充分理解编排意图之后，才能发现其内在的深度和教学价值。唯有如此，教师才能有效组织教学，学生才能在自主探究中真正受益，提升学习效果。

附教学设计一

"认识人民币"教学设计与评析

▶ 教学目标

（1）在现实情境中，认识人民币的单位"元、角、分"及它们之间的关系，认识小额人民币，并能进行简单的人民币换算。

（2）通过参与换币、付币的活动，在观察、操作、合作和交流中，学生初步了解商品的价格，并在简单的购物过程中积累购物的经验。

（3）在模拟购物活动中培养合作精神，养成爱护人民币及勤俭节约的好习惯，体会数学与生活的联系。

▶ 教学过程

一、谈话引入

师：课前老师布置小朋友到商店去调查一件商品的价格，哪个小朋友想和大家交流一下？（找几个学生交流）

师：这么多的小朋友们都想交流，下面我们就以小组为单位在组内说一说吧。（生小组交流）

师：看来小朋友们对人民币有了初步的认识，这节课我们继续认识人民币。（板书课题：认识人民币）

二、学习新知

（一）认识人民币

师：那你们都认识哪些人民币呢？

生1：我认识100元的，还有50元的，20元的。

生2：我还认识10元的，1元的。

生3：我还认识5角。

…………

师：小朋友们真棒，认识这么多的人民币，这节课我们主要认识面值较小的人民币。（课件出示：小面值的人民币）你认识这些人民币吗？（找学生说一说。）

师：下面请小朋友们从桌洞里拿出人民币，仔细观察一下，把你观察到的说给你组内的小朋友们听。（生小组活动）

师:哪个小组想来交流?(生交流)

师:同学们观察得很仔细。目前我们国家发行的人民币有好几套,观察这些人民币,他们是由什么材料做的?这些呢?

师:向这些用纸做的人民币,我们把它叫作纸币,而这些金属做的人民币,我们叫它什么呢?

生:硬币。

师:人民币是由国家发行的,小朋友们要热爱人民币,我们不能在上面乱画、乱写或者随意撕毁人民币。小朋友们能做到吗?

师:既然大家认识了人民币,接下来老师说人民币,你们快速把它找出来。

(二)学习人民币进率

师:小朋友们认识了人民币,那怎么用人民币去买东西呢?(课件出示)

这是一个超市的柜台,有个幼儿园的小朋友特别想买一个玩具手表,大家看,它的价格是多少?可是该怎么付钱呢?男孩有点犯愁了,小朋友们,你们愿意帮忙吗?下面我们就以小组为单位想一想,可以怎么付钱?

学生小组活动,教师巡视指导。

师:哪个小组愿意来分享你们的想法?

生1:我们小组用2个5角。

生2:我们小组用10个1角。

生3:我们小组用1个5角,再用1个2角,3个1角。

……………

生4:老师,我和他们想的都不一样,我想用100个1分来付钱,因为1元还等于100分。

师:真棒!你知道得可真多!

生5:老师,还可以用50个2分。

生6:老师,还可以用1个5角,50个1分。

……………

师:小朋友们,请把手放下,看,这个小朋友坐得真端正。刚才那位同学说100个1分等于1元,确实是对的。如果你是售货员阿姨,收到100个1分的硬币,你会有什么感受?

生:我会说,太多了,数起来太麻烦了。小朋友,你有2个5角吗?

师:对呀,100个1分,数起来太麻烦了。想象一下,如果大家都这样付钱,会给数钱的叔叔阿姨带来多大的麻烦呀!看看我们刚才讨论的其他方法,相加都等于几角呢？那你们知道角和元有什么关系吗？

生：1元等于10角

师：(板书：1元＝10角)小朋友们真的太棒了，这么短的时间就想出了这么多种付钱的方法。我在这儿替小男孩谢谢你们了。

师：那1角又等于多少分呢？（板书：1角＝10分）刚才这个小朋友还知道1元等于100分。（板书：1元＝100分）

三、巩固新知

（一）小组活动购物

师：小朋友们认识了人民币，还知道了元、角、分之间的关系，那你们想不想自己去买东西呢？下面我们就以小组为单位进行购物。（教师出示物品，让学生以小组为单位购物）

学生活动后交流，如何付钱。

（二）基本练习

师：看来小朋友们都会自己付钱买东西了，下面我们来做一个练习。（课件出示：1元可以买哪几样东西？）

学生先在小组内交流，再全班交流。

四、课堂小结

师：时间过得真快，马上要下课了，小朋友们想一想，这节课你学会了什么？（生交流）课后给小朋友们留一个作业，今天回家就可以帮妈妈买一些日常用品，不过小朋友们要记住，你们花的每一分钱都是爸爸、妈妈辛勤劳动挣来的。希望小朋友们不要乱花钱，做一个勤俭节约的好孩子。

▶ 评析：本节课具有以下几个特点。

1. 尊重学生已有的生活经验和知识基础。

本节课从学生熟悉的商品价格入手，在互动交流中自然引出人民币的学习。在认识不同面值的人民币时，教师充分利用学生已有的知识基础，引导他们先在小组内交流，再全班交流，从而系统地了解小额人民币的特征。教学人民币进率时，教师通过真实的生活情境引导学生解决问题，帮助他们理解人民币中"元、角、分"之间的换算关系，从而学习了人民币的进率。

2. 让学生在活动中理解和掌握知识。

本节课，教师设计了多种活动，让学生在活动中亲身体验和学习人民币的知识。如小组合作认识人民币、帮小朋友支付1元钱、模拟购物活动等。在活动中，学生不仅认识了人民币，还学习了元、角、分之间的进率。这样的教学设计,增加了课堂的趣味性,让学生在轻松愉快的氛围中学习知识。

3. 注重学生思想品德教育。

作为国家的法定货币,人民币象征着国家的尊严。教学中,教师不仅要注重知识的教学,还要适时引导学生爱护人民币。此外,教师还要鼓励学生回家帮助父母购买日常用品,树立节俭意识和孝敬父母的品质。学生在数学学习中不仅习得了知识,也学会了如何做人。

附教学设计二

"分类"教学设计与评析

▶ 教学内容

北师大版小学一年级上册第52～54页教学内容。

▶ 教学目标

(1)在现实情境中,学会按指定标准或自定标准进行分类,体会分类的必要性。

(2)在分一分、说一说的过程中,培养学生的观察、分析、推理的能力。

(3)在分类的过程中,培养学生的合作精神,使学生初步养成有条理地整理事物的习惯,进一步体会生活中处处有数学。

▶ 教学设想

"分类"是一种重要的思想方法,日常生活中分类的应用随处可见,学生在生活实践中也接触到。根据学生的实际,本节课我对教学内容进行了整合,以"冬冬的生日"为线索,贯穿了六个情景:"水果蔬菜分类""礼物分类""人物分类""动物分类""整理房间""唱生日歌",为学生提供了五次体验分类的机会。其中,"水果蔬菜分类""礼物分类""动物分类",着重让学生体验按一定标准分类的过程,让学生学会按一定标准进行分类。在"人物分类"的活动情景中,让学生学会按自定义标准进行分类,这是教学的难点。教学活动中要让学生充分地观察、体验和交流,使学生体会按不同的标准分类的思想方法,体会不同标准下分类的多样性。

▶ 教学准备

自制多媒体课件、卡片、动物头饰,学生自备胶棒。

● 教学过程

一、创设情境

师：小朋友，你们知道 10 月 1 日是什么日子吗？（国庆节）

师：（演示国庆节的画面）10 月 1 日是国庆节，也是我们新中国的生日，所以咱小朋友也放了 7 天的假，为祖国庆祝生日。我们每个小朋友也有自己的生日，你们喜欢过生日吗？（喜欢）

师：为什么喜欢过生日呢？（生争先恐后地说出自己喜欢过生日的理由）

师：今天是 10 月 27 日，是冬冬小朋友的生日，这节课我就领着小朋友去冬冬家，看冬冬是怎样过生日的。你们想去吗？（想）

二、学习新知

（一）水果蔬菜分类

师：清早，冬冬的妈妈就去市场买回了很多的东西，（电脑演示：黄瓜、茄子、苹果、香蕉、葱、菠萝、白菜、胡萝卜、西瓜）冬冬你能帮妈妈把蔬菜和水果分开摆放吗？聪明的冬冬一会儿就分完了，小朋友你也会吗？（会）小组合作分卡片。（教师巡视）

师：哪个小组想交流一下呢？

一名学生在讲桌前，操作属标，把水果和蔬菜分开。

师：你们有不同意见吗？

（二）礼物分类

师：（演示课件）听，什么声音？猜猜谁来了？

师：冬冬家今天来了好多客人，他们给冬冬带来了很多的礼物。（电脑演示：铅笔、地球仪、尺子、小汽车、裤子、衬衣、帽子、小熊、小鸭子）冬冬你能按照文具、玩具、服装鞋帽这三类把礼物分类放好吗？爸爸又给冬冬出难题了，这回冬冬可有点犯愁了，小朋友你们愿意帮助冬冬吗？（愿意）小组合作分一分卡片。（教师巡视）

师：哪个小组想交流一下呢？

一名学生在电脑前，操作电脑，进行分类。

师：有不同意见吗？

生 2：我们小组认为地球仪不是玩具，是文具。

生 1：可是地球仪上的球就可以拿着当球玩呀，我就这么玩过。

生 3：妈妈也给我买了这么一个小玩具。

生 4：那你也太不爱惜学习用品了。

生2:地球仪那上面能找到很多国家,是用来学习的。

生4:客人想让冬冬好好学习,而不是让他玩的……(生讨论)

师:那你们说这个地球仪应放在哪一类呢?

(大多数学生说是文具类)

师询问生1:你同意他们说的吗?(生1点点头,表示同意)

师:刚才这些小朋友表现真棒,敢于发表自己的见解,老师很佩服你们。

(三)人物分类

师:今天的冬冬家可热闹了,(电脑显示人物的头像)大人、孩子有说有笑地祝福着我们的小寿星。"冬冬,你能根据这些人不同的特征把他们分类吗?"爷爷又要考冬冬了。下面我们就以小组为单位和冬冬一起讨论、思考好吗?(生小组讨论)

师:哪个小组先来交流呢?

生:男的和男的在一起,女的和女的在一起。

师:根据性别分成两类。

生:大人和大人在一起,小孩和小孩在一起。

师:根据年龄分成两类。

生:戴帽子的和戴帽子的在一起……

师:刚才咱们小朋友根据自己心中的标准,把客人进行了分类。分类标准不同,结果也就不同,小朋友说是吧?

(四)动物分类

师:高高兴兴地吃完饭,大人们聊天,孩子们看电视,猜猜电视节目会是什么呢?(生随意猜)

师:到底是什么节目呢?(演示课件动物世界)你们喜欢小动物吗?那你们想不想当一回小动物呢?老师今天给大家一个机会。

(小组内选自己喜欢的头饰戴上)

师:一群多么可爱的小动物呀,下面我们就来做找朋友的游戏,谁先来介绍一下自己呢?

生:我叫小燕子,会用翅膀飞呀飞。

师:那谁是他的朋友?请你也下来吧!

师:你们喜欢这些小动物吗?(喜欢)请你们张开翅膀飞到他们中间去吧。

(依次让会游泳的、用四条腿走路的小动物下来介绍。)

师:哎,这只小青蛙,为什么你要下来两次呢?

小青蛙：因为我又会在水中游泳，又能用四条腿走路，是两栖动物。

师：多可爱的小青蛙呀，小朋友们用掌声欢迎他走回去好吗？

（五）整理房间

师：快乐的时光是短暂的，一转眼，一天过去了，客人们都走了，看看冬冬房间，感觉怎么样？（演示冬冬的房间）

生：太乱了。

师：那怎么办呢？

生：帮他整理整理吧。

师：下面咱就小组合作，帮冬冬整理一下房间，看哪个小组收拾得又快又好。（放轻音乐）

（生小组合作把每样物品用胶棒粘到想放的位置）

师：整理好的小组请选出一个代表，介绍一下你们是怎么整理房间的？

（每个小组逐个展示，其他同学提出建议）

师：看来小朋友们很会整理房间，知道吗，我们刚才在整理房间的时候就用到了数学上分类的知识。

师：相信这节课后，小朋友们会把自己的房间整理得更好，让爸爸、妈妈和所有走进你房间的客人们都夸奖你，怎么样，能做到吗？（能）老师相信，小朋友们一定能自己的事情自己做。

（六）唱生日歌

师：今天的冬冬特别开心，他多想与咱小朋友永远做朋友啊！可是我们马上就要与冬冬说再见了，小朋友你打算送一件什么礼物给冬冬，让他永远记住你呢？（生随意说出自己想送的礼物）

师：小朋友们想得真好，下面我们大家一起唱生日歌，送去我们对冬冬深深的祝福，好吗？（师生随音乐齐唱）

三、学生自我评价

师：从冬冬家回来，小朋友这节课你感觉自己表现得怎样？

▶ 评析：本节课具有以下几个特点。

1. 创造性地使用教科书。

如何使用教科书，这是走进新课程中的教师所面临的一个现实问题。教师在本节课教学中，把两课时的内容融合在一课时的教学活动之中，效果怎样？听课过程中发现，学生能分、会分，说明做法符合儿童实际，是切实可行的，是创造性地使用教科书。

2. 让学生历经分类过程,在活动中体验分类的思想和方法。

分类是学生实践性的活动,如何让学生的活动贴近儿童的生活？教师在本节课设计了五次活动,这五次活动以"冬冬的生日"为线索,从以水果蔬菜招待客人开始,到客人走后"整理房间",给人的感觉是"课堂即生活"。学生在浓郁的给"冬冬过生日的"的生活气氛中,历经了分类的过程,获取了分类的思想方法。让数学走进生活在本节获得了较好的体现。

3. 提供了广阔的时空,让学生进行交流和表达。

本节课,教师把"看、想、做、说"的权利还给了学生。教师在放的过程中,始终关注学生的活动状态,关注学生在分类过程中的思想和方法,这是落实教学目标的过程。整个过程,是学生做数学的过程,是学生进行数学交流的过程,活动紧扣目标,活而不散。教师组织者、指导者、合作者的作用得到了较好的体现。

4. 让学生感受数学的价值。

数学的价值是在用的过程中展现出来的。让学生用数学解决生活中问题,这是学生体验数学价值的有效途径。本节课,教师让学生整理冬冬的房间,"小客人"玩后零乱的房间经学生的整理,所有东西都有条理地摆放,给人以清静美好的感觉。这就是数学的价值,生活中处处有数学,处处需要数学。

附教学设计三

"复式条形统计图"教学设计与评析

▶ **教学内容**

人教课标版小学数学四年级上册99～100页教学内容。

▶ **教学目标**

（1）在现实情境中,自主探索复式条形统计图的绘制方法,认识复式条形统计图,会利用复式条形统计图进行简单的数据分析。

（2）通过数据的整理、表达、描述与分析的完整过程,学生体验复式条形统计图在数据比较和描述中的优越性。

（3）在数据的收集、整理和分析过程中,学生体会到统计在现实生活中的应用,从而提升了学习统计知识的自觉性与主动性。

▶ **教学准备**

自制多媒体课件、学具卡。

◉ 教学过程

一、谈话引入

师:小朋友,今年的六一儿童节你们过得快乐吗?为什么快乐?能和我们大家说说吗?(生交流)

师:六一儿童节期间,为了给小朋友的节目增添一些欢乐的气氛,很多学校都举行了精彩的文艺演出。那小朋友们最喜欢哪些节目呢?六一儿童节前夕,育英小学就对四年级的小朋友们进行了一次"我最喜爱的文艺节目"的调查活动,调查的结果怎样呢?(课件出示单式条形统计图)

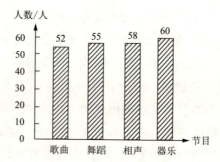

图 1-1　育英小学四年级学生"我最喜爱的文艺节目"统计图

二、学习新知

(一)复习单式条形统计图

师:认识它吗?叫什么?从这个统计图上你获得了哪些信息呢?(生交流)

师:如果想知道四年级男生、女生各有多少人喜欢节目,在这个统计图上能看出来吗?(生答:不能)

(课件出示复式统计表)

表 1-1 育英小学四年级男生、女生最喜爱文艺节目统计表

性别	歌曲	舞蹈	相声	器乐
男生	37	45	28	38
女生	15	10	30	22

学生根据表 1-1 提供的信息,选择一项自己最想统计的内容画一个单式条形统计图。(画好后展示交流)

师:大家都画好了,刚才我随意拿了两个同学画的统计图,我们一起来看

看。看着他们画的统计图,你想说点什么呢? (生交流,指出优点和不足)

　　(二)小组合作探索复式条形统计图

　　师:刚才看了同学们画的统计图,老师也画了两个统计图,我们一起看看。
(课件出示男生和女生两个单式条形统计图)

　　师:如果想知道男生最喜爱文艺节目的情况,应看哪个统计图? 如果想知
道女生最喜爱文艺节目的情况,应看哪个统计图?

　　师:如果想在统计图上同时既看到男生又看到女生最喜爱文艺节目的情
况,你有什么好的方法?

　　生:可以把它们合在一起。

　　师:合在一起? 你们会合吗? 下面同学们就用老师给大家提供的学具,一
起试着作一个统计图好吗? 看看哪个小组合作得最好。(小组合作)

　　师:哪个小组想下来展示你们小组设计的统计图呢?

　　一组:这是我们小组设计的统计图。

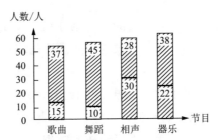

图 1-2　育英小学四年级男生、女生最喜爱文艺节目统计图

　　师:看着这个小组设计的统计图,你有什么想说的吗?

　　生 1:我认为这个小组设计得没有我们的好,因为这样做出的统计图,看不
出男生和女生。

　　生 2:我也认为这个小组设计得不是很好,因为那上面标的是 37,可怎么看
起来好像 50 多了呢?

　　师:同学们观察得真仔细,我们在读统计图上的数据的时候,一般是从 0 刻
度开始的,而 37 这个数不是从 0 开始读的。因此,这个统计图设计得有问题。
你们小组小朋友同意大家给你们小组提的意见吗? 还有哪个小组想交流?

　　二组:我们小组设计得就比较好,都是从 0 刻度开始读数的,大家看看怎么
样?

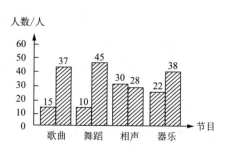

图1-3 育英小学四年级男生、女生最喜爱文艺节目统计图

生3：你们这个小组设计的统计图，还是看不出哪是男生，哪是女生，而且一会儿男生的，一会儿是女生的，有点乱。

师：那你说说怎么统计就不乱了呢？

生4：男的在前，女的在后。

师：我明白了，你的意思是说按一定的顺序统计，是这个意思吗？

生4：是的。

师：怎么样，你们小组同意他说的吗？刚才这两个小组设计的统计图，大家都说看不出来男生和女生，那怎么就能让大家清楚地看出男生和女生呢？你们有没有什么好的方法呢？

生5：老师，可以在每个直条写上男和女，这样就能看出来了。

师：怎么样，这个方法你们感觉好不好？（学生认为不错）

师：这个方法真的不错，可如果要统计的数据很多很多，每一个直条上都写上字，你感觉会怎么样？（生：那就太麻烦了）

师：还没有更好的方法呢？

生6：我认为把男的和女的涂成不同的颜色，就可以看出男生和女生了。

师：哦，这个想法很有创意，涂上不同的颜色就能分出男生和女生了吗？

生7：那也不行，你不亲口告诉别人哪个颜色是男的，哪个颜色是女的，别人还是看不出来。

师：哦，看来如果照刚才这个小朋友说的，我们大家作好了这个统计图，你还得为这个统计图配个解说员。（生笑）

生6：我们可以在统计图的旁边作个记号，写上蓝色是男的，红色是女的。

（四）认识图例

师：这个小朋友想得真好，在统计图的某个位置作个说明，让别人清楚地看出男生和女生的人数，这在统计图中叫图例。（板书：图例）

师:图例通常在统计图的什么位置上呢?（课件演示）

（五）观察复式条形统计图

师:仔细观察这个统计图,与我们以前学的统计图有什么不同?

（学生说出有图例、用两个直条表示两种信息等）

（引出课题:复式条形统计图）

师:从这个统计图上你又能获得哪些信息呢?

（生在交流中,发现男生喜欢器乐、相声的人数相对多一些,而女生喜欢唱歌、舞蹈的相对多一些）

师:那如果今天在场的观众男生多一些,应多表演什么节目?女生多一些应多表演什么节目?

（生答略）

三、巩固新知

师:上午看完节目,下午育英小学的同学们又进行了一次非常有意义的活动,想知道他们干什么了呢?（出示表1-2）

表1-2　友谊商店1—4月份饮料、食品销售情况统计表

	1月	2月	3月	4月
饮料	30	35	40	60
食品	55	50	32	25

师:原来他们对友谊商店1—4月份饮料、食品销售情况进行了统计,并制成了统计表。你能用今天学习的知识,把它做成统计图吗?下面我们来个小组拼图比赛,看看哪个小组拼得又快又好,拼好的小组可以选代表拿下来展示。

（小组合作拼）

师:下面就请同学们当回小老师,看看哪个小组拼得最好?（生交流评价,评选优胜小队）

师:根据同学们给大家提的意见,下面每个小组拿回去重新拼组一下。

师:从这个统计图上,你又能获得哪些信息呢?

（很多学生发现天气越来越热,商店卖得饮料越来越多,食品越来越少。）

师:那如果你是友谊商店的老板,下个月你会怎么进货呢?

（生说出:多进饮料,少进食品）

四、课后小结

今天我们和育英小学的同学们一起度过一个快乐的六一儿童节,通过本节课的学习,你学会了什么?

▶ 评析:本节课的教学主要有以下几个特点。

1. 创造性地使用教科书。

如何使用教科书,这是走进新课程的教师所面临的一个现实问题。教师在执教这节课时,在用好教材、但不迷信教材的基础上,结合学生的实际情况,选择了学生熟悉的六一节日,从和学生谈论六一节为什么快乐的过程中,引出了育英小学对三年级小朋友进行了"我最喜爱的节目"的调查。这不仅拉近了师生之间的关系,而且让学生置身于现实的问题情境之中,再次体验到生活中处处有数学。

2. 让学生在小组合作中体验探究。

怎样让学生产生还要学习复式图的需要,怎样制作复式条形统计图,复式图图例的产生,都需要让学生去探究。教学中,教师给学生足够的时间和空间,让学生经历了独立思考、小组合作、交流讨论探索复式条形统计图的全过程。整个教学复式条形统计图的组合过程显得自然,对图例的处理很到位,学生有成功的欲望。

3. 练习设计新颖、有趣。

如何才能把学生从枯燥的画图中解脱出来,如何能让每个学生参与练习?教师创设了拼图比赛这个练习,把复式条形统计图分解,再让学生小组合作拼图、评价、交流获得的信息。从而有效地激发了学生的学习兴趣。

第三节　我的一节心理健康课

儿童心理学对我来说是既熟悉又陌生的。说熟悉,是因为在读师范时接触过这门课程;说陌生,是因为随着时间的推移,许多知识已渐渐淡忘。尽管在日常教学中,我可能有意或无意地应用了一些心理学知识,但对其理解并不深刻。真正开始关注儿童心理学,并尝试在小学数学课堂上实践,是从我上的一节心理课开始的。

一、我与儿童心理学的渊源

一天刚下课,大队辅导员找到了我,说区里要进行心理健康优质课比赛,目前还没有教师报名。因为大家都不知道心理健康课该怎么上,她建议我去试试。说实话,当时我也不会,但却有一种想尝试的冲动。首先,作为班主任,我觉得学学心理课,了解一些儿童心理学知识对班级管理会有很大帮助。其次,讲了这么多年数学课,我也想尝试一下其他类型的课。

接下任务后,我陷入了迷茫。一是没有教材,更没有教参,讲什么,不知道;二是心理课的上课模式是怎样的,也没数。为了准备这节课,我利用闲暇时间到图书室和网上搜集相关内容,边学习、边记录、边思考。根据二年级小朋友的心理年龄特点,我选择了"情绪"作为心理课的主题。我希望学生通过了解喜、怒、哀、乐这四种基本情绪,学会如何调节自己的情绪,从而每天都能快乐地学习和生活。准备过程中,我设计了许多有趣的活动和互动环节。例如,我给学生创设了猜情绪、角色扮演表演情绪、唱歌曲等活动,并让学生在互动交流中,学会一些简单的调节情绪的方法。课堂上,学生们表现得异常积极,参与度很高。他们在欢笑中学会了识别和调节情绪,也在互动中增进了同学之间的理解和友谊。

最终,这节课获得了区心理健康优质课比赛的第一名,并荣获了市优质课和省电教优质课。这段经历不仅让我对心理学有了兴趣,也让我意识到,只要有勇气尝试和不断学习,就有可能在不同学科领域中取得突破。

这节课后,许多教师问我,心理课和数学课有何不同。两种课的差异确实有很多,心理课重在学生的体验,没有固定的教学内容,课堂具有很大的弹性。然而,对我触动最大的不是这些,而是心理课上,我看不到数学课堂中的所谓学困生。整整40分钟,学生个个神采飞扬,脸上洋溢着幸福的笑容。即使下课了,他们依然沉醉在兴奋和喜悦之中。整节课,我没有刻意组织课堂,但学生始终保持着高昂的情绪,没有一个学生感到疲惫。这节心理课拉近了我和学生的距离,下课后他们喜欢围着我,谈论他们的感受和心得,学生们的表现深深触动了我。为什么平时不爱说话的学生变得滔滔不绝?为什么平时看起来羞涩的学生变得那么开朗?为什么平时教师眼中的学困生也变得那么自信?同样的学生,为什么会在不同的课堂上呈现出截然不同的表现?也许有教师会说,这是因为课的性质不同,数学课有对错之分,而心理课没有固定答案。细品这些话似乎有道理。但作为一名小学数学教师,我们是不是也应该从自身的教学设计和课堂教学入手,思考如何消除学生在课堂上怕说错的心理,给他们营造一个宽松的学习环境,而不是一说错就打断学生甚至是批评?如何从学生的需求出发,选择适合他们的学习方式?学生不是空着脑袋走进教室的,课前我们是不是应该多考虑他们已经会了什么,而不是一味地从教师自身出发,将知识一股脑儿地塞给学生?课堂上,如何给予学生更大的空间,让他们有更多机会交流表达自己的想法?教师作为倾听者,如何给予他们及时的引导?这不仅仅是我需要思考的,也是我们每个小学数学教师都应该思考的问题。苏霍姆林斯基曾指出:在人类内心深处,都存在着一种强烈的需求,那就是渴望成为发现者、研究者和探索者。而作为儿童,这种需求更加强烈。每个学生都是一朵需要教师用心浇灌的花朵,他们都会盛开,只不过有的开得早,有的开得晚,而我们教师需要做的,就是保护好这些花朵,耐心等待他们慢慢绽放。

这节心理课让我意识到,要成为一名合格的、受学生喜欢的教师,仅有专业知识是不够的,还必须了解一些心理学知识,掌握"教"与"学"的基本规律,才能有效地开展小学数学教学工作。也是从这一节心理课开始,我对儿童心理学产生了浓厚的兴趣。感谢这节心理课,让我重新翻开了尘封多年的儿童心理学书籍,再次开始了学习探索之旅。

二、儿童学习兴趣年龄特点与兴趣培养策略

如何让学生像喜欢心理课那样喜欢上数学课?如何激发学生对数学学习的兴趣?带着这些问题,闲暇时我开始深入阅读心理学相关书籍,探索儿童心理的奥秘。在书中,我逐渐理解了学生的许多行为模式及行为背后的心理原因,并尝试在数学教学实践中加以运用。

(一)儿童学习兴趣的年龄特点

1. 学习兴趣的发展趋势。

儿童的学习兴趣随着年龄的增长呈现出特定的发展趋势:从对学习活动本身的兴趣,逐渐发展到对学习内容、学习结果以及独立思考作业的兴趣。例如,一年级新生热衷于上课,因为他们喜欢学习活动本身的乐趣(如写字、阅读或绘画),而不太关注学习的具体内容和结果。到了中高年级,随着对学习意义的理解加深,学生开始偏爱那些具有挑战性、需要独立思考的任务,并且更加重视学习结果以及教师和同学的评价。因此,课堂上我们经常会看到低年级的学生争先恐后举手发言,但当被教师叫起来后,却经常会说"我没想好"或答不上来。

这时教师通常喜欢批评学生以后要好好听讲啊,而没有从学生心理角度思考这些现象。而到了中高年级,学生发言的积极性下降了,因为他们更在意教师和同伴的评价,因此课堂上教师不能因为学生不举手,就认为学生不会,相反应多从评价角度激发学生交流表达的欲望。

2. 学科兴趣逐渐形成。

学生在最初对学习的兴趣是广泛而不具有针对性的,随着时间的推移,逐渐对不同学科表现出特定的兴趣。小学低年级的学生对所有新鲜事物都充满好奇,但到了中年级,随着知识面的拓宽和能力的提升,以及受到教师教学方式的影响,他们会对某些学科表现出特别的兴趣。然而,这种兴趣往往是不稳定的,容易受到多种因素的影响,如学习成绩、教师教学质量以及家长的态度和期望等。

3. 游戏因素对学习兴趣有显著影响,尤其对低年级学生而言。

然而,随着学生年级的提升,游戏因素的影响逐渐减弱。低年级学生对融入游戏元素的学习形式感兴趣,如在课堂上使用学具操作可以显著提高他们的学习兴趣。然而,到了中年级,这种兴趣点开始转向更具挑战性的教材内容,他们更喜欢需要动脑和独立思考的学习任务。

(二)儿童数学学习兴趣培养策略

基于儿童学习兴趣的年龄特点,为激发学生的数学兴趣,我们进行了以下教学尝试。

1. 创设生活情境,激发学习兴趣。

学生的学习热情和积极性常常受到外界新奇事物的影响。相对于单调的数字和公式,他们更容易对那些新颖且与日常生活紧密联系的情景更感兴趣。教师若能将教学内容与实际生活相结合,创造丰富多彩的学习情境,就能使学生在熟悉的生活背景中体验学习的乐趣。在学习"厘米的认识"时,教师以"阿福的新衣"动画小故事来引入新课。学生们在轻松愉快的氛围中观看动画,故事中的徒弟和师傅因手掌大小不同而测量出不同的尺寸,导致阿福的新衣不合身。学生们在这个有趣的动画故事中,不仅理解了阿福新衣服大小不合身的原因,还初步体会到统一测量单位的重要性,从而自然而然地引入了新知识的学习。

2. 创设游戏环节,激发学习兴趣。

学生天生喜欢嬉戏和活动,他们对游戏的喜爱程度是难以言表的。作为教师,如果能够了解并把握学生的兴趣点,迎合他们的喜好,在教学过程中融入游戏环节,不仅能活跃课堂氛围,还能让学生在活动中引发思考,从而激发探求新知的欲望。在教学"可能性"时,教师创设了一个"猜一猜"的游戏,拿出西安园艺博览会的吉祥物"石榴娃",让学生猜它藏在老师的哪个手里。课堂上,学生们兴趣盎然,有的说在左手,有的说在右手。通过交流,教师引导学生思考:如果再玩一次,"石榴娃"会藏在老师的哪只手里?学生们意识到,结果并不能确定,可能在左手,也可能在右手。这个简单的游戏不仅激发了学生的学习兴趣,还让他们体会到生活中许多事情的结果是不确定的,从而自然引入了新知识的学习。

3. 体验中做数学,激发学习兴趣。

杜威提出的"从做中学"和陶行知倡导的"教学做合一",深刻揭示了体验学习在小学数学教学中的重要性。教学中,教师为学生提供动手实践和合作交流的机会,可以使他们积极主动地参与学习活动。学生在探索和实践中逐渐形成了对数学的深刻理解,体会到数学的乐趣。在学习"小数的性质"时,教师为学生提供了学具,让学生以小组为单位验证 0.5=0.50。有的学生在直尺上找到 5 分和 50 厘米,发现它们在同一个点上;有的学生在方格纸上涂一涂,发现都涂了 50 个小格;还有的学生利用小数的意义知道 0.5 是 5 个 0.1,而 0.50 表示 50 个 0.01,10 个 0.01 等于 0.1,因此 5 个 0.1 就是 50 个 0.01。尽管每个小组的方法不同,但最终都验证了 0.5=0.50。学生在做中学、在玩中悟、在学中得,从而在体验中享受学习的快乐与成就感。

4. 采用激励评价,激发学习兴趣。

每个学生都有独特的闪光点,教师要善于发现并肯定学生的优点,帮助学生建立自信,激发学习热情。在课堂上,教师要以学生为中心,认真倾听他们的想法和意见,尊重每个学生的表达。同时,教师还要注意因材施教,如对于学习上有困难的学生,教师应多一些耐心,帮助他们找到适合自己的学习方法,逐步树立信心;对于有特长的学生,教师可以创造更多的展示机会,让他们在课堂上展现才华,体验到成功的喜悦。这样的关注和鼓励,会让课堂更加生动有趣,让每个学生都能在积极的学习氛围中,充分发挥自己的潜能,快乐学习,健康成长。

当然,提升学生数学学习兴趣的策略远不止这些。但只要我们能真正理解和关注每一个学生的需求,让他们在学习中找到自信和成就感,并在这一学习过程中增强他们对数学的理解和应用能力,相信每一个学生都会在数学学习中享受学习的乐趣,茁壮成长。

三、换个视角看学生,别有一番风景

在没有接触心理学课程之前,我习惯于凭借自己的教学经验去理解和分析学生在课堂上的各种表现。然而,心理学的学习给我打开了一扇新的窗户,让我能从另一个视角看学生。我开始走进他们的内心世界,关注他们的心理特点和成长规律,去感受每一个行为背后的深层次原因。新视角,让我看到了截然不同的学生,他们的每一个小小的动作、每一句话语都变得鲜活、生动起来。我不再只看见问题,而是看见了一个个充满潜力和希望的生命。正是这种改变,让我发现了教育中的另一种美丽风景,也让我对每一位学生充满了更多的理解与热爱。

记得在一节数学练习课上,学生们都安静地做着练习,我也不停地在教室里巡视着。猛一抬头看见一个男孩握着笔,若无其事地四处张望着,是不是做完了呢?我赶忙走了过去,一看这气就不打一处来,他竟然一笔未动。

为了不影响别的学生做题,我还是压住了心中的不满,小声问:"为什么不做?"他好像感觉到了我的不愉快,但却并没有意识到自己有什么不对,从他的表情上我感觉得到。"老师,我不想旅游!"(题目是这样的:如果从青岛出发,你想到哪里旅游,路程是多少?)

他的这一解释是我没有想到的,再看看他的脸,绝没有一点点狡黠,满脸都写着无邪。本来一肚子火的我,气全消了。但,总不能这么白白浪费时间,什么也不做吧!可学生独特的感受和理解,我也不能不尊重啊!该怎么做,我的脑子在飞快地转动着。

"你不想去旅游,可老师很想去旅游,愿意帮老师这个忙吗?""当然愿意。"他满脸的微笑,小手在书上不停地选择着景点。"老师,你去泰安好不好,那儿有泰山,你可以去爬山。"他热切地看着我。"好啊!"他高兴地坐下认真做题了。

"老师,我们也为你选个景点吧!"又有一个学生建议,"当然好了!""太好了。"随即他们又兴致勃勃地开始练习了。一节课,我感觉学生们在做其他练习的时候兴致也特别高。

学生的这一反常举动,换作以前的我,一定会大声斥责。可今天,没有批评,没有指责,我却在无意中激发了学生爱学习的天性。也许正是利用了他们渴望帮助别人的纯真的爱心,使那些原本枯燥的练习在学生的眼中也变得充满

活力，他们就会感受到快乐，满足。原来学生们的要求就是这么简单。

"老师，我不想旅游！"也留给我很多思考：我们究竟该设计一些什么样的练习，来吸引我们的学生？如何走进童心，给他们更健康、快乐地学习生活，使他们能数学地思考，有持续发展的后劲？这也许是值得我们研究的一个永久的话题。

还有一次，上课的铃声已经响过了，可班上有个男生却和同桌讨论得热火朝天。我真想走到他跟前大声斥责他停下来，可是看着他纯真的笑脸，不禁心中一动。既然话没说完，何不给他一个机会，把话说完，了却了他的心思。于是我走到他跟前，和蔼地对他说："××同学，能把你的悄悄话说给我们大家听听吗？"他听了有点不好意思，直摇头。这时他的同桌站了起来，很不高兴地说，"老师，今天早上一来，他就给我们起外号，老是叫我们'月亮'，说我们今天的值日生都叫'月亮'！"

"月亮！"这么文明的外号，还真少见，真是奇怪，这使我产生了极大的兴趣。"你为什么叫他月亮呢？"我好奇地问。"老师，我不是给他们起外号，"××同学很委屈地站了起来，"我们数学课，下一个单元不是要学年、月、日吗？这些日子我没事看了些课外书，书上说：古代巴比伦人创立了星期的记日制度，他们建有七星坛，共分为7层，从上到下，按顺序分别以太阳、月亮、火星、水星、木星、金星、土星为各层，每天称'星期'，就是各星期日的日期。今天是星期二，是月亮值日，那他们当然也就是月亮了。"

原来星期还有这么多的渊源，我暗暗感到惭愧，没想到一个小学生竟将生僻的知识说得这么头头是道。好在我当时没有批评他，而是让他一吐为快。

"你知道得可真多"，我情不自禁地鼓起了掌，"好，今天值日生就叫月亮。从今天开始，我们班也以七星作为每天的值日生，这个值日生分配的任务就交给你了。注意啊，这可是我们班的秘密啊。"全班的掌声响起来了。

"那年、月、日的知识你们还了解多少呢？"很自然的，这一节课，我没有上我备好的那一节课，和学生们一起学起了下一个单元"年、月、日"。

课后，坐在办公室里，想着刚才课上发生的一幕，心中莫名地涌起了一种久违的感动。月亮值日，多么纯真的想法，多么美妙的思维。这不正是成人世界所缺少的那份纯真吗？因为无拘无束浑然天成的那种纯真。我庆幸自己当时不仅没有大声斥责学生，而是让他把话说完，让我有机会感受学生的那份纯真。

这件事后,我发现班级值日表变了,学生已经自觉地换上了星座的图标。"太阳,今天这里打扫得不是很好。""火星,那里的工具摆放有问题。""木星,明天是我们值日,别忘记了啊!"……惹得其他班学生面面相觑,听不明白。我和我的学生相视一笑,不能说的,这可是我们班的秘密嘛!"月亮""太阳"这样的称呼学生之间也都习以为常了,而且因为这个名字,我发现大家似乎更喜欢做值日了。

有人说过:儿童是一本耐人寻味的书,童心是有待挖掘的重要的教学资源。儿童的一举一动,一言一行需要也很值得我们反复体察,细细品味。不断地读,就会不断地发现童心里深不见底的一面,也会有更多的惊喜和感悟。作为一名教师,我们总以为每天陪伴学生成长,就最了解他们,殊不知,如果缺少与学生的心灵沟通,我们与他们的心理距离反而会变得遥远。

附教学设计

"快乐的情绪,愉快的生活"教学设计与评析

▶ **教材分析**

情绪是人类最复杂的心理过程之一,是人对客观事物是否符合或满足自己需要而产生的一种体验。二年级小学生已具有比较丰富的情绪体验,或高兴,或烦恼,或愤怒,但相对而言,自己调控情绪的能力不强。当情绪陷入低谷时,他们往往不清楚该如何用恰当的方法进行情绪干预,也未意识到情绪实际上是由自己掌控的。因此,正确地认识、面对不同的情绪,学会合理地控制和调节情绪对于正处在个性生成的二年级小学生来说显得尤为重要。因此本节课设计了"快乐的情绪,愉快的生活"这一心理辅导活动。

▶ **活动目标**

(1)认识情绪的多样性,知道面对不同的情境、不同的事件会产生不同的情绪。

(2)了解情绪是可以调节和控制的,初步学会调节和控制不良情绪。

活动重点、难点:学会调节自己的情绪。

▶ **活动准备**

课件出示四张情绪图片、四张文字卡片、歌曲《幸福拍手歌》。

⊙ 活动过程

（一）创设情境　激情导入

师：小朋友们，你们喜欢听笑话吗？今天老师就给小朋友们带来了一则笑话，《蛇、蚂蚁、蜘蛛、蜈蚣买冰糕》。教师绘声绘色地给学生讲笑话。

师：小朋友们都笑了，你们开心吗？你们此刻的心情实际上就是人的一种情绪，我们本次活动课的主题就是快乐的情绪，愉快的生活。

【设计意图】风趣、幽默的笑话，往往能使人产生一种愉悦的情感体验。因此，课一开始，采用笑话的形式导入新课，不仅融洽了师生关系，而且也与本次活动课的主题紧紧相扣。

（二）活动表演　认识情绪

1. 游戏：猜情绪。

师：小朋友们喜欢做游戏吗？接下来我们一起玩个游戏，游戏的名字叫"猜情绪"。老师手上现在拿着四张卡片，每张卡片上都写着一种不同的情绪。我请四个小朋友下来表演，其他的小朋友猜一猜。他表演的是人的哪一种情绪？

四个学生即兴表演，其他学生猜。结合学生的回答课件出示人的四种表情。

师：刚才通过四个小朋友的表演，我们认识了人的四种情绪，你们说他们四个刚才表演得怎么样？那我们把掌声送给这四位小演员好吗？

2. 小组表演情绪。

师：刚才我们看了四个小朋友的表演，那如果让你来表演，你会怎么表演呢？想不想试试，下面在小组内表演一下吧。

学生小组表演，教师巡视。

【设计意图】心理辅导重在体验与参与。通过游戏、学生个人表演这两个活动，不仅尊重了学生的年龄特点，而且让学生在一种轻松的气氛中认识了情绪，少了教师空洞的描述、讲解。

（三）学习情绪调节方法

师：刚才通过表演我们认识了人的四种情绪，那你在生活中经常会产生哪种情绪呢？什么时候会产生这种情绪？

教师和学生以谈心的方式，让学生们说出自己的真心感受。

师：除了喜怒哀乐，有时还会产生什么情绪？

生：怒。

师：什么时候你会发怒？那发怒的时候，你最想做什么呢？

生：我最想打人。

师:有没有小朋友和他的处理方式是不一样的。

生:我会去找大人帮助。

…………

师:比较一下这两个小朋友的处理方式,你觉得哪一种更好?

生:第二种方法好。

师:有时候还会产生哪种情绪?(引导学生交流)

师:希望这次心理活动课后,当你在生活中产生了这些不良情绪时,不妨试试今天咱小朋友给你出的这些好方法,看看好不好用。

当学生们说出有时会产生"怒"的情绪时,教师即时问学生,如果你产生了怒的情绪之后,你最想做什么?学生在交流过程中说出许多偏击的行为。教师引导学生之间展开真诚的交流,让学体会怎么做才是最好的。

【设计意图】心理辅导活动课最大的特点是"动"。如何能打开每个学生的嘴巴呢?教师向学生抛出了这一问题:你经常会产生哪种情绪呢?什么时候会产生这种情绪?这一问题,贴近学生生活实际,容易调动学生的情绪,激发学生的学习热情。同时为了防止课堂上出现散漫无序的现象,教师又能根据学生的回答即时调控课堂,真正起到了引导者的作用。

(四)欣赏歌曲《幸福拍手歌》

师:我们在日常生活中经常会产生一些激烈的情绪体验,这些情绪一旦产生,怎样做才能既不伤人又不伤己呢? 下面我们一起来欣赏一首歌曲,相信这首歌会给大家带来好的情绪。

播放歌曲《幸福拍手歌》

【设计意图】这一环节是根据儿童的年龄和身心的需要设置的。让学生在《幸福拍手歌》的旋律中,体会用歌声传达积极情绪、宣泄不良情绪。同时也让他们轻松轻松,对下一环节的学习起到调节作用。

(五)活动总结

师:情绪是多变的,但情绪是由我们自己来调节、改变的。希望这次活动课后,小朋友们都能及时调节好自己的情绪,情绪高涨时,千万别冲动;情绪低落时,也别太失望。衷心祝愿小朋友在以后的生活、学习中保持快乐的情绪,作一个快乐、健康的人。

【设计意图】简洁的活动总结,既紧扣了本次活动主题,同时也对学生寄予了浓浓的祝福。

▶ 评析

本节课教师通过引导二年级学生认识、体验和调节情绪,帮助学生掌握情绪管理的基本方法。设计注重体验、互动,充分考虑了小学生的年龄特点,本节课具有以下几个特点。

1. 情境导入生动,激发学习兴趣。

教学设计开篇运用幽默的笑话作为引入,让学生在笑声中自然感受到"开心"情绪,这种方式既活跃了课堂气氛,也激发了学生的学习兴趣。同时,通过生活化的导入让学生更容易接受"情绪"这一相对抽象的概念,为后续教学奠定了良好的基础。这种风趣的情境导入不仅拉近了师生距离,还营造了一个愉快的课堂氛围,使学生更愿意参与接下来的学习。

2. 注重体验与互动,贴合学生认知特点。

设计中的"猜情绪"和"小组表演情绪"环节采用了多样化的体验活动,让学生在游戏和互动中认识到情绪的多样性。这种做法避免了空洞的情绪描述,通过参与和模仿让学生更直观地理解了喜、怒、哀、乐等情绪体验。设计还通过谈心的方式,让学生分享自己的情绪经验,进而交流情绪应对方式,不仅激发了学生表达的欲望,还帮助他们学会了多角度看待和调节情绪。这样的活动设计符合小学生喜欢表现、善于模仿的心理特点,具有较强的实效性。

3. 音乐放松辅助,强化情绪管理策略。

在情绪管理策略的学习之后,设计安排了《幸福拍手歌》的音乐欣赏环节,为学生提供了一种情绪调节的示范方式。通过音乐的感染力,学生不仅能感受到积极情绪的力量,还能潜移默化地学习如何用音乐等健康的方式来表达或释放情绪。这一设计既满足了学生在课堂上的情绪体验需求,也提供了情绪管理的实际方法,使学生的情绪调节策略更加丰富和有趣。

第二章
改革探索

《义务教育数学课程标准(2022年版)》的发布和实施,标志着教育改革迈入了一个崭新的阶段。新课标给教师带来了前所未有的挑战,许多教师因此感到茫然:数学课该如何上? 其实,大可不必焦虑。我们此前积累的许多教学经验在新课标下依然有效。当前教师们需要做的,是聚焦课标的新变化,调整和优化已有的教学策略,在传承的基础上创新,将新理念融入课堂实践,探索出符合学生需求的教学路径,从而推动教学的深化与提升。

第一节 数与运算一致性教学

数与运算是小学数学教学的重要内容,涵盖了整数、小数和分数的认识及其四则运算。数的本质是对数量的抽象,而运算的核心在于理解运算原理并掌握算法。在教学中,教师应引导学生经历从具体数量到抽象数字的转化过程,逐步加深对数的概念的理解,并通过探究计算的原理,理清运算背后的道理,掌握正确的运算技巧。在此过程中,学生逐步感受数的抽象本质,理解数之间内在逻辑的一致性,培养数感和符号意识;在运算中体会各类运算的相互关系,从而提升运算能力和推理意识。数与运算一致性的教学目标是帮助学生建立系统化、连贯性的数学知识体系,通过体会数的抽象性和运算逻辑的一致性,培养数学思维能力。

一、数与运算一致性的认识

（一）数概念的一致性

整数、小数、分数作为基本的数概念，虽然形式不同，但在本质上具有一致性。首先，它们都是对数量的抽象表达。学生在学习数的过程中，通常经历从具体到抽象、再回归具体的过程。例如，在认识"1"这个数时，学生最初是通过具体物体如 1 个苹果、1 把小刀、1 面红旗等来感知数量。接着，教师引导学生从这些具体的数量中抽象出"1"，帮助他们完成从具体到抽象的认识过程。最后，再引导学生回到生活中寻找"1"还可以表示哪些事物，从而进一步巩固对数"1"的理解，实现从抽象到具体的回归。学生在这一过程认识到，数不仅表示一个符号，更是对数量的抽象概括。同样，小数是在整数基础上，进一步细化单位"1"后表示比整数小的数量，从 0.1 元或 0.1 米，抽象出小数 0.1。而分数则通过分割一个物体来表示部分数量的大小，由 $\frac{1}{2}$ 个物体抽象出 $\frac{1}{2}$，学生初步理解了将一个单位平均分成 2 份并取其中 1 份就是 $\frac{1}{2}$。无论是整数、小数，还是分数，它们本质上都是对数量的抽象。这种数的学习方式不仅帮助学生形成清晰的数概念，还能促使他们在不同类型的数之间进行灵活转换与理解。

其次都是对有多少个计数单位的表达。无论是整数、小数还是分数，它们都是对计数单位和单位个数的表达。计数单位是数的基本构成，不论是累加还是分割，数的本质都是对这些单位进行操作的结果。例如，整数"5"可以看作是 5 个"1"的累加，小数"0.1"表示把一个单位均分成 10 份后取其中 1 份，而 $\frac{1}{8}$ 表示将一个单位平均分成 8 份并取其 1 份。从计数单位的角度看，这三种数概念有着内在的一致性，能够帮助学生打破形式上的壁垒，建立起一个统一的数概念，进而增强他们的数感与符号意识。

（二）数运算的一致性

数运算的一致性体现在运算意义和运算方式的一致性。

运算意义的一致性表现在：加法是所有运算的基础，减法是加法的逆运算，乘法是加法的简便运算，除法则是乘法的逆运算。探索数运算一致性教学时，必须明确加法是所有运算的核心。

运算方式的一致性则体现在以下两个方面。

一是计数单位的累加。加法和乘法都体现了这一点。在整数加法中，要求相同数位对齐,小数加法则需要小数点对齐,分数加法需要先通分,实际上这些操作都是为了确保计数单位相同,以便将相同单位的数量进行累加。乘法则是通过计数单位相乘得到新的单位,同时单位个数与单位个数相乘得到新的单位个数。举例来说,整数乘法运算:20×3=(2个10)×3=(2×3)个10=6个10=60。同样,小数乘法:0.4×3=(4个0.1)×3=(4×3)个0.1=12个0.1=1.2。可以看出,乘法运算的本质也是计数单位的累加。

二是计数单位的递减。减法作为加法的逆运算,减去就是递减计数单位;除法则是乘法的逆运算。除法运算不仅要求均分计数单位,还需要逐步递减单位个数。举例来说,整数除法运算:12÷2=(12个1)÷2=(12÷2)个1=6个1。此时,12÷2的过程实际上是将12个计数单位均分成2组,最终每组包含6个单位。而小数除法则是对小数的单位进行细分再进行运算。例如,4÷8=(4个1)÷8=(40个0.1)÷8=(40÷8)个0.1=5个0.1=0.5。在这个运算过程中,小数的单位进一步细分,使得运算过程更加细致。

通过理解运算意义和运算方式的一致性,学生可以更好地掌握运算的本质规律,不仅提高了他们的计算能力,也提升了他们对数学运算的整体认知和推理能力。

二、数与运算一致性教学的意义

(一)激发学习兴趣

对于小学生来说,数学往往是抽象且具有挑战性的,容易引发学习焦虑。然而,通过一致性教学,数学中的枯燥概念与生活中的实际应用得以结合,学习变得更加生动有趣。当学生发现不同形式的数在运算中保持一致性时,他们能感受到数学的内在规律与抽象美。这样的学习体验不仅能够激发他们对数学的兴趣,还能增强他们在学习中的信心,使整个学习过程更加轻松愉快。

(二)提升知识迁移能力

数与运算的一致性可以帮助学生更灵活地应用数学知识解决不同情境中的问题。通过一致性教学,学生能认识到:不论是整数、小数还是分数,它们在运算中遵循着相同的数学原理。这种理解让学生在面对实际问题时,能够自如地运用学到的知识。一致性教学不仅帮助学生掌握基本概念,还能有效地将这些概念应用于日常生活,从而提升他们的知识迁移能力。

（三）促进综合思维发展

一致性教学有助于培养学生的综合思维能力，尤其是逻辑思维和问题分析能力。当学生理解了运算方式之间的内在联系，如加法与减法、乘法与除法的相互关系，就能够更好地掌握复杂的数学概念。这种教学方式促使学生将不同的运算联系在一起，进行更全面的思考。通过这种系统化的学习，学生不仅能提升计算技能，还能在解决复杂问题时展现出更强的思维灵活性。

三、数与运算一致性的教学策略

数与运算一致性的教学应贯穿于小学阶段的整个学习过程。教师要在深入理解数与运算内在联系的基础上，立足课堂教学，通过设计一系列系统的数学实践活动，逐步培养学生的数学思维和运算能力，使其在潜移默化中加深对数学的理解。

（一）聚焦核心知识，构建完整脉络

在数学学习中，系统化思维的培养至关重要。它要求学生能够将零散的数学知识和概念进行整理、分类和归纳，形成一个清晰、有条理的知识结构体系。通过系统化思维，学生不仅能够掌握各个数学概念之间的联系，还能在解决问题时灵活运用已学的知识，将复杂问题分解为多个步骤，有条不紊地进行分析和解答。

我们来看"小数乘整数"的几个教学片段。

片段一

师：0.8×4 得多少呢？下面同学们自己在探究单上写一写，画一画，注意要让别人看明白你的想法。

学生独立探究，教师巡视。小组交流后，全班交流。

生1：我是用加法算的，0.8乘以4就是4个0.8相加，等于3.2。

生2：我是借助单位换算，把0.8元转化为8角，计算 $8 \times 4 = 32$（角），也就是3.2元。

生3：我是根据积的变化规律，将小数乘法转化为整数乘法，$8 \times 4 = 32$，再把积除以10就是3.2。

生4：我是根据小数的意义算的，0.8是8个0.1，乘以4就是32个0.1，也就是3.2。

师：仔细观察后面的这三种方法，它们有什么相同之处？

生：我发现都要先算 8 乘以 4 等于 32。

············

师：为什么 8×4=32，最终的结果却是 3.2 呢？

生：因为第二种方法 8×4=32 求的是 32 个角，化成元就是 3.2 元。

············

上述教学片段，当学生基于多元表征，借助加法、单位换算、积的变化规律、小数的意义等多种方法算出 0.8×4 的结果时。教师聚焦两个核心问题引发学生思考：一是"它们有什么相同之处？"让学生发现不管哪种算法，都是先算 8×4=32。二是"为什么 8×4=32，最终的结果却是 3.2 呢？"交流中凸显核心大概念——计数单位，引导学生初步发现计算教学就是在求计数单位的个数。

万变不离其宗。在明白了一位小数乘整数的算理之后，面对两位小数、三位小数乘整数，教师再次引导发现计算中的"变"与"不变"，抽象出不变的计算本质。

片段二

师：知道了 0.8×4=3.2，你认为 0.08×4 等于多少？ 0.008×4 呢？ 能说清楚其中的道理吗？

生 1：0.08×4=0.32，因为 0.08 表示 8 个 0.01，8 个 0.01×4 就是 32 个 0.01，也就是 0.32。

生 2：0.008×4=0.032，0.008 里面有 8 个 0.001，8 个 0.001 乘以 4 就是 32 个 0.001，也就是 0.032。

师：观察这些算式，变化的是什么，不变的又是什么呢？

在学生解答与反思的过程中，逐渐体会到这些算式中的"变"与"不变"。学生发现，无论哪种计算方法，都是先计算 8×4=32，也就是在计算计数单位的数量。变化的是"8"的计数单位与 4 相乘后得到的"32"的计数单位。这些算式本质上都是在计算计数单位的数量。教师通过对比和引导性提问，帮助学生发现计数单位在形式上的"变"和数量上的"不变"，进而让学生抓住运算中的不变规律，从整体上把握小数乘整数的运算原理与方法，确保计算教学的整体性和连贯性。

片段三

师：今天我们由 0.8×4 开始，研究了小数乘整数。在计算 0.8×4、0.08×4、0.008×4 的过程中发现，虽然它们的算式和得数各不相同，但都是在计算计数单位的个数,用到的是同一句口诀——四八三十二。其实,在整数乘法中也是这样的。比如,8×4、80×4、800×4,它们计算的道理又是什么呢?

生:8(个1)×4=32(个1),8(个10)×4=32(个10),8(个100)×4=32(个100)。

师:都是在算有多少个这样的计数单位。借助整数乘法,我们学会了小数乘整数。猜猜看,接下来我们还会研究什么?

生:小数乘小数、分数乘整数……

通过8×4、80×4、800×4的复习,回顾整数乘法的过程,并与本节课学习的0.8×4、0.08×4、0.008×4进行对比,从而形成一个连贯的逻辑链。借助不变的"8×4"这个核心,揭示整数乘法和小数乘法的内在联系,最终得出它们的本质是一样的,都是在计算计数单位的数量。以一致性的视角整体理解知识结构和运算原理,打破整数乘法与小数乘法之间的壁垒,使运算规律更加清晰明确,进一步巩固算理,提升学生的思维层次,让他们真正具备可以灵活运用的能力。

再比如,在学习"11~20各数的认识"时,为了帮助学生理解19这个十进制计数系统中的"拐弯数",教师通过引导学生在已有的10的概念基础上,通过探索逐步自然地引出"几十"的概念。

片段

师:同学们,这是刚才我们摆出的19根小棒。如果再加1根是多少?

生:20。

师:赶紧把你的小棒再添1根。你发现了什么?

生:再把这10根捆成1捆。

师:为什么再把这10根捆起来?

生:10个1就是1个10。

师:是呀,又凑成1个10,和原来这1个10合起来就是几个10?

生:2个10。

师:2个10是多少?

生:20。

师:这是刚才我们在计数器上拨的19,怎么变成20呢?自己试试看。

(学生自主操作计数器。展示交流发现个位满十向十位进一。)

师:说得多好呀,个位满十向十位进一,这个知识我们在以后的学习中将会经常用到。

计数器调整显示20。

师：你们能写出 20 吗？怎样写的？

生：对齐十位写 2,对齐个位写 0。

师：个位上一颗珠子也没有,可不可以不写？为什么？

生：个位即使一个也没有也需要用 0 占位。

上述案例教学聚焦于学生认知的关键转折点和思维难点,让他们重新直观体验从"一"到"十"的计数单位形成过程。通过使用小棒和计数器进行读数和写数练习,学生能够在逐步抽象符号的过程中理解数位的概念,初步认识到"数由数字符号及其位置(数位)表达"这一数学核心本质,从而建立完整的自然数知识结构。

(二)借助数形结合,深化算理理解

小学生的思维以具体形象思维为主,对抽象的数学概念理解起来相对困难。因此,在教学中,教师可以通过数形结合的方法,利用直观的图形和可视化手段,帮助学生从直观的观察和分析中逐步深入理解数学的核心概念。通过这种方式,学生能更容易把抽象的数学概念与具体的形象联系起来,从而加深对运算原理的理解,提升对算理的掌握。

如学习"两位数乘两位数(不进位)笔算"时,教师为每位学生提供了点子图,鼓励学生用点子图独立探究 23×12 的结果,教师巡视指导并收集作品交流。

片段一：全班分享,借助点子图解释算理

师：现在让我们一起分享同学们的不同想法。请参考交流提示：

(1)你是怎么算的？每一步算的是哪几盆花？

(2)结合点子图,边指边说。

生 1：我把 12 个 23 平均分成 4 份,每份是 3 个 23,先算 23×3=69,有这样的 4 份,再算 69×4=276。

生 2：我把 12 分成了 6 和 6,一行有 23 盆花,先用 23×6=138,求出上面 6 行花；再用 138×2=276,求出 12 行一共有 276 盆花。

生 3：我把 12 分成了 2 和 10,先用 23×2=46,求出上面 2 行花盆的数量,再用 23×10=230,算出下面 10 行的数量,最后用 46+230=276,算出 12 行一共有 376 盆花。

在这一教学片段中,学生通过圈点子图和横式书写等方式展现计算过程,从而建立了横式与图示之间的内在联系,使抽象的算理变得更加直观,帮助学

生深入理解运算的原理。

片段二：数形结合，明确竖式的算理和算法

师：刚才我发现除了用横式计算，还有很多同学用了竖式。我们一起来看看这些作品。

展示学生的不同作品。

师：哪位同学做对了？上来给大家讲解一下你的思路。

生：23×12，我先算 2×23＝46，算的是上面的 2 行，再算 10×23＝230，算的是下面的 10 行，我把 230 写在 46 的下面，最后再算 46＋230＝276。

师：这位同学不仅会竖式计算，而且能结合点子图说出计算的道理。大家想一想，他的竖式笔算思路与刚才哪位同学的口算思路是一样的？

师：借助点子图我们直观看出了两种方法的相同点，虽然书写形式不同，但思路完全一样，口算的每一步在竖式笔算中都有体现。

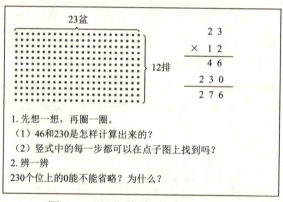

图 2-1　"两位数乘两位数"学习单

师：谁还有疑问或者有问题想要考考他？

核心问题：46 和 230 你是怎么得到的？你能在点子图上找到竖式计算中的每一步吗？

生 1：2 乘 23 等于 46，表示点子图上面的 2 行，10 乘 23 得到 230，表示下面的 10 行。

生 2：12 个位上的 2 乘 23 个位上的 3 等于 6 个 1，在点子图的右上角，12 个位上的 2 再乘 23 十位上的 2 等于 4 个 10，在点子图的左上角。然后用 12 十位上的 1 乘 23 个位上的 3 等于 3 个 10，在点子图的右下角，12 十位上的 1 乘 23 十位上的 2 等于 2 个 100，点子图的左下角。

通过构建竖式,学生在理解算理时增强了对竖式计算的掌握。教师利用点子图、口算和竖式等多种表达方式,帮助学生清晰理顺竖式每一层的计算逻辑,使得抽象的计算过程变得直观形象且易于理解。

又如学习"分数乘分数"时,教师再次借助数形结合,让学生先独立探究"$\frac{1}{4} \times \frac{1}{2}$",再全班交流

片段:全班交流。

生1:我把这个长方形横着平均分成4份,用斜线表示出$\frac{1}{4}$,然后把$\frac{1}{4}$再平均分成2份,表示其中的1份。

生2:我把这个长方形竖着平均分成4份,取1份,就是$\frac{1}{4}$张纸,再把这1份平均分成2份,取其中的1份。

师:不管怎么平均分,他们分的过程都是一样的,都是先分再取,再分再取。第一次取的用斜线表示,第二次取的用反斜线表示,很明显可以看出分了两次、取了两次。

课件演示先分后取、再分再取的过程。

师生共同梳理:先把长方形平均分成4份,取了1份,每份是$\frac{1}{4}$。再把$\frac{1}{4}$平均分成2份,又取了1份。$\frac{1}{4}$的$\frac{1}{2}$就是把1张纸平均分成(4×2)份,取其中的1份,即$\frac{1}{4 \times 2}$,也就是$\frac{1}{8}$。

师:前面我们已经学习了分数的意义,还记得表示这样一份的数叫什么?
生:分数单位。

师:结合画图的过程,从分数单位的视角观察算式,你有什么发现?
生1:$\frac{1}{4}$是分数单位,$\frac{1}{2}$也是分数单位,$\frac{1}{4} \times \frac{1}{2}$得到一个新的分数单位$\frac{1}{8}$。

生2:两个分数单位相乘,得到一个分数单位。

师:同学们可真厉害,一下子就发现了$\frac{1}{4} \times \frac{1}{2}$计算背后的道理。是的,分数单位乘分数单位会产生一个新的分数单位。

师:学习到这里,你有没有一种似曾相识的感觉?
生1:整数乘法中计数单位和计数单位相乘,得到了新的计数单位,小数乘法中,计数单位和计数单位相乘,也得到了新的计数单位。

师:是的,不管是整数、小数,还是分数的乘法计算,都是计数单位和计数

单位相乘,得到了新的计数单位。

在这个教学片段中,学生通过绘图经历了"先分、后取、再分、再取"的过程,使得抽象的数学知识变得更加形象和直观。随后,教师引导学生从分数单位的视角进行观察和思考,发现分数单位相乘会产生新的分数单位,从而加深了对计数单位相乘所引发新计数单位理解的突破。同时,这一过程也与整数乘法和小数乘法相联系,使学生体会到算理的一致性。

(三)确定认知起点,实现有效衔接

在进行数与运算一致性的教学时,教师不能忽视学生已有知识经验对学习效果的影响。因此,教学设计需要充分结合学生的认知特点,围绕数与运算一致性的规律,设计适合他们发展的教学活动。教师应从学生已有的知识基础出发,逐步引导他们深化对新知识的理解,确保学习过程连贯、有序,帮助学生逐步掌握数与运算之间的内在联系,从而实现有效的知识衔接和提升。

在学习"分数的初步认识"时,学生已经掌握了如何用整数表示物体的个数。为什么还需要学习分数呢?如何让学生体会到分数产生的必要性,进而理解数概念的连贯性呢?我们看下面的教学片段。

片段一

师:把一个蛋糕平均分给两个人。那每人能分多少个呢?

生:一半/半个。

师:你们为什么不用原来的 2、1 这样的数表示呢?

生:因为它不够 1 个了。

师:哦,你的意思是半个是比 1 个小,但比 0 个还大的数。看来整个整个的数不够用了,我们就需要找不整的数。

师:那你想用一个什么数表示半个呢?谁想下来写一个试试。引出分数。

在这个教学片段中,教师通过对话引导学生认识到,分数和整数一样,都是表示数量大小的数。当学生意识到整数无法表示分配结果时,便自然过渡到分数的概念。通过师生互动,学生逐渐明白了"半个"是介于 0 和 1 之间的数,从而实现了从整数到分数的扩展。教师通过简单的情境设置,引导学生思考在某些情境下整数无法满足表达需求,需要引入新的数概念来解决问题——这正是分数产生的背景和必要性。

片段二

师:我们知道半个蛋糕用 $\frac{1}{2}$ 个表示,如果给你 1 个西瓜、1 个苹果、1 根绳

子,你还能得到 $\frac{1}{2}$ 个吗?你能像刚才分蛋糕这样说一说吗?

生:把一个苹果平均分成 2 份,1 份就是 $\frac{1}{2}$ 个。

············

师:看,刚才我们得到这么多的 $\frac{1}{2}$ 个物体,那这些 $\frac{1}{2}$,都是怎么来的呢?它们有什么相同的地方?

生:都是把一个东西平均分成了 2 份,每份都是 $\frac{1}{2}$。

师:的确,都是把一个物体平均分成了 2 份,每份都是 $\frac{1}{2}$。

小结:看来,$\frac{1}{2}$ 既可以表示 $\frac{1}{2}$ 个物体,还可以表示把一个物体平均分成 2 份,1 份就是它的 $\frac{1}{2}$。

在这个教学片段中,教师引导学生从分蛋糕到分西瓜、苹果、绳子等具体的物,认识了 $\frac{1}{2}$ 个。接着又引导学生观察,这些"$\frac{1}{2}$ 个"物品有什么相同的地方?在交流中让学生发现,都是把一个物体平均分成了 2 份。在这一教学过程中,学生经历了由几分之几个到几分之几的抽象过程。学生通过操作和讨论,实现了由"数量"到"数"的抽象过程,理解了分数的本质。

再比如,在学习"十加几及相应的减法"时,教师基于学生已有的数数经验,引导他们体会"数源于数",即数的是计数单位的个数。并在这个过程中,让学生逐渐明白数不仅是数出来的,也是可以进行计算的。我们来看一个教学片段。

师:你能借助图或者学具说一说你是怎么算出 10+3=13 的吗?

生 1:我是在图中数的,先从 10 个桃子开始数,11,12,13,所以 10+3=13。

生 2:我是用小棒数的,先数了 10 根小棒,再数 3 根小棒,然后把 10 根小棒捆成 1 捆,就是 1 个 10,3 根小棒就是 3 个 1,1 个 10 和 3 个 1 组成的数就是 13,所以 10+3=13。

师:这位同学是用数的组成来帮助自己计算的,这种方法你学会了吗?我们一起试一试吧?

师:请你看看屏幕上的这些算式,这些算式的结果是多少呢?我们试着用数的组成来算一算吧?(借助小棒图计算 10+2,10+4,10+5,10+7,10+9)

师:同学们,看看这些算式,你发现了什么?

生:我发现十加几就等于十几。

师:大家快想想,这是为什么呢?

生:因为十几都是由1个10和几个一组成的,所以十和几合起来就是十几。

在这一教学片段中,10+3=13的计算展示了两种主要的方法。第一种是通过数数,学生在计数单位累加的过程中体验数与运算之间的关系。第二种是通过摆小棒,首先摆出10根小棒,代表1个10,再摆出3根小棒,合并为1个10和3个1,结果为13。把数的意义与运算结合,使学生直观感受到计数单位的变化如何影响数的增减,从而建立数与运算之间的内在联系。

(四)深入了解学情,优化评价体系

数与运算的一致性是基于数学内在的逻辑,但对于小学生来说,数的概念非常抽象,不容易理解。而数的运算由于实践性和推理性很强,教师在进行教学设计时,应考虑学生的认知发展水平和已有的知识基础。首先教师要深入了解学生的学情,通过评估学生对之前内容的掌握情况,来确定他们对新知识的接受程度。例如,在引入分数和小数等新知识的教学前,教师可以设计相关的评估工具,测试学生对数的概念及数的运算的理解和掌握情况。根据这些数据,教师可以制订出有针对性的教学计划,确保每个学生都能循序渐进地掌握新知识。其次优化评价体系也是保障数与运算一致性教学效果的关键。传统的笔试评价方式往往只关注学生的学习结果,忽视学习过程中的思维过程和问题解决能力。教师应结合不同的评价方式,例如过程性评价、表现性评价等,来全面了解学生的学习进展。通过过程性评价,教师可以及时发现学生在学习中的薄弱环节,并通过调整教学策略帮助学生逐步改进。同时,教师还可以运用多种方法,如运用图表、实际操作和小组讨论等,来评估学生对数与运算之间联系的理解。这种多样化的评价方式,不仅有助于学生更好地理解知识,还能激发他们对数学学习的兴趣。最后,为了确保数与运算一致性教学的有效性,教师还需要不断完善和调整教学评价机制。比如,通过课前、课中和课后的多次评估,教师可以更全面地了解学生的知识掌握情况,并及时给予反馈和指导。同时,教师还应鼓励学生自主反思和同伴互评,让他们在互动中加深对数与运算规律的理解。这样,学生不仅能够通过教师的引导掌握新知识,还能在持续的自我调整和反馈中提升综合运算能力。

总之,数与运算的一致性教学是小学数学中的核心内容之一,通过系统化的设计与教学,能够帮助学生建立起对数和运算内在联系的深刻理解。教师在

教学过程中,需要关注学生的认知发展,设计丰富多样的教学活动,结合灵活的评价方式,帮助学生逐步掌握数的概念与运算原理。这样的教学不仅提升了学生的运算能力,还促进了学生推理意识的发展,从而全面提升学生的数学核心素养。

附教学设计一

"分数乘分数"教学设计与评析

▶ 教学内容

青岛版小学数学五年级上册第51～54页

▶ 学习目标

(1)结合现实的生活实例和直观图示,理解分数乘法的意义,掌握分数乘分数的计算方法理解算法背后的道理;在探究分数乘分数计算方法的过程中,体会数形结合思想,理解算理与算法之间的关系。

(2)理解整数、小数、分数的乘法运算都是计数单位个数的运算,感悟运算的一致性。

(3)在探索分数乘分数算法与算理的过程中,体会数形结合思想,积累数学学习活动经验,获得成功的学习体验。

▶ 教学过程

一、创设情境,提出问题

师:上节课我们在中国传统手艺——风筝制作中,学习了分数乘整数,今天我们继续走进中国传统手艺,学习分数乘分数。(出示情境图)

师:王红是我们学校手工编织社团的编织高手,她1小时可以编织围巾$\frac{1}{4}$米。

师:根据这条信息,你能提出什么问题呢?

预设:2小时、3小时、4小时能织多少米围巾?

师:怎样列式?说说你的想法,你是根据什么列出算式的?

(引导学生根据已有的知识经验从数量关系的角度解释列式的理由)

师:除了上面的问题,你还能提出不同的数学问题吗?

预设:$\frac{1}{2}$小时、$\frac{2}{3}$小时能织多少米围巾?

师:怎样列式?

预设：$\frac{1}{4}\times\frac{1}{2}$　　$\frac{1}{4}\times\frac{2}{3}$

师：我们刚刚学习了分数乘整数，这两个算式和它有什么不同？

预设：这两个算式都是分数乘分数。

师：今天这节课我们就重点研究分数乘分数。

【设计意图】新课标要求在真实的情境中发现和提出问题。本环节从实际问题引入，引导学生由分数乘整数的问题迁移到分数乘分数的问题，并通过已学习过的数量关系列出算式，为进一步探究分数乘分数的意义和算理奠定基础。

二、自主探究，合作交流

（一）明晰意义

如果用这张长方形纸片代表 1 米长的围巾，你能在这张纸上表示出王芳$\frac{1}{2}$小时织的米数吗？

学生操作，教师巡视。

师：谁想下来展示你的做法？

预设：把$\frac{1}{4}$米平均分成 2 份，每一份就是$\frac{1}{2}$小时织的。

师：继续看，这是王芳几小时织的？（1 小时），那这一份表示的是几小时织的？（$\frac{1}{2}$小时）继续思考：这一份应该表示是谁的$\frac{1}{2}$？因此$\frac{1}{4}\times\frac{1}{2}$应该表示什么呢？

师：再一起来看一看刚才大家操作的过程。（课件演示）先表示出王芳一小时织的米数也就是$\frac{1}{4}$米。再表示出$\frac{1}{2}$小时织的米数。这一份是谁的$\frac{1}{2}$？所以$\frac{1}{4}\times\frac{1}{2}$就表示什么？

（板书：求$\frac{1}{4}$的$\frac{1}{2}$是多少）

师：刚才我们知道了$\frac{1}{4}\times\frac{1}{2}$表示求$\frac{1}{4}$的$\frac{1}{2}$是多少，那么大家来猜想一下：$\frac{1}{4}\times\frac{2}{3}$表示什么？

师：这个猜想对不对呢？请同学们用手中的长方形纸片来验证，表示出王芳$\frac{2}{3}$小时织的米数。做完的同学在组内交流一下自己的做法。

师：我们一起来验证一下。（课件演示同时提问）先表示出 1 小时织的米数，

也就是$\frac{1}{4}$米,那$\frac{2}{3}$小时织的该怎样表示呢?(学生回答同时出示)这两份是谁的

$\frac{2}{3}$?所以这两份就表示什么?因此$\frac{1}{4}\times\frac{2}{3}$表示什么?(板书:求$\frac{1}{4}$的$\frac{2}{3}$是多少)

师:观察前面的因数,有分数、有整数还有小数,我们统称为一个数,后面的因数都是分数,那你能不能总结一下一个数乘分数的意义是什么?

预设:求这个数的几分之几是多少。

(板书:一个数与分数相乘,就是求这个数的几分之几是多少)

(二)探究$\frac{1}{4}\times\frac{1}{2}$

师:通过操作探究我们了解了一个数乘分数的意义,那么怎样计算呢?

预设:画图。

师:下面大家就在这张长方形的纸上画一画,分一分。

生独立操作,教师巡视。

师:哪个同学想交流一下。

预设1:把这个长方形横着平均分成4份,用斜线表示出$\frac{1}{4}$,然后把$\frac{1}{4}$再平均分成2份,表示其中的1份。

预设2:先把这个长方形竖着平均分成4份,取1份,就是$\frac{1}{4}$张纸,再把这1份平均分成2份,再取1份,就表示$\frac{1}{4}$的$\frac{1}{2}$。

师:不管怎么平均分,他们分的过程都是一样的,都是先分再取,再分再取。第一次取的用斜线表示,第二次取的用反斜线表示,可以很明显地看出分了两次、取了两次。

(课件演示先分后取、再分再取的过程)

师生共同梳理:先把长方形平均分成4份,取了1份,每份是$\frac{1}{4}$。再把$\frac{1}{4}$平均分成2份,再取1份。这样就把这1张纸平均分成了(2×4)份,也就是$\frac{1}{4}$的$\frac{1}{2}$,其中的1份,就是$\frac{1}{8}$。

师:我们前面已经学习了分数的意义,还记得表示这样一份的数叫什么?

预设:分数单位。

师:结合画图的过程,从分数单位的视角观察算式,你发现了什么?

预设1:$\frac{1}{4}$是分数单位,$\frac{1}{2}$也是分数单位,$\frac{1}{4}\times\frac{1}{2}$得到一个新的分数单位$\frac{1}{8}$。

预设 2:两个分数单位相乘,得到一个分数单位。

师:这两位同学可真厉害,一下子就发现了 $\frac{1}{4} \times \frac{1}{2}$ 计算背后的道理。是的,分数单位乘分数单位会产生一个新的分数单位。

师:研究到这里,你有没有一种似曾相识的感觉?

课件出示:整数的计数单位相乘,小数的计数单位相乘,最后都得到新的计数单位。

师:看来,整数乘法、小数乘法,分数乘法它们之间是有共同点的,只要把计数单位和计数单位相乘,都能得到新的计数单位。

【设计意图】面对 $\frac{1}{4} \times \frac{1}{2}$ 这一新的分数问题,学生借助画图,经历"先分、后取、再分、再取"的过程,使抽象的数学知识形象化、直观化;接着,从分数单位的角度观察、思考,体会到分数单位相乘产生新的分数单位,突破对计数单位相乘产生新的计数单位这个问题的理解;同时勾连整数乘法、小数乘法,体会算理的一致性。

(三)探究 $\frac{1}{4} \times \frac{2}{3}$

师:刚才我们借助画图,算出了 $\frac{1}{4}$ 的 $\frac{1}{2}$ 是多少,知道 $\frac{1}{4} \times \frac{1}{2}$ 得到分数单位 $\frac{1}{8}$。那想一想, $\frac{1}{4} \times \frac{2}{3}$ 又会产生哪个新的分数单位?会有几个这样的新的分数单位?

预设 1: $\frac{1}{4} \times \frac{1}{3} = \frac{1}{12}$,所以我认为会产生分数单位是 $\frac{1}{12}$,有 2 个这样的分数单位。

预设 2: $\frac{1}{4}$ 的分数单位是 $\frac{1}{4}$,有 1 个这样的分数单位, $\frac{2}{3}$ 的分数单位是 $\frac{1}{3}$,有 2 个这样的分数单位, $\frac{1}{4} \times \frac{2}{3} = \frac{1}{4} \times 1 \times \frac{1}{3} \times 2 = (\frac{1}{4} \times \frac{1}{3}) \times (1 \times 2) = \frac{1}{12} \times 2$,所以产生的分数单位是 $\frac{1}{12}$,有 2 个 $\frac{1}{12}$ 。

师:是不是和同学们推想的一样呢?怎么验证?

预设:画图。

师:如果把这个正方形看作单位"1",那你能不能画图表示出 $\frac{1}{4}$ 的 $\frac{2}{3}$ 是多少?请同学们画一画,算一算。画之前,想一想:先画什么?再画什么?

学生自主画图。

全班展示交流。

预设：我先把这个长方形平均分成 4 份，取 1 份，就是 $\frac{1}{4}$；再把 $\frac{1}{4}$ 平均分成 3 份，取 2 份就是 $\frac{1}{4}$ 的 $\frac{2}{3}$。

课件演示先分、后取、再分、再取的过程。

师：通过画图我们算出了 $\frac{1}{4} \times 2$ 得 $\frac{2}{12}$。结合画图的过程，想一想 12 和 2 分别表示什么？

预设：12 表示平均分成的份数，2 表示取出的份数。

师：12 怎么得来的？ 2 怎么得来的？

预设：分母相乘得到 12，分子相乘得到 2。

出示课件。

师：分母相乘得一共分了多少份，分子相乘得一共取了多少份。

师：画图的过程和刚才的从分数单位的角度进行推理，有什么相通之处？

预设：两个分数单位相乘，$\frac{1}{4} \times \frac{1}{3}$，就相当于把单位 1 平均分成了 12 份，每份是 $\frac{1}{12}$，这样就产生新的分数单位 $\frac{1}{12}$，用分数单位的个数相乘，就相当于取了再取，一共取了 2 个 $\frac{1}{12}$，也就是 $\frac{2}{12}$。

师：用联系的眼光看问题，就会发现事物的本质。

师：通过分了又分，把单位 1 一共平均分成了 12 份，1 份是 $\frac{1}{12}$，从计数单位的角度来看，就相当于分数单位乘分数单位得到了新的分数单位，$\frac{1}{4} \times \frac{1}{3} = \frac{1}{12}$；有几个这样新的分数单位？通过取了又取，算出取得总份数 2，也就相当于分数单位的个数相乘，得到 2 个新的分数单位。看来同学们的猜测是正确的。

【设计意图】在 $\frac{1}{4} \times \frac{1}{2}$ 探究的基础上，先让学生猜测 $\frac{1}{4} \times \frac{2}{3}$ 会产生哪个新的分数单位以及有几个新的分数单位，接着借助画图验证，使学生在分、取的过程中体会分母乘分母求的是一共分成了多少份，分子乘分子求的是最终取了多少份，最后从分数单位的角度进行对比、勾连，使学生明晰：分数单位相乘相当于分了再分，把单位 1 平均分成了 12 份，每份是 $\frac{1}{12}$，这样就产生了新的分数单位 $\frac{1}{12}$，分数单位的个数相乘就相当于取了再取，一共取了 2 个 $\frac{1}{12}$，也就是 $\frac{2}{12}$，发展了学生的几何直观和推理意识。

（四）验证猜想，明晰算理算法

师：通过上面的研究，想想分数乘分数怎么计算？

预设：分母乘分母，分子乘分子。

师：是不是这样呢？需要通过多个算式验证。

以 $\frac{3}{5} \times \frac{3}{4}$ 为例，师生共同画图验证。

再次验证，加强说服力。出示图片，这幅图表示的是什么？$\frac{5}{8} \times \frac{3}{7}$

师：可以写出多少个这样的算式？

预设：无数个。

师：其实这种方法早在一千多年前，中国古代数学著作《九章算术》中就记载："母互乘子，并以为实，母相乘为法。实如法而一。"古代把分母称为"法"，分子称为"实"，谁来说说这句话是什么意思？

师：和我们的算法是一致的，为我国古人的智慧感到骄傲的同时，也为同学们的研究点赞！

师：从分数单位的角度进行分析，分母相乘得到的法，相当于什么，分子相乘得到的实呢？

预设：分数单位相乘产生了新的分数单位，相当于分母相乘得到的法中的一份，分数单位的个数相乘得到新的分数单位的个数，相当于分子相乘得到的实。

【设计意图】在画图验证的过程中归纳出分数乘分数的计算方法，并将分数乘整数和分数乘分数的算法进行统一，同时渗透中华优秀数学传统文化，从分数单位的角度进行古今算法的沟通，使学生进一步明晰分数乘分数计算的道理，激发民族自豪感，增强文化自信。

三、巩固练习，沟通联系

（一）基本练习

学生计算 $\frac{5}{8} \times \frac{3}{7}$。

全班交流，明确直接约分再乘更简便。

（二）沟通联系，体会乘法运算的一致性

师：前面我们学习了整数乘法和小数乘法，现在又学了分数乘法，从计数单位的角度观察，它们之间有没有相同的地方呢？（课件依次出示三组算式）

预设：都是计数单位与计数单位相乘，计数单位的个数与个数相乘。

师：是的，无论是整数乘法、小数乘法还是分数乘法，其计算原理都是相同的,本质上都是将计数单位相乘得到新的计数单位,再把个数相乘得到新的个数,最终得到它们的积是多少。

【设计意图】通过引导学生对比、思考"分数乘法的算理与整数乘法、小数乘法有什么相同之处?",使学生体会到,整数、小数、分数乘法在算理算法上的一致性,帮助学生建立完整的认知结构,学会结构化地想问题,发展推理能力和运算能力。

四、回顾梳理,自主评价

师:这节课都有哪些收获呢?

学生谈收获。

【设计意图】及时反思学习过程,通过自主评价,帮助学生实现对学习进程的自我监控、自我检测、自我调整和自我完善,感受自己在学习过程中的持续性成长。

▶ 评析:本节课具有以下几个特点。

1. 创设真实情境,凸显知识价值。

本节课通过"剪纸"这一贴近学生生活的真实情境引入分数乘法,让学生在有趣的生活场景中自然地由之前学过的分数乘整数过渡到分数乘分数的问题。接着教师让学生在纸上表示出 2 小时织的,$\frac{1}{2}$ 小时织的,学生在"画一画""分一分""取一取"的过程中理解了分数乘分数的意义。这种设计不仅拉近了数学与生活的距离,而且增强了学生学习的内在动机,充分体现了分数乘法的实际应用价值。

2. 借助数形结合,理解分数乘法的算理。

数的运算的重点是理解算理,掌握算法。本节课,教师让学生通过画图的方式直观地理解分数乘法的算理,从"先分—后取—再分—再取"的过程中感受到分数单位乘分数单位产生新的分数单位的过程。教师借助数形结合,帮助学生打破了分数与整数、小数之间的隔阂,让学生能够清晰地看到分数乘法的本质。同时通过分母、分子的计算过程,学生进一步明白了"分数单位相乘产生新的分数单位"的深层含义。数形结合,不仅帮助学生理解了算理,还进一步发展几何直观,并通过不断归纳总结提升学生的推理意识和运算能力。

3. 强化算理一致性,构建完整的认知结构。

教师在整数、小数、分数乘法的一致性对比中,通过"分数单位相乘产生新的分数单位"这一核心概念帮助学生建立起对"乘法运算一致性"的全面理解。学生在对比、联系中，不仅加深了对分数乘法的认识，还打通了整数、小数和分数之间的运算联系。这种算理的贯通设计，有助于学生构建更为完整的认知结构，使其在后续的学习中能够更有效地应用这一基础知识，同时发展了其系统思考和结构化解决问题的能力。

附教学设计二

"分数的初步认识"教学设计与评析

▶ 教学内容

青岛版三年级上册第 112~113 页。

▶ 学情分析

学生由整数的认识到分数的认识，是数认识的一次质的飞跃。有些学生在日常生活中听过或看到一些简单的分数，但对分数表示的具体意义并不理解。分数的产生源于对一个不可再分单位的等分，而学生在生活中已有类似的经验，但未必能用分数来表达。因此，在教学中应当注重引导学生从实际生活经验出发，设计有趣的学习情境，让他们在自主学习与合作交流中，通过丰富的操作活动主动获取有关分数的知识。

▶ 教材分析

分数的初步认识是小学数学教学中的重要内容，在数学知识体系中起着承上启下的关键作用。在学习分数之前，学生已掌握整数和小数的概念，分数的引入则是对数概念的一次扩展，使学生对数的理解进一步深化。分数的初步认识是学生学习分数的起点，也是本单元的重要内容，为后续分数大小比较、分数的基本性质、分数运算等知识的学习奠定基础。教材通过学生熟悉的"分东西"等生活场景引出分数概念，使学生感受到数学与生活的紧密联系，激发他们的学习兴趣。本节课以认识分数 $\frac{1}{2}$ 为切入点，引导学生通过"分一分""折一折""涂一涂""说一说"等操作活动，建立分数的直观形象，理解分数的意义。

▶ 教学目标

（1）经历"分"物品的过程，感受分数产生的必要性，初步认识分数的意义和单位，会读、写分数，能说出分数各部分的名称。

（2）在分、涂、折、说等操作活动中，感受分数是表示部分与整体的关系，体会数概念的一致性，培养数感和符号意识，提升观察、思考和表达能力。

（3）感受分数与实际生活的密切联系，体会生活中处处有数学。

● 教学过程

一、创设情境，引入新知

师：你们喜欢春游吗？（喜欢）今天给大家带来了我们学校二年级同学到公园春游的情景。午餐时，明明和方方遇到一点小麻烦，这么多好吃的，该怎么分呢？你们愿意帮帮他们吗？（愿意）

师：4 个苹果，平均分给两位同学，每人分几个？

预设：2 个。

师：2 瓶牛奶平均分给 2 个人，每人几瓶？

预设：1 瓶。

师：1 个蛋糕，还能平均分给两个人吗？怎么分，你说？

预设：切开，一人一半。

师：这样分吗？

预设：不对，要从中间分。

师：注意观察，是这样吗（课件演示）？只有这样，才能把蛋糕平均分。那每人能分多少个呢？

预设：一半 / 半个。

师：你们为什么不用原来的 2、1 这样的数表示呢？

生：因为它不够 1 个了。

师：哦，你的意思是半个是比 1 个小，但比 0 个还大的数。看来整个整个的数不够用了，我们就找找不整的数。

二、自主建构，感悟新知

（一）初步认识 $\frac{1}{2}$ 个

师：那你想用一个什么数表示半个呢？谁愿意到黑板上写一写？

预设：$\frac{1}{2}$、$\frac{2}{1}$

师：（指 $\frac{1}{2}$）谁能和大家说说怎么想的？

生：1 个蛋糕平均分成 2 份，这是 1 份。

师：指 $\frac{2}{1}$，你也和大家说说你怎么想的？

生：也是 1 个蛋糕平均分成 2 份，表示其中的 1 份。

师：我们来看这两位同学写的，他们都用到了 2 和 1 两个数，但书写的位置不相同。看来这个数,既要表示平均分了 2 份,还要表示其中的 1 份。到底有没有这样的一种数呢?还真有,和这个同学的想法(圈出 $\frac{1}{2}$)不谋而合。知道这个数叫什么数吗?

预设:分数。

师:对就是分数,今天这节课我们就来认识分数。(板书:分数的初步认识)

师:伸出手指,我们一起写一下这个分数。先画一条横线表示平均分,平均分成 2 份,在横线下面写 2;表示其中的 1 份,就在横线上面写 1,这个分数就读作二分之一。齐读一个这个分数。刚才的半个蛋糕,现在就可以说每人分 $\frac{1}{2}$ 个蛋糕。(板书:$\frac{1}{2}$ 个)。

师:通过刚才的讨论交流,我们知道半个蛋糕用 $\frac{1}{2}$ 个表示。结合分蛋糕的过程,回想一下,我们是怎么得到 $\frac{1}{2}$ 个蛋糕的?

预设:把一个蛋糕平均分成 2 份,1 份是 $\frac{1}{2}$ 个蛋糕。

师:谁再来说说刚才怎么得到 $\frac{1}{2}$ 个蛋糕的?

师:这一份是 $\frac{1}{2}$ 个蛋糕(点击),那这一份呢?

小结:看来只要把一个蛋糕平均分成 2 份,每份都是 $\frac{1}{2}$ 个蛋糕。

(二)由 $\frac{1}{2}$ 个到 $\frac{1}{2}$

师:如果给你 1 个西瓜、1 个苹果、1 根绳子,你还能得到 $\frac{1}{2}$ 个吗?(课件出示)你能像刚才分蛋糕这样说一说吗?和你的同桌说一说。

学生小组交流,教师巡视

师:哪个同学能来说一说怎么得到 $\frac{1}{2}$ 个西瓜?

师:$\frac{1}{2}$ 个苹果呢?$\frac{1}{2}$ 根绳子呢?

师:看,刚才我们得到这么多的 $\frac{1}{2}$ 个物体。那这些 $\frac{1}{2}$,都是怎么来的呢?它们有什么相同的地方?你能用一句话说说吗?

预设:都是把一个物体平均分成了 2 份,每份都是 $\frac{1}{2}$。

师:你们也发现了吗? 的确,都是把一个物体平均分成了 2 份,每份都是 $\frac{1}{2}$。

师:看来, $\frac{1}{2}$ 既可以表示 $\frac{1}{2}$ 个物体;还可以表示把 1 个物体平均分成 2 份,1 份就是它的 $\frac{1}{2}$。现在谁能再来说说我们是怎么得到 $\frac{1}{2}$ 的? 同桌俩互相说一说,我们是怎么得到 $\frac{1}{2}$ 的?

（三）认识图形的 $\frac{1}{2}$

师:刚才我们把一个物体平均分成 2 份,得到了它们的 $\frac{1}{2}$。如果给你这样一个长方形,你能表示出长方形的 $\frac{1}{2}$ 吗? （课件出示操作要求）

学生操作活动,教师巡视。

师:谁想分享一下你的做法?

预设 1:我是把长方形竖着对折,展开后这一份是 $\frac{1}{2}$。

预设 2:我是把长方形横着对折,展开后这一份是 $\frac{1}{2}$。

预设 3:我是把长方形斜着对折,展开后这一份是 $\frac{1}{2}$。

师:请看屏幕,刚才有的同学把长方形的纸竖着对折,有的横着对折,还有的斜着折。他们的折法不同,为什么涂色部分都是长方形的 $\frac{1}{2}$ 呢?

预设:因为他们都把长方形纸平均分成了两份,其中的一份,都可以用 $\frac{1}{2}$ 表示。

师:你说的有理有据,掌声送给他。是啊,只要把长方形平均分成 2 份,每份就是这个长方形的 $\frac{1}{2}$。

师:看来同学们对 $\frac{1}{2}$ 理解得越来越深刻了。接下来老师考考大家的眼力,有信心接受挑战吗? 请看屏幕,哪些图形的涂色部分是 $\frac{1}{2}$?

生:第 1 个、第 2 个。

师:你们都同意吗? 第 3 个为什么不可以?

预设:没有平均分。

师:哎? 第4个图平均分了呀? 为什么不是$\frac{1}{2}$呢?

预设:它是平均分了 3 份,不是 2 份,所以不是$\frac{1}{2}$。

师:那应该用什么分数表示?

预设:$\frac{1}{3}$。

师:同学们真得太棒了,通过这个练习,我们又认识了一个新的分数$\frac{1}{3}$。我们把这个分数也写下来。(板书:$\frac{1}{3}$)

(四)创造几分之一

师:刚才我们认识了$\frac{1}{2}$、$\frac{1}{3}$,大家还想认识几分之一?

随着学生的交流,教师板书几个分数。

师:还有吗? 能说完吗? 我们就用省略号表示。

师:看来,小朋友们心里都有一个自己最想认识的分数,下面,我们就来动手操作,表示出你最喜欢的分数。出示活动要求,哪个同学能大声说一说。

(1)折一折,涂一涂,表示一个你最喜欢的几分之一。

(2)说一说,你把这个图形平均分成了几份,涂色部分是它的几分之一?

学生活动,教师巡视。

师:好多同学已经表示出了自己喜欢的分数,谁想交流一下你表示的分数?

预设 1:我表示的是$\frac{1}{4}$,我把这个圆形平均分成 4 份,1 份是圆形的$\frac{1}{4}$。

预设 2:我表示的是$\frac{1}{8}$,我把这个长方形形平均分成 8 份,1 份是圆形的$\frac{1}{8}$。

……………………

师:这么多同学都想交流,大家都有机会,请把你的作品展开放到桌上,同桌两人互相说一说。

学生交流,教师巡视,找用不同图形表示的$\frac{1}{8}$。

师:用一个图形表示几分之一简单吗? 简单的问题常常藏着大学问呢! 看,这是刚才收集的几幅作品,涂色部分是几分之一? 这个呢? 这个?

师:哎,图形的形状不同(指三个图形)、大小不同,为什么涂色部分都是$\frac{1}{8}$呢?

预设:它们都是把图形平均分成了 8 份,表示了 1 份。

师:看来只要把一个图形平均分成 8 份,每份都是$\frac{1}{8}$。

师:那如果我想得到这个图形的$\frac{1}{100}$,要平均分成多少份?

预设:100 份。

师:想得到$\frac{1}{1\,000}$呢?

预设:平均分成 1 000 份。

师:是啊,我们把图形平均分成几份,每份就是它的几分之一。

(五)认识八分之几

师:继续看这个圆形,如果再涂 1 份,现在你又看到了几分之几?

预设:$\frac{2}{8}$。

师:$\frac{2}{8}$怎么来的?

预设:平均分成了 8 份,涂了 2 份,就是$\frac{2}{8}$。我们又得到了一个新的分数。(板书:$\frac{2}{8}$)。

师:继续,再涂一份,现在你又看到了几分之几?

预设:$\frac{3}{8}$。

师:说说想法?

预设:平均分成了 8 份,涂了 3 份,就是$\frac{3}{8}$。(板书:$\frac{3}{8}$)。

师:其实,这个图形里还藏着一个分数呢,空白部分占这个图形的几分之几呢?

预设:空白部分是$\frac{5}{8}$。

师:你是怎么看到的$\frac{5}{8}$?

预设:平均分成了 8 份,空白部分是 5 份,就是$\frac{5}{8}$。

师:我们又得到了一个新的分数$\frac{5}{8}$。(板书:$\frac{5}{8}$)

师:继续看,还可以怎么做也能得到$\frac{5}{8}$?

预设:再涂 2 份。

师:再涂 2 份,现在涂色部分也是$\frac{5}{8}$。

师:继续,再涂一份是?

预设:$\frac{6}{8}$。

师:再涂一份是?

预设:$\frac{7}{8}$。

师:如果将这个图形全部涂满是?

预设:$\frac{8}{8}$。

师:$\frac{8}{8}$也就是?

预设:1。

(六)深入理解 1 份和"1"

师:同学们不仅认识了分数,还会数分数了。我们再一起数数,这 1 份是$\frac{1}{8}$,

2 份是?(学生随着课件的演示,一直数到$\frac{8}{8}$)

师:这是 1 个圆形,这是 8 份中的 1 份,这两个"1"一样吗?

预设:不一样。

师:具体说说哪儿不一样?

预设 1:1 个圆形,一个是圆形 8 份中的 1 份。

预设 2:两个 1,一个大,一个小。

师:同学们的感觉越来越深刻了,今天学的分数就是把大"1"平均分成了很多的小份,我们研究的就是这 1 小份的数。

(七)学习分数各部分名称

师:看,刚才我们一起认识了这么多分数,细心的小朋友都发现了。老师刚才写分数的时候,都是先画一条线,这条线表示——。平均分的总份数,写在——,最后写表示的份数,写在——。同学们有自己的名字,分数的各部分也有自己的名字。这短横线我们把它叫分数线,分数线下面的数叫分母。分数线上面的数叫——分子。

教师随意指黑板上的一个分数,学生说出它的分子和分母。

（八）分数发展的历史

师：你们知道吗？分数演变成今天这样简洁的样子经历了一个漫长的过程，请看屏幕。（微视频介绍分数的产生）在分数演变的过程中，也有咱们中国人的一份智慧呢！

三、巩固新知，加深理解

师：同学们认识了分数，老师想考考大家，有信心接受挑战吗？

用分数表示下图中的阴影部分。

学生独立完成，再全班交流。

师：分数不仅仅藏在图形里，在生活中也随处可见。看，午餐时明明还带了一大瓶果汁和好朋友分享呢。（课件出示）

芳芳从瓶中倒出了一杯果汁来喝。估一估，芳芳喝了整瓶果汁的几分之几？

预设：$\frac{1}{5}$、$\frac{1}{4}$。

师：到底谁估得更准呢？我们随着课件一起数一数。芳芳喝了$\frac{1}{5}$。

师：此时瓶中剩余的果汁占整瓶果汁的几分之几？说说想法？

预设：$\frac{4}{5}$，因为整瓶果汁平均分成 5 份，剩余的果汁是 4 份，是$\frac{4}{5}$。

师：理解得真好，5 份中的 4 份就是$\frac{4}{5}$。

师：明明可真能喝，看喝了 3 杯果汁，明明喝了整瓶果汁的几分之几？

预设：$\frac{3}{5}$。

师：此时瓶中剩余的果汁又占整瓶果汁的几分之几呢？

预设：$\frac{1}{5}$。

师：这时，又跑过来两个好朋友，明明将剩余的果汁平均分给他们两人，你知道他们每人喝了整瓶果汁的几分之几吗？说说理由。

预设：$\frac{1}{10}$，整瓶果汁的：$\frac{1}{5}$平均分给两个人，整瓶果汁就可以平均分给 10 个人，每人 1 份是$\frac{1}{10}$。

师：他说得对不对呢？我们一起数一数，一共分了 10 份。每人喝了整瓶果汁的几分之一？一个人分得整瓶果汁的$\frac{1}{10}$，两个人就分得整瓶果汁的？

预设：$\frac{2}{10}$。

师：你们发现了吗？瓶中剩余的果汁既可以用$\frac{1}{5}$表示，也可以用$\frac{2}{10}$表示，这可是分数更深奥的知识呢，我们以后会继续学习。

四、回顾梳理，建构网络

一节课很快就要结束了，我们一起来回顾一下分数的学习过程。首先，在分东西的过程中，分着分着，我们发现整个的数不够用了，于是我们认识了$\frac{1}{2}$个；通过操作和讨论交流，我们知道$\frac{1}{2}$不但可以表示$\frac{1}{2}$个，还可以表示把一个物体平均分成 2 份后，其中的 1 份；后来通过折一折、涂一涂，我们又认识了几分之一，几分之几的分数，还发现了分数就是把大 1 平均分了，研究 1 份或几份的数；最后我们又解决了生活中的数学问题。在整个学习过程中，数形结合加深了我们对分数的理解。今天我们只是初步认识了分数，今后随着年级的增长，我们将继续学习更多关于分数的问题。

▶ 评析：本节课具有以下几个特点。

1. 创设真实情境，凸显知识价值。

《义务教育数学课程标准（2022 年版）》明确指出，数学教学应从社会生活、科学以及学生已有的数学经验入手，围绕教学任务选择贴近学生生活、符合其年龄和认知特点的素材。在本节课中，教师从"分食品"的生活场景切入，带领学生从整数表示逐步过渡到分数的产生，帮助学生在熟悉的生活情境中体会分数产生的必要性。例如，学生通过平均分蛋糕，发现整数不足以表示"每人一半"的数量需求。这种设计不仅拉近了数学概念与实际生活的距离，还使学生在解决真实问题的过程中自然地接受并理解分数的价值和用途。

2. 经历数学抽象，凸显数学本质。

《义务教育数学课程标准（2022 年版）》指出，数是对数量的抽象。教师通过实际的分物品的操作，引导学生完整经历了由数量到数的抽象过程。学生在分物体的过程中发现，1 个蛋糕平均分给两个人时，无法用整数来表示，得到了$\frac{1}{2}$个蛋糕。教师进一步引导学生思考并交流："如果再给你一些物体，你还能得到$\frac{1}{2}$个物体吗？"在此过程中，学生逐步理解了$\frac{1}{2}$个的含义。在此基础上，教师引导学生发现这些分数有什么相同的地方？学生在观察中发现$\frac{1}{2}$这个分数的共性,都是将一个物体平均分成两份,每份为$\frac{1}{2}$,从而认识到分数和整数一样,都是由数量到数的抽象过程,深刻体会了数概念本质的一致性,并逐步培养了数感和符号意识。

3. 培养高阶思维,发展数学核心素养。

依据学生的知识背景,围绕教学重难点设置核心问题,激发学生主动思考,能有效提升认知能力和心智水平,促进高阶思维发展。本节课从$\frac{1}{2}$个到$\frac{1}{2}$的抽象,教师抓住核心问题:它们有什么相同的地方?当学生用长方形表示$\frac{1}{2}$后,教师再次追问:他们的折法不同,为什么涂色部分都是长方形的$\frac{1}{2}$呢?在学生自主创造几分之一时,教师再次以"图形的形状不同(指三个图形)、大小不同,为什么涂色部分都是$\frac{1}{8}$呢?"问题层层递进。学生在独立思考、小组讨论、全班交流的过程中进一步理解了分数的本质,促进了思维的进阶发展,提升了数学核心素养。

第二节　量感的培养

《义务教育数学课程标准(2022年版)》把"数学的眼光、数学的思维、数学的语言"作为数学的核心素养。在小学阶段,核心素养包括数感、量感、符号意识、创新意识等 11 个核心概念。其中,"量感"作为新增的一个核心概念,迅速引起了教师们的高度关注。量感不仅是一项重要的数学能力,更是学生在日常生活中运用数学知识解决实际问题的重要工具。量感不是与生俱来的,是学生通过不断的学习和实践逐步培养起来的。那么,什么是量感?为什么要培养学生的量感?以及如何在课堂教学中有针对性地培养量感,已成为数学教学中不可忽视的重要任务。教师需要设计贴近学生实际生活、富有实践体验的教学活动,帮助学生在操作和探究中逐步增强对量的理解,从而全面提升学生的数学核心素养。

一、量感的相关概述

（一）量感的概念

基于 2022 版新课标对量感的描述,其概念可以用图 2-2 表示。

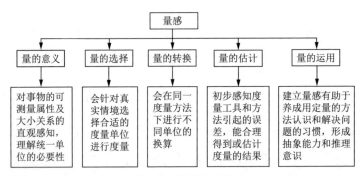

图 2-2　量感的内涵

小学数学中的"量感"是指学生在学习过程中通过对各种不同量的理解和操作,逐渐形成的感知能力。学生不仅能够理解量的意义,还能根据不同情境的需求灵活选择、转换和比较这些量。学生具备了量的感知能力,能够进行推理和估算,并在实际生活中运用量来解决问题。在这一过程中,他们逐渐养成灵活运用量进行判断和解决问题的思维方式与习惯。量感的培养是一个逐步深化的过程,需要通过持续的学习和实践来不断加强。

（二）量感培养应遵循的原则

1. 亲历性原则。

亲历性原则强调学生通过亲身实践来掌握知识和技能,而不仅仅依赖听讲或观察。对于小学数学中的量感培养,这一原则尤为重要。学生需要通过动手操作、参与实际活动和解决实际问题,来真正理解与量相关的概念,如长度、面积、体积、时间等。在亲身体验的过程中,学生能够直观地感受到不同量的属性及其相互关系。比如,学生通过实际掂一掂物体感受 1 克的重量,建立起了 1 克的表象,从而能在日常生活中更合理地选择合适的质量单位。

2. 情境性原则。

在量感培养中,教师应创设与学生日常生活密切相关的情境,让他们在解决真实问题的过程中深入理解量的本质。例如,在教学"毫升与升"时,教师创设了××学生因为不注意用眼卫生,导致视力下降这一生活情境,学生在交流中自然引出了眼药水。眼药水是以毫升为单位计量的,通过实际滴一滴眼药水,学生直观地感受了 1 毫升的大小,从而建立"毫升"这一计量单位的表象。

3. 持续性原则。

量感的培养是一个循序渐进的过程,学生需要在教学过程中,通过持续的实践和经验积累来逐步提升量感,教师不能期望一节课就能让学生建立起量感。在量感建立的过程中,课堂只是学习的起点,教师应注重与学生的日常生活建立紧密联系,让他们在反复观察、思考和操作中,经历从"眼中有量"到"手中有量",再到"心中有量"的学习过程。同时,教师还要引导学生体会各种量之间的联系。例如,教师借助课件演示由点到线、由线到面、由面到体的发展过程,让学生感受长度、面积、体积等量之间的关系,从而加深对量的理解。

(三)培养量感的意义

1. 激发学习兴趣。

量感的培养注重学生的积极参与。教师通过设计生动有趣、贴近学生生活的学习活动,鼓励他们深入参与学习过程,自主探索和发现,可以有效激发学生的学习兴趣。学生在课堂上主动提问、讨论和合作,极大地增强了课堂互动性。学生在成为学习主人的过程中,不仅体验到数学学习的乐趣,还能更积极地参与学习,同时也提升了自主学习能力。

2. 培养理性思维。

数学中的度量是一种重要的数学思想,它能帮助学生理解事物的量化特性,以及数学学科中隐藏的内在逻辑。在学习和培养量感的过程中,教师引导学生运用数形结合的数学思想,通过亲身体验、观察、比较和分析,逐步掌握量的本质。通过这样的学习,学生不仅能够提升解决数学问题的能力,还能养成逻辑推理、分析和批判性思维的习惯,从而发展学生的理性思维能力,帮助他们构建系统化的数学思维框架。

3. 培养核心素养。

学生在日常生活中应用各种量,不仅学会了如何进行估算和测量,还能在解决实际问题时,根据不同情境,灵活选择运用量的知识。在这一过程中,学生即使忘记了具体的运算方法或公式时,仍然可以凭借良好的量感进行合理的判断与估测,找到解决问题的方式,这正是量感培养对提升学生数学核心素养的一个体现。

量感的培养不仅能帮助学生掌握数学技能,还能帮助他们更深入地理解数学的本质,在面对未知问题时更加从容不迫,提升学生灵活应用数学知识的能力,从而促进学生数学思维和综合素质的全面发展。

（四）量感教学中存在的问题

1. 教学内容缺乏系统性。

小学阶段的度量知识分布在不同学段、不同年级和不同单元中逐步展开。教师在教学时往往只关注自己所教本册中的知识点,忽视了这些知识点之间的内在联系。由于缺乏对整个教材内容的整体把握,教师很难将零散的知识点整合成一个系统性的认知框架,导致教学内容呈现出碎片化的问题。这不仅影响了学生对各知识点的连贯理解,还使得他们难以形成对度量知识的完整认知逻辑。在这种情况下,学生无法体验度量知识从简单到复杂、从具体到抽象的演变过程,进而难以深刻理解度量单位的本质。

2. 教学手段单一。

在测量教学中,许多教师过度依赖多媒体工具,如有的教师通过图片展示和微课等形式,学习量的单位,忽视了学生动手操作和实践体验环节。由于缺少实践体验,学生难以真正将书本上的度量知识与实际生活情境相结合,导致他们对度量的感知停留在浅层次,无法深入体会量感的意义。单一的教学方式,剥夺了学生通过亲身体验构建概念的机会,最终限制了量感的培养深度,使得学生在面对实际生活中的测量问题时常感到无从下手。

3. 重结果轻过程。

量感的形成离不开学生持续的实践活动,离不开学生直观的操作,这是一个时间和经验不断累积的过程。然而,目前教学往往过于注重让学生记住计量单位和换算规则,忽视了过程中的操作体验和理解。尽管这种结果导向的教学方式能让学生快速掌握单位的名称和换算方法,但由于缺乏对学习过程的深入体验,学生在实际应用时常常感到力不从心。这种重结果轻过程的教学模式,限制了学生量感的积淀,阻碍了他们核心素养的全面发展。

二、小学数学量感内容的梳理

小学阶段的"量"按教学内容编排在不同学段不同册教材中。表 2-1 是对"青岛版"小学数学教材各种量的梳理,通过梳理,帮助教师进一步明确量感的关键教学内容。

表 2-1　"青岛版"小学数学教材中量的梳理

量的类别	度量单位	年级
	时、分	一下
时间	时、分、秒	三上
	年、月、日	三下
货币	元、角、分	一下
角度	直角、钝角、直角	二上
	平角、周角、角的度量	三下
长度	厘米、米	一下
	毫米、分米、千米	二下
面积	平方厘米、平方分米、平方米	三上
	公顷、平方千米	四下
质量	克、千克、吨	二下
体积	立方厘米、立方分米、立方米	五上
容积	升、毫升	五上

　　通过对表 2-1 的整理,我们可以发现学生在学习度量单位的过程中,经历了从"长度"到"面积"再到"体积"的转变,学习难度也从"一维"逐渐扩展到"二维"和"三维",呈现出一定的渐进性和连贯性。量感的培养主要依赖于实际操作、动手实践和实验的过程。不论是哪种度量单位的学习,学生都需要经历"对象—工具—方法—结果"这一完整的学习过程。因此,教师在教学中应帮助学生构建明确的量感认知框架,并引导他们掌握有效的学习方法,从而更好地理解与运用度量的知识。

三、小学数学教学中学生量感培养的策略

(一)创设生活情境,激发量感认知

　　在培养学生量感时,教师应通过创设真实情境,引导学生产生真实需求,激发他们对度量的兴趣和探索精神。教学中,教师把教学内容与生活实际相结合,设计符合学生认知水平的情境,帮助学生逐渐感知量的概念,并理解度量的必要性。

1. 产生度量的需求。

在学习度量单位之前，学生已经具备了一定的数量感知能力，比如通过直觉能判断物体的体积大小、物体的长短或面积的大小。但当物体之间的差异变得不明显时，学生会发现需要更精确的测量手段，度量的需求自然产生了。例如，在学习角的度量时，教师可以通过展示三种滑梯模型，分别代表不同的角度。问学生："如果你去玩滑梯，哪个滑梯会更刺激？"学生很快选出角度最大的滑梯，并解释因为角度大，滑得快、刺激。当教师继续展示两种角度接近的滑梯，问："你觉得哪个滑梯的角度更大？"此时学生可能无法直接判断，便产生了度量角度的需求。教师可以进一步引导学生思考，如何准确测量这些角度？当学生尝试使用手或尺子进行测量时，发现这些工具并不能给出准确的结果。于是他们意识到需要更专业的测量工具，比如量角器，从而初步感受到标准化度量工具的重要性。再比如，在学习"千克"这一内容时，教师可以让学生比较橙子和鸡蛋的重量。重量相差明显时，学生能轻松判断。但当物体重量接近，如花生米和硬币时，学生会意识到他们需要通过称重来获得更精确的答案。这些情境的创设，让学生感知到不同的物体，需要用不同的标准化的工具进行度量。

2. 产生统一度量单位的需求。

随着学习的深入，学生会逐渐意识到，不同的测量方式可能导致不一样的结果，这时他们就会思考要统一度量标准。教师要让学生经历度量中的矛盾和冲突，帮助他们理解统一度量标准的必要性。例如教学"厘米的认识"时，教师让学生测量教室的长度。学生有的用步子量，有的用手掌量，有的学生伸开双臂量，结果发现每个人的测量结果都不同，无法准确表示教室长度到底有多长。在此基础上，教师引导学生展开讨论交流，学生意识到，要想得到准确的测量结果，必须统一测量标准，从而体会到统一单位的重要性。同理这样的教学也可以延伸到面积单位的学习。教师给学生提供圆形、三角形和正方形等不同形状的图形，让学生测量长方形的面积。学生发现，由于使用了不同的测量标准，无法准确比较面积大小。由长度单位学习习得的经验，学生发现必须统一测量标准，从而自然地引入面积单位的学习，学生也再次体会到统一面积单位的必要性。学生在经历多样化的测量方式到标准化的过程中，逐步建立起对量感的更深层次认识，培养他们的科学思维和探究精神。

（二）创设多样活动，丰富"量"的表象

在学生学习"量"的过程中，建立清晰、具体的表象是至关重要的。表象是学生通过观察和操作所获得的对物体大小、长短、轻重等直观印象，它是学生从感知事物到形成抽象概念的重要桥梁。为了帮助学生形成标准单位的表象，教师可以利用身边的各种物品，设计一系列活动，引导学生通过对比、操作和验证等方式，逐步建立标准的单位模型。

在学习面积单位时，教师设计了一系列活动，引导学生经历完整的学习过程。

1. 想一想。

教师引导学生回顾已学过哪些长度单位，接着教师引导学生由 1 厘米、1 分米、1 米，想象 1 平方厘米、1 平方分米和 1 平方米的大小。

2. 画一画。

随着学生的想象，教师让学生在纸上画出这 3 个面积单位，学生发现用纸画 1 平方米空间不足。画完前两个面积单位后，组织全班分享自己的作品。随后教师呈现标准的 1 平方厘米和 1 平方分米的大小，并让学生用语言描述这 3 个面积单位的大小。

3. 做一做。

1 平方米在纸上画不出来，教师让学生动手表示 1 平方米，4 个学生通过手拉手围成一个大约 1 平方米的区域，体验 1 平方米的大小。

4. 估一估。

教师出示准备好的一块 1 平方米的布，先让学生大胆估计在这块布上可以站几位同学。随着学生估计，组织学生现场站立，最终发现 1 平方米可以容纳 15 位同学。再次直观体验 1 平方米的大小。

5. 记一记。

教师引导学生回顾这 3 个面积单位，强调它们作为"面积标准尺"的重要性，并让学生再次感受这些单位的大小。

6. 找一找。学生寻找周围物体，讨论哪些物体的表面积接近 1 平方厘米、1 平方分米和 1 平方米。

7. 选一选。

教师展示物体（如橡皮、课桌、黑板），让学生选择合适的面积单位进行测量，学生在选择面积单位测量物体的过程中体会，不同物体适用不同的面积

单位。

8. 量一量。

学生分组动手测量桌面、黑板、数学书等物体的面积,教师巡视并引导讨论,如学生发现学具数量不足时,学生经过思考发现可以不用全部铺满,只摆一行,再摆几层,最终也能得出桌面的总面积。而在测黑板的面积时,学生发现剩下的部分不足 1 平方米,不足 1 平方米要用 1 平方分米量,在这个过程中,再次体会不同面积单位在生活中的应用。

9. 比一比。

最后,教师引导学生比较长度单位与面积单位的区别,学生总结出两者的不同用途:长度单位用于测量物体的长度,而面积单位则用于测量物体的表面积。

通过这些活动,学生在实践中逐步理解了面积单位的概念,增强了对量的感知能力。

在这个教学片段中,教师通过引导学生复习长度单位,自然过渡到面积单位的学习,巧妙地把长度单位与面积单位之间建立了联系。学生由"一小段"长度的测量,逐渐理解"一小片"面积的概念。在此过程中,经历了两个方向的度量操作,从一维的长度测量自然过渡到二维的面积测量,顺利实现了从一维空间到二维空间的认知转换。学生通过多种学习方式,亲自动手操作,逐步建立起对面积单位的清晰表象,深入理解面积单位的形成和意义,从而进一步发展了对面积单位的理解和把握,提升了学生的数学思维能力。

又如在学习"克"时,教师让学生在活动中清晰地建立了克的表象。

1. 掂一掂。

教师让学生把一枚 2 分的硬币放在手掌心,轻轻左右摇晃手,感受一枚 2 分硬币的重量,随后组织学生说说感受。

2. 称一称。

学生掂完后,教师再让学生以小组为单位,用电子秤测量硬币的质量,认识 1 克,建立对"1 克"这一质量单位的清晰认识。

3. 找一找。

学生在学具袋里寻找其他可能接近 1 克的物品,如一根圆珠笔芯或一枚回形针,再称一称,验证自己的猜测。

4. 估一估。

学生利用教师提供的学具,先估一估,再称一称,验证自己的估计。

学生在这一系列的体验活动中,运用多种感官,如手、眼和大脑,来感知 1克、几克的具体重量,有效地帮助学生在实际操作中逐步建立起对质量单位 "克"的深刻认识,增强了他们的学习体验和理解能力。

(三)注重数学推理,在思考中感悟"量"

在日常教学中,教师通常通过直观的手段来增强学生对量的感知。然而, 对于一些较大的量,课堂上难以通过直观方式呈现,此时就需要借助数学推理 和想象等思维活动,引导学生逐步建立对这些量的感知。通过推理和联想,学 生能够更好地理解抽象的度量单位,如千米、吨、公顷等。在教学中,教师可以 利用一些可感知的物体作为媒介,结合已经掌握的单位,帮助学生通过推理和 想象来构建量的表象,进而丰富他们的量感经验。

例如,在教学"千米"这一长度单位时,教师很难在教室内展示一个1000 米长的物体。这时,教师可以通过将"米"与日常生活中常见的实物(如教室的 长度或百米跑道)进行比较和推理计算,帮助学生逐步建立"千米"的表象。

以下是一个教学片段。

1. 认识10米。

师:我们之前很早就认识了1米,你能用手势比画1米有多长吗?想一想 1千米有多长?

生:1000个1米。

师:1000个1米到底有多长呢?下面请10个小朋友下来手拉手站好,大 家看,这大约有多长?

生:10米。

师:10米大约就是我们这个教室的长。10米大约能走多少步呢,哪个同学 想下来走走试试?

学生下来走一走。大约是20步。

2. 认识100米。

师:10个10米是多少米?想一想,100米大约有几个教室的长?大约要走 多少步?

生:10个教室的长,大约要走200步。

师:对,现在请同学们闭眼想象10个教室有多长。实际上我们操场上的百 米跑道的长是100米,你能想象出它的长度吗?

3. 认识 1 000 米。

师:现在同学们能想象出 100 米有多长了,那现在你能想象出 10 个 100 有多长吗?

生:有 10 个 100 米的跑道,太长了。

师:10 个 100 米的跑道就是 1 000 米。现在同学们再想一想,1 000 米需要把我们多少个教室连起来呢?

生:100 个教室的长度是 1 000 米,太长了。

师:那走 1 000 米大约需要多少步? 走 1 000 米大约需要多长时间呢?

…………

4. 认识进率。

师:现在大家都知道千米和米之间的关系了吧,你们一起说,老师写下来。(板书:1 千米 = 1 000 米)

5. 实地体验 1 000 米。

师:看来同学们对 1 000 米已经有感知,下面我们一起走出教室,到操场上去感受 1 000 米到底有多长。

上述教学案例,学生从 10 米开始,逐步推算出 100 米、1 000 米,经历从局部感知到整体推算的过程,形成了千米这一长度单位的清晰表象。借助不同的参照物和推理活动,学生不仅完善了对长度单位千米的感知,还提升了推理和计算能力。为了加深对千米的认识,教师又让学生在活动中进一步体验 1 千米,从而发展了量感的理解和应用能力。

(四)强化估测能力,助力量感提升

在小学数学教学中,估测是一种有效的手段,可以帮助学生对量的概念有更深刻的理解,并且提升他们在日常生活中应用量的能力。通过估测活动,学生不仅能够建立标准单位的概念,还能提高对量的敏感度,从而增强量感。因此,在教学过程中,教师应有意识地融入估测练习,让学生在实践中掌握估测技能,并通过不断的反思和调整来提升精确度。

学生在进行估测时,脑海中首先要建立一个标准单位,然后再用这个标准单位作为参照物,去衡量被估计的物体。举个例子说,就是当学生想用平方分米为标准去估测物体时,他脑海中就应有 1 平方分米这个单位的表象。通过反复的估测练习,学生不仅能更加深刻地理解这些单位的意义,还能在实际测量中运用自如。

例如,在进行"时、分、秒"的教学时,为了帮助学生建立 1 秒的概念,教师可以设计多样化的估测活动,让学生通过参与感知时间的流逝,逐步增强对时间的量感。

一估:估计 10 秒。教师让学生闭上眼睛,心里默默估算 10 秒钟,并在他们认为时间到时睁开眼睛。随后,教师请学生分享他们的估算方法,有的学生说自己在心里默数十个数,还有的学生说轻轻打节拍数数等。

二估:教师让学生再次观察秒针的移动,闭眼重新估计 10 秒。如果你认为时间到了,可以举手示意,再和教师设定的时间作对比,检验自己的估计能力。

三估:重复 10 秒的估计方法,继续闭眼估计 15 秒、20 秒等。

四估:时间估测与活动相结合。从教室的前门走到后门,距离大约是 10 米,教师请一位学生从教室的前门走到后门,其他学生估算走这 10 米需要多少秒的时间,进一步加深对"秒"的感知。

上述教学活动,教师让学生在观察、活动中体会秒。学生不仅更好地感知时间秒的长度,还能在实践中提升了对"秒"这个时间单位的应用。

(五)创新作业形式,丰富量感体验

作业是课堂教学的延伸和补充,也是评估学生量感学习的重要手段。设计与量感相关的作业,不仅可以发现学生在量感发展中的问题,也能帮助教师反思和改进教学策略。因此,开发和设计量感作业是促进学生量感发展、培养数学核心素养的重要途径。

1. 设计"动手操作"的作业。

动手操作的作业能够帮助学生在实践中加深对量感的理解。在课堂上,学生对相关量的概念已有初步认识,通过课后实践作业,可以进一步巩固和深化这些知识。例如,在学习"时、分、秒"后,教师可以布置一个"小小时间体验师"的实践作业。学生回家记录自己在 1 秒内能完成的任务,在此基础上推测出 1 分钟或 1 小时能够完成的任务,最后通过实践或推理验证。这类作业不仅增强了学生对时间的量感体验,还促进了推理意识和估算能力的发展。

2. 设计"绘图类"作业。

绘图类作业可以有效帮助学生将抽象的计量单位以图画形式直观呈现,从而增强他们的学习兴趣。比如,在学习完长度单位后,教师可以布置以下作业:① 找物体:学生回家寻找长度为 1 厘米或 1 分米的物体;② 画物体:并将这些物体简单画出来,再用尺子进行测量验证长度;③ 想象与推理:对于较大的计量单位,教师可以让学生想象并通过长度单位之间的联系绘制出长度为1米的物体。这种绘图类作业,学生能够更好地建立计量单位的表象,从而提升学生的量感。

3. 设计"语言表达"类作业。

语言表达类作业鼓励学生用数学语言描述和分享他们对量感的理解。例如,在学习完"克与千克"后,教师可以设计一个作业,让学生回家寻找身边质量接近1千克或1克的物品并拍照记录。接着,学生可以在不使用任何度量工具的情况下,尝试找到一些较大的物体进行估计,并称重进行验证。学生可以把这个作业过程用视频记录,解释自己的估计思路。最后,教师可安排课堂演讲,让学生介绍他们的作业体验和收获。这种作业形式不仅丰富了学生对质量单位的认知,还提升了他们的估算能力和数学表达能力,从而促进了数学核心素养的发展。

创新作业形式,教师不仅能丰富学生的量感体验,还能帮助学生更好地在实践中理解和应用数学知识,促进数学思维发展。

总之,量感的培养是小学数学教学中的重要一环,它不仅帮助学生掌握基础的度量知识,还提升了学生的逻辑思维能力和实际问题解决能力。通过创设贴近生活的情境、多样化的教学活动,以及灵活的作业设计,教师可以有效引导学生在日常学习和实践中积累量感,形成对数学概念的深刻理解。这种系统化的量感培养,不仅推动了学生数学核心素养的发展,还为他们的未来学习奠定了坚实的基础。

第三节　劳动教育与综合实践的融合

《义务教育数学课程标准(2022年版)》明确提出,要坚持德育为先,落实劳动教育,同时指出数学素养是现代社会公民应具备的基本素养。随着新课标的实施,劳动教育在小学数学教学中的地位不断提升,成为培养学生全面素养的重要内容。综合与实践作为小学数学教学的重要领域,注重以现实问题为切入点,打破传统学科界限,促进学生跨学科学习与综合应用。综合实践活动强调自主探究与动手实践,这为劳动教育的融入提供了天然平台。劳动教育致力于培养学生正确的劳动观念、良好的劳动习惯和基本的劳动技能,是激发学生社会责任感、创新精神和实践能力的重要途径。近年来,国家出台多项文件,要求将综合实践活动课程作为劳动教育的重要载体,这为劳动教育与综合实践的融合创造了有利条件。把劳动教育有机融入小学数学综合实践,不仅能帮助学生在劳动中深化数学应用意识,还能培养学生尊重劳动、热爱劳动的价值观,提升实践能力和综合素养,真正实现以劳树德、以劳增智、以劳强体、以劳育美的教育目标。

一、小学数学综合实践教学与劳动教育的相关概述

(一)综合与实践教学的内涵与变化

综合与实践是小学数学教学的重要领域,旨在通过创设真实的生活情境,将数学知识与其他学科相结合,培养学生的问题解决能力、动手操作能力和综合运用能力。在这一过程中,学生不仅加深了对数学知识的理解,还能体会数学与社会生活的紧密联系,逐步积累实践经验,掌握基本的思维方法,提升创新意识与综合素养。

随着《义务教育数学课程标准(2022年版)》的实施,综合与实践教学发生了显著变化。新课标在学习内容上将"数与代数"领域中的常见量、负数的认识等内容调整到综合与实践领域,进一步强化了其实践性和应用性。在内容呈现上,强调以主题活动和项目学习为主要形式,突出知识的整合与迁移应用;在课时安排上,明确要求每学期用于综合实践活动的课时比例不少于10%。这些变化表明,教师在实施综合与实践教学时,应更加注重活动设计与情境创设,引导学生在真实问题解决中应用数学知识,切实提升综合实践课程的实施质量。

(二)劳动教育的内涵

劳动教育作为素质教育的重要组成部分,致力于培养学生正确的劳动观念、良好的劳动习惯、基本的劳动技能及社会责任感。劳动教育强调以劳树德、以劳增智、以劳强体、以劳育美,其本质要求与小学数学综合与实践活动中强调的动手实践、解决实际问题的教学理念高度契合。因此,将劳动教育有效融入综合与实践教学,不仅有助于学生认识数学在实际生活中的应用价值,提升动手实践能力和创新精神,还能促进学生形成良好的劳动品质,增强应用数学知识解决实际问题的意识,为学生的全面发展和未来社会生活奠定坚实基础。

（三）劳动教育与综合实践教学融合应遵循的原则

1. 实践性原则。

劳动教育与综合实践教学本质上都强调动手操作与真实情境中的学习体验。在教学过程中，教师应注重创设贴近生活的劳动情境，组织学生参与实际操作活动，在做中学、学中做，加深对数学知识的理解。通过实践任务的设置，让学生在测量、计算、记录等操作中自然运用数学知识，提高数学应用能力和劳动实践能力。

2. 主体性原则。

在融合劳动教育的综合实践教学中，学生应始终处于活动的中心地位。教师应鼓励学生自主提出问题、制定方案并动手解决，通过小组协作、角色扮演、自我管理等形式，激发学生的参与热情与责任意识。强调学生在劳动与学习过程中的主动建构，既有助于培养独立思考能力，也有利于增强集体意识与合作能力。

3. 反思性原则。

无论是劳动教育还是综合实践教学，都强调学习过程的体验与思维的提升。在教学中，教师应引导学生在劳动完成后进行回顾与反思，总结劳动过程中的方法、收获与改进点，提升其问题意识和数学表达能力。教师也应通过观察、互动与反馈，发现教学中存在的问题，及时调整策略，优化融合教学效果。

二、劳动教育与小学数学综合实践融合中存在的问题

（一）课程认识不足，融合理念尚未深入人心

部分教师对劳动教育的内涵理解不够，往往将其片面地理解为单纯的体力劳动，忽视其在育人和学科融合方面的深层价值，缺乏主动将其与数学实践教学融合的意识与能力。部分学生和家长也对劳动课程持功利化看法，认为其与学科成绩无关，导致学生参与的积极性不足，家校协同支持薄弱，制约了融合课程的深入推进。

（二）融合经验不足，教学实施缺乏支撑

当前，劳动教育与小学数学综合实践的融合仍处于探索阶段，教师普遍缺乏成熟的教学经验和明确的实施路径。一方面，面对融合任务，许多教师缺少案例参考与可操作的教学模板，不清楚如何将数学知识有效嵌入具体的劳动任务中，导致活动设计空泛。另一方面，实践活动形式单一，多停留在简单的测

量、分类或记录，未能深入挖掘数学知识与劳动过程的内在联系。部分融合活动与学生实际经验脱节，缺乏挑战性与探究性，难以激发学生的学习兴趣和劳动热情。融合活动通常需要较长的课时和充分的课前准备，这增加了教师的教学负担，也在一定程度上影响了融合实践的有效开展。

（三）评价方式滞后，缺乏融合导向的多元评价体系

多数学校仍沿用传统的结果导向型评价体系，重知识、轻过程，重结果、轻体验，缺乏对劳动过程中学生参与度、合作能力、数学应用水平等综合素养的有效评估手段。融合课程缺少明确的评价标准与操作路径，难以对教学质量和学生成长做出科学判断，削弱了融合教学的导向性与激励功能。

三、劳动教育与小学数学综合实践融合的教学策略

（一）梳理教材内容，挖掘劳动教育融入点

实现劳动教育与小学数学综合实践活动的深度融合，关键在于教师能够系统梳理教材内容，主动挖掘劳动教育与数学知识的结合点，科学设计兼具劳动性与学科性的综合实践项目。在梳理教材时，教师应深入分析各单元知识与实际劳动情境的关联性，将数学知识自然融入劳动过程，使学生在劳动中应用所学知识，解决实际问题，体验数学学习的价值。在具体实施中，应根据不同学段学生的认知特点和发展水平，循序渐进地设计融合活动。

在低年级阶段，学生以具体形象思维为主，适宜安排贴近生活、操作性强的劳动任务。例如，结合"认识物体和图形"单元，组织学生进行教室物品分类整理、自己房间物品收纳等劳动实践活动，帮助学生在动手过程中识别基本图形，感知物体大小和空间位置，初步体验数学知识在劳动中的实际应用。

在中年级阶段，学生的运算能力和抽象思维初步形成，劳动实践活动可适度提升复杂度。例如，在学生学习了"面积与周长"单元后，教师可以设计"我是种植小能手"的主题项目。学生首先通过测量菜园的长和宽，计算出面积与周长，再结合分数知识，合理规划不同作物的种植区域，制定详细的种植方案。在具体栽种过程中，学生还需测量行距与株距，并根据面积和密植要求，估算每块区域可以种植的棵数。学生在动手测量、绘图规划与数据计算相结合的实践中，既提升了数学知识应用能力，也在真实劳动体验中发展了实际操作与综合思考的能力。

在高年级阶段，学生具备较强的抽象推理与综合运用能力，融合活动可以

设计得更具挑战性。例如,在学习了"比与黄金比"内容后,教师可以布置实践作业"帮妈妈选择最合适的高跟鞋高度"。学生需要测量妈妈的身高与鞋跟高度,运用比例计算和黄金分割原理,推算最为协调的鞋跟高度,并给出科学合理的建议。这一活动不仅激发了学生的学习兴趣,提升了数据测量、比例推算与实际应用能力,也使学生在亲身体验中感受到数学知识与生活实践的紧密联系,增强了学生解决实际问题的意识与劳动责任感,真正实现了劳动教育与数学学习的有机融合。

通过精准梳理教材内容、深度挖掘劳动教育的融入点,教师能够根据学生不同发展阶段科学整合劳动与数学实践,不仅提升了学生的数学核心素养,还激发了劳动兴趣与创新意识,真正实现劳动育人与学科教学的双向促进。

(二)基于劳动情境,设计融合性主题活动

劳动教育与小学数学综合实践活动的深度融合,离不开真实劳动情境的创设。教师在设计融合性主题活动时,应充分结合学生已有的知识基础与生活经验,围绕具体的劳动任务设定学习目标,使学生在动手实践过程中自然应用数学知识,提升劳动技能与综合实践能力。

在劳动情境设计中,教师应注重劳动任务的真实性、完整性与挑战性,使学生在实际劳动中发现真实问题,从而激发主动思考与探究欲望,真正实现"做中学、学中悟"。同时,劳动任务不应仅停留在简单操作层面,而应有机嵌入数学学习要求,使劳动实践成为深化数学理解的重要载体。

例如,在五年级学生学习了"复式折线统计图"单元后,教师组织了"蒜叶生长记录"综合实践活动。学生选择蒜瓣进行种植,可分别采用水培和土培两种方式,其中土培时还要设置阳光直射与室内培养的对照实验。活动周期持续二十天左右,这期间学生每天定时浇水,观察并测量根须和蒜叶的生长情况,详细记录各项数据。在学习复式统计图表的基础上,学生将所采集的数据绘制成复式折线统计图和复式统计表,分析不同培养方式下蒜叶生长的差异,并在小组及班级层面进行成果交流与经验分享。在这一过程中,学生不仅亲身体验了植物生长的全过程,养成了良好的劳动习惯和细致观察的习惯,还在实际测量、数据记录与图表绘制中深化了对数据处理、变化趋势分析等数学知识的理解。同时,学生在对比不同种植条件下植物生长差异的过程中,增强了科学探究意识和动手实践能力,真正实现了劳动教育与数学综合实践活动的有机融合。

（三）丰富活动形式，提升融合实践效果

劳动教育与小学数学综合实践融合教学的有效推进，离不开多样化、情境化的活动形式设计。多样化的劳动实践不仅能激发学生的参与兴趣，还能为数学知识的运用提供丰富的情境和载体，使学生在不同类型的劳动体验中灵活运用数学知识，提升动手实践与问题解决能力。教师在组织融合活动时，应根据教学目标、劳动内容和学生特点，灵活采用情境模拟、项目化学习、小组合作探究、角色扮演等多种活动方式，打破传统单一讲解和示范的局限。活动设计中既要保持劳动过程的真实性和挑战性，又要融入适当的数学问题，引导学生在劳动操作中自然应用数学知识，深化数学概念理解，发展创新意识。

例如，在一年级"人民币的认识"单元，教师结合学生生活经验，设计了"小小商店"主题式学习活动。在活动前，学生以小组为单位，自备要出售的商品，如玩具、文具或生活用品，大家一起商议确定商品价格，制作价格标签，并分工担任"店主""导购员""收银员"等角色，搭建简易商店环境。在购物过程中，顾客根据购物需求挑选商品并付款，收银员负责计算总价与找零，最后以小组为单位算出小组收入。活动结束后，学生通过反思交流，总结交易过程中的得失，进一步认识到劳动创造价值的重要意义，增强了劳动观念与责任意识。

"小小商店"活动作为劳动教育与数学综合实践融合的典型案例，充分体现了丰富活动形式对激发学生劳动热情、培养数学应用能力、促进综合素养发展的积极作用，真正做到以劳促学、以学促能，全面提升核心素养。

（四）问题引导与任务驱动，促进深度学习

在劳动教育与小学数学综合实践融合的过程中，教师应善于通过问题引导与任务驱动的方式，激发学生的探究意识和主动思考，促进学生在劳动操作中深化数学知识理解，提升应用数学思维解决实际问题的能力。问题引导能引发学生的思考兴趣，促使他们在劳动活动中不断质疑、推理与探索；任务驱动则通过设定具体的劳动目标，促使学生在动手实践中有目的地运用数学知识，提升综合实践与创新能力。这种"做中学、学中悟"的学习方式，能够有效促进学生实现从浅层参与到深度学习的转变。

例如，在学生学习了"长方体和正方体的表面积"内容后，教师设计了"怎样包装最省材料"的实践作业。具体要求：以12盒牛奶为对象，设计打包方案。学生需要通过"摆一摆、量一量、算一算、比一比"等一系列实践操作，比较不同排列方式下的总体包装表面积，研究出最省材料的包装方法。在这一过程中，

学生不断遇到问题——如何排列使总体表面积最小？怎样测量与计算各个不同打包方式的表面积？通过反复动手实验与数据比对，学生不仅加深了对长方体和正方体表面积计算公式的理解，还自主得出了"当长、宽、高越接近时，长方体的表面积越小"的结论。更重要的是，学生在实践中体会到数学知识在现实劳动（如包装、设计）中的实际应用价值，积累了宝贵的经验与技能，为日后生活中的类似问题提供了解决思路。

（五）构建过程性与综合性的多元评价体系

在劳动教育与小学数学综合实践融合活动中，科学合理的评价体系是促进学生持续成长与提升的重要保障。不同于传统以结果为导向的单一评价方式，劳动与数学融合实践更强调对学生劳动过程、数学思维、合作交流与创新能力的动态观察和综合评估。教师在融合教学中，应注重过程性与综合性的多元评价设计，从以下几个方面开展系统评价。

首先，突出过程性评价。在劳动与实践过程中，关注学生在任务完成过程中的动手实践能力、问题解决策略、合作交流态度与反思调整意识，而不仅仅关注最终的劳动成果与正确答案。教师可以通过活动观察、学习过程记录、及时反馈等方式，及时捕捉学生在劳动与数学应用中的表现变化，引导学生在体验中不断优化学习策略。

其次，灵活运用多样化的评价工具。可以采用学习档案袋、学生日记、操作记录、拍照或视频记录、成果展示等多种方式，全面记录学生在劳动实践中的探索过程与思维发展。例如，在"测量不规则物体体积"综合实践活动中，学生通过选取物体、设计测量方案、记录溢水数据、整理并计算体积等一系列步骤，不仅培养了动手操作和逻辑推算能力，也锻炼了团队合作与交流表达能力。通过文字、图片、视频等多元记录方式，能够真实反映学生在实践劳动中运用数学知识解决实际问题的全过程。

再次，注重成果性展示与反思提升。教师可组织小组汇报、项目展示、作品评比等形式，让学生在展示劳动成果的同时，总结应用数学知识的经验，反思在劳动过程中的挑战与收获，促进学生形成自我评价与同伴互评的习惯。例如，在小组测量和绘制校园平面图的活动中，学生不仅要展示最终绘制的平面图，还需讲述测量与绘制过程中遇到的困难、比例尺选择与调整的依据，从而在反思中提升劳动技能与数学应用能力。

最后，强化及时反馈与个性化指导。评价的最终目的是促进学生发展，教师应根据学生在劳动与数学综合实践中的具体表现,给予个性化、建设性反馈,指出优点,帮助学生发现不足,明确努力方向,激励其在后续学习与实践中持续进步。

通过构建以过程性发展为核心、成果性展示为支撑的多元评价体系,劳动教育与数学综合实践活动能够更加有效地促进学生动手实践能力、数学应用意识、创新精神与劳动品质的全面提升,实现真正意义上的以评促学、以评促能、以评促德的教育目标。

附教学案例

"小小商店"劳动实践活动案例

一、主题设计

活动以劳动教育与小学数学综合实践深度融合为目标,通过模拟真实购物场景,培养学生劳动意识、数学应用能力与合作创新精神的综合性实践项目。该活动充分利用学生生活经验,结合数学课程中的"人民币的认识""运算""解决问题"等知识模块,激发学生在劳动情境中学用结合、知行合一。

二、教学目标

1. 掌握人民币面值识别、单位换算与实际交易中的基本计算方法,提高加减运算实际运用能力。

2. 在商品定价、货币交易、收支记录等过程中发展动手操作、运算和团队协作能力。

3. 培养劳动光荣、诚信经营、合作共赢的价值观,增强劳动责任感与参与意识。

三、教学重难点

教学重点:在实际交易过程中正确进行价格计算与货币找零,体验劳动与经营管理的基本流程。

教学难点:在模拟劳动中综合应用数学知识解决实际问题,培养责任感和合作精神。

四、活动过程

(一)活动准备阶段

1. 确定活动内容。

活动内容包括商品准备与定价、商店布置、角色分配与扮演、购物交易与记录、数据汇总与反思总结等环节。

2. 准备活动所需材料与设备。

教师和学生需准备:自带的小商品(如文具、玩具、手工品)、价格标签、计算器、零钱、收银工具(如零钱盒、小账本)、商店布置用品(如货架、招牌)等。

3. 分组与分工。

学生以 6~8 人为 1 组进行分组,每组内部明确分工,包括"店主""收银员""导购员""顾客"等角色轮换。分工根据学生兴趣、特长和性格特点进行合理搭配,保证每位学生充分参与活动。

(二)活动实施阶段

"小小商店"活动流程如表 2-2 所示。

表 2-2　活动流程

阶段	内容	目标与技能培养
商店筹建	1. 选定商品 2. 自主定价 3. 设计店铺布局与招牌	1. 理解商品属性与定价策略 2. 发展动手能力,提升审美意识 3. 培养劳动责任感与团队协作
角色扮演与购物实践	1. 顾客挑选商品 2. 导购推销 3. 收银员进行金额核算与找零	1. 认识人民币并能灵活换算 2. 提升运算与解决问题能力 3. 增强语言表达与服务意识
交易记录与数据处理	1. 汇总销售数据 2. 填写销售记录表 3. 简单数据分析	1. 运用表格整理与数据处理知识 2. 体会数据统计在实际劳动中的作用 3. 培养条理性与反思习惯

在活动实施过程中,教师根据现场情况进行指导,关注学生在选品定价、交易结算、团队合作中的实际表现,鼓励学生遇到问题主动交流和解决。

(三)活动总结与汇报阶段

活动结束后,各小组整理交易数据,进行小组汇报展示。汇报内容包括商品分类与价格设计理由,交易过程中的计算问题与解决策略,销售数据统计结果及反思。

学生分享在活动中的收获与体会,比如,如何快速准确地进行金额核算,如何与顾客沟通、推销商品,团队合作中遇到的问题与应对方法。

教师组织全班进行经验交流和小组互评,重点引导学生反思在劳动实践中数学知识的实际应用、服务意识的重要性以及劳动价值的认识。同时评选出"最佳小店""最佳收银员""最佳服务团队"等荣誉称号,增强学生劳动成就感和自豪感。

(四)活动总结与反思

"小小商店"活动作为劳动教育与小学数学综合实践深度融合的一次具体尝试,充分发挥了劳动实践的育人功能,同时也有效促进了学生数学核心素养的发展。在劳动体验中,学生不仅承担了选品、定价、销售、结算等具体劳动任务,感受了劳动的艰辛与快乐,增强了服务意识和责任感,培养了良好的劳动习惯与职业态度。在数学学习方面,学生在真实购物情境中,运用了人民币单位换算、运算、数据整理与统计分析等数学知识,不仅巩固了课堂学习内容,还提升了数学知识的实际应用能力,体会了数学在日常生活中的魅力。当然,在实际操作过程中也暴露出一些问题,如部分学生对找零计算不够熟练、个别小组分工不够合理、沟通技巧有待提高等。

总之,"小小商店"活动不仅实现了劳动教育与小学数学综合实践的有机融合,而且通过真实的劳动情境,促进了学生知行合一的发展,体现了以劳树德、以劳增智、以劳育美的教育理念,为今后劳动教育与学科教学的深度融合探索了有益经验。

"绘制校园平面图"劳动实践活动案例

一、主题设计

"绘制校园平面图"是一项融合劳动教育与小学数学综合实践的项目式学习活动。该活动以校园为真实背景,通过实地测量与图形绘制,将"方向与位置""比例尺""图形变化"等知识内容与动手劳动有机结合,培养学生的空间观念、测量能力和团队协作精神,增强数学应用意识,提升劳动素养。

二、教学目标

1. 能够综合运用所学方向、比例尺、测量等数学知识,准确绘制校园平面图,发展学生的测量能力、绘图能力和空间想象力。

2. 通过任务分工、实地测量、数据整理、图形绘制等劳动过程,积累实践经验,提升数感、量感、数据意识和数学建模能力。

3. 在真实的劳动场景中体验合作劳动的过程,树立规范意识和责任意识,增强对劳动的尊重与参与兴趣,培养认真负责、严谨务实的劳动品质。

三、教学重、难点

教学重点:动手操作测量与绘图,综合运用数学知识解决实际问题。

教学难点:在复杂劳动过程中准确测量、选择合理比例尺,并保持图形美观与科学规范。

四、活动过程

(一)活动准备阶段

1. 确定活动内容。

内容包括校园建筑测量、数据收集、比例尺确定、图纸绘制、成果展示与反思汇报等环节。

2. 准备活动所需材料与工具。

测量工具(皮尺、卷尺等)、图纸、绘图工具(直尺、三角板、铅笔)、校园建筑草图、项目学习单、比例换算表等。

3. 分组与分工。

每组 6 人,设立小组长、测量员、记录员、绘图员等岗位。

组长负责统筹协调,测量员进行实际操作,记录员收集整理数据,绘图员负责图纸绘制。

(二)活动实施阶段

“绘制校园平面图”活动流程如表 2-3 所示。

表 2-3 活动流程

阶段	内容	目标与技能培养
场地测量	1. 明确测量对象 2. 实地测量各建筑物、道路的长度、相对位置等信息	1. 提升动手测量能力 2. 理解比例尺、方向等概念 3. 培养团队协作和任务意识
比例尺设计与图纸绘制	1. 根据纸张与测量数据选择合适比例尺 2. 统一方向绘制建筑物	1. 强化比例计算和转换能力 2. 培养空间观念和图形美感
图纸美化与校正	1. 加入图例、比例尺、指向标 2. 对误差进行校正 3. 初稿美化润色	1. 培养规范意识与审美素养 2. 锻炼图形表达与数据整合能力

在活动中,教师注重过程性指导,帮助学生掌握测量技巧,合理判断误差,及时反馈并调控小组节奏,保障活动科学有序地推进。

（三）活动展示与反思阶段

各小组完成平面图后，集中进行成果展示与反思，内容包括校园各建筑物的相对位置与比例分析，测量与绘图过程中遇到的困难与解决方法，团队合作中的经验与不足。

学生交流分享过程中，不仅强化了对数学知识的应用理解，也反思了劳动分工与协作效率，逐步建立责任意识与工程思维。教师组织班级进行互评，设立"最佳测量团队""最美平面图奖""最佳协作小组"等表彰项目，增强学生参与感与成就感。

五、活动总结与反思

"绘制校园平面图"活动是一项数学综合实践与劳动教育融合的典型案例，不仅让学生在测量与绘图过程中运用所学知识，还体验了劳动的艰辛与乐趣。通过真实操作与团队合作，学生在空间感知、逻辑思维、动手能力等方面得到了全面发展。

在教学过程中，也暴露出一些问题，如部分学生比例尺换算不够熟练、测量误差控制难度较大、小组分工存在失衡现象等。对此，教师应在前期加强方法指导，在过程中加强个别支持，引导学生在劳动中不断积累经验，实现数学素养与劳动素养的共同提升。

第三章
守正固本

新课改为我们的小学数学课堂注入了新的生机,给教师的教学提供了更广阔的空间。课堂上,学生们动手操作、合作交流、自主探索的身影随处可见,这些生动活泼的场景令人欣喜。然而,在这热闹的背后,我们越来越发现:教师的关注点依旧更多停留在如何教,而对学生如何学、学得怎么样,关注甚少。对教学形式的追求远远超过了对教学实质的探究。许多课堂上,教学情境和活动形式流于表面,缺乏深度思考和精心设计。这不禁引发我们的深思:丰富多样的教学形式究竟能在多大程度上提升学生的核心素养?课堂教学需要创新,但学科内在的本质和规律依然是不可动摇的根基。在创新教学的同时,我们依然要坚守教育的初心,深入理解数学学科的本质,从而坚定地守住数学教学之根、之本。

第一节　培养学生的数学思维能力

《义务教育数学课程标准(2022年版)》将"会用数学的思维思考现实世界"作为核心素养要素之一,鲜明地阐述了通过数学思维揭示客观事物本质属性的育人价值。该标准强调,学生不仅要构建数学思维体系,还要能够解决数学问题和实际问题,进而形成重视论据、有条理、合乎逻辑的思维品质。由此可见,思维是数学教学的核心,是数学素养的灵魂!

一、数学思维概述

（一）数学思维的含义

什么是思维？思维是指人类通过分析、判断、推理等心理活动，对外界信息进行处理、加工，并形成概念、观点或解决方案的认知过程。它包括多种形式，如形象思维、逻辑思维和抽象思维等，用于理解、分析和应对各种复杂问题。它是人类认知活动的最高形式。

数学思维是指运用数学的概念、逻辑、规则和方法，进行分析、推理和解决问题的思维方式。它强调逻辑推理、抽象概括和系统性，通过对数量关系、空间结构等方面的分析，帮助人们准确地理解和解决实际问题。数学思维是培养严谨性、条理性和创新性的重要工具。数学思维不仅具备一般思维的特性，还具有自身独特的特点，主要表现为思维的材料和结果都是与数学相关的内容。

（二）数学思维的特征

1. 思维的抽象性。

数学思维的重要特征是抽象性。它是指基于对客观事物的观察，并结合自身已有经验，保留事物的本质属性，提炼出数量关系和空间形式的核心特征与规律，并将它应用于类似的事物或现象中。例如，一年级的学生最初通过具体的事物，如 1 个苹果、1 个小朋友、1 面国旗等，来认识数量"1"。接着，他们逐渐舍弃这些具体事物的非本质属性，认识到"1"这一抽象的数的概念。随后，学生又用这个抽象的"1"来描述生活中的具体事物，这样他们经历了一个"从具体到抽象再回到具体"的过程，从而加深了对"1"的理解。数学概念的形成以及公式和法则的获取，都离不开抽象和概括的过程。学生的抽象能力水平是评价其数学思维能力的重要指标之一。通过抽象，学生能够将具体的、感性的认识提升到抽象的、理性的层面，从而掌握数学的本质特征和规律。

2. 思维的问题性。

问题性是数学思维的又一显著特征。这是因为数学的产生与发展都需要从数学问题开始。《九章算术》就是以一系列问题及其解题方法为基础编纂而成的典范。数学与实际问题紧密结合，在持续地提出、分析和解决问题的过程中，推动着数学不断向前发展。例如，在学习"路程、速度和时间"一课时，教师出示了三位小朋友在一段时间内行驶的不同路程，要求学生在观察信息的基础上比较他们的快慢。学生观察发现：当路程相同时，要比较时间；当时间相同时，要比较路程；当路程和时间都不相同时，又该如何比较呢？这样的问题引发了学生的思考,他们利用已有的经验求出每分钟的路程,进而比较出谁更快,初步理解了速度的概念。接着,教师引出一组生活中的速度数据,学生发现动车和蜗牛的速度怎么会一样呢?新的问题由此产生,学生在讨论中逐渐完善了对速度单位的理解。由此可见,数学学习的过程就是一个不断发现问题、思考问题、解决问题的过程。教师在教学中应注重创设有挑战性的问题情境,激发学生的好奇心和探索欲,帮助他们在解决问题的过程中形成科学的思维方式。

3. 思维的逻辑性。

对数学思维而言,逻辑性是其极其重要的数学特征。小学生逻辑思维能力的培养是小学数学教学的几大任务之一,将始终贯穿整个小学数学教学。例如,在教学"小数的性质"一课时,老师首先提出了一个问题:"你能在 2、20、200 后面添加单位名称,使这三个数相等吗?"学生带着疑问开始讨论和探索,最后得出了以下等式:

2 分米 =20 厘米 =200 毫米

2 米 =20 分米 =200 厘米

2 元 =20 角 =200 分

在肯定了学生的思考后,教师继续追问:"如果等式关系不变,你能把每个等式的三个量的单位改写为相同的单位吗?"由此,学生写出了下面的等式:

0. 2 元 =0. 20 元 =0. 200 元

0. 2 米 =0. 20 米 =0. 200 米

接着,教师进一步追问:"如果去掉单位名称,等式还能成立吗?你能再举几个类似的例子吗?"在这样的讨论中,学生逐渐理解了"小数末尾添零或去掉零,小数大小不变"的原理。整个学习过程充满了观察、思考、比较和抽象,学生通过这种有条理的探索,形成了有理有据的逻辑思维能力。

二、阻碍小学生思维能力发展的原因

(一)教师缺乏培养意识

在培养学生思维能力方面,许多教师的意识仍然不足,具体体现在以下几个方面:有些教师认为,数学思维能力关键在于学生本身,认为内在因素起决定作用,而外部的教学干预起不到实质性的作用;另外,还有部分教师担忧,课堂中花费过多时间培养学生的思维能力可能会影响教学进度,进而影响学生的成绩提升。这些观点忽视了教师在引导和激发学生思维方面的重要作用,以及思维能力培养对学生长期学习效果的深远影响。事实上,教师通过精心设计的教

学活动和问题情境,可以有效引导学生的思维发展,而不仅仅依赖于学生的自主思考。有效的课堂教学应该在教学内容和思维能力培养之间找到平衡点,既完成教学任务,又提升学生的思维能力,这应成为每位教师在教学过程中努力追求的目标。

(二)学生缺乏主动思考的习惯

小学生刚开始接触数学,处于学习的初级阶段,导致他们在理解、学习和归纳总结的能力上明显存在不足。同时,教师在课堂上又不太关注学生的思维能力,致使学生对于课后作业只是一种机械应付的态度,缺乏独立思考的意识和能力。此外,很多家长因工作繁忙,无法为学生的教育和思维发展提供足够的关注和引导。在这种情况下,学生缺少成人的指导,难以主动进行思维训练和自主学习。长期如此,不仅影响了学生的思维发展,也制约了他们的学习效果。因此,教师在课堂上加强对学生思维能力的培养已迫在眉睫。通过鼓励学生多提问、多讨论,以及引导他们反思解题过程,教师可以逐渐培养学生主动思考的习惯和能力。

(三)传统教学模式的固化

传统的教学模式也是制约学生思维能力发展的一个重要因素。受升学压力的影响,学校往往不愿意尝试新的教学方法,教师也倾向于坚持自己熟悉简单易操作的教学方式,如"满堂灌",希望通过反复讲解和大量练习来提高学生的成绩。在这种教学环境中,教师成为课堂的唯一主导者,而学生则被动地接受知识,缺乏自主思考和表达的机会,严重压制了学生的思维发展,限制了他们通过积极的思维活动来理解和掌握数学知识的能力。

三、培养小学生数学思维能力的策略

(一)深研教材,提炼思维能力生长点

数学教材中培养学生数学思维的内容有很多,关键在于教师要深入研究教材,真正读透、读懂其中的精髓,找出能够促进学生思维能力发展的关键点,并在课堂上灵活运用,使教学更有针对性和有效性。例如,在二年级"长方形和正方形的周长"一课中,教材提供了三种解答思路:一是四条边相加;二是将长方形的对边分别乘以2后再相加;三是先把长和宽作为一组,两组相加的和再乘以2。这三种方法都是在计算周长,但背后却代表了学生对长方形特征和周长概念理解的不同层次:第一种方法反映了学生对周长的初步理解,即周长是

四条边的总和;第二种方法表明学生开始理解长方形的对边相等这一特征,并在此基础上思考周长的意义,思维深度有所提升;第三种方法则是学生把长和宽看作一组,有两组这样的长和宽,这体现了对周长概念的更深层次理解。因此,如果课堂上教师仅仅展示这三种方法,而不引导学生深入思考,就很难真正关注到学生的思维发展。

再比如,在教学"三位数除以一位数,商是两位数的除法"时,很多学生虽然能基于已有的知识顺利计算(156÷4),但对于为什么要这样计算却缺乏理解。通过深入研究教材,教师可以引导学生思考两个关键问题:一是为什么要用15÷4,通过引导,学生会意识到,因为1个百除以4不够,所以需要将1个百与5个十合起来再除以4。二是为什么结果"3"要写在十位而不是百位?教师可以引导学生理解,这是因为15个十除以4,得到了3个十,所以商应写在十位上。这样的教学不仅帮助学生掌握正确的计算方法,还能让他们深刻理解背后的原理,实现算法与算理的有机结合。因此,在备课过程中,教师如果能够深入挖掘教材中蕴含的智力挑战和思维训练点,就能更有效地促进学生的思维能力发展。

(二)提供材料,让思维有发力点

学生的数学思维能力是在不断获取和应用知识的过程中逐步培养起来的。教学中,教师要为学生提供充足的思维材料,包括直观的感性材料和具有挑战性的理性材料。感性材料要丰富多样,能够调动学生的多种感官参与,激发他们的思维活动;理性材料则应具备一定的难度和层次感,能够引发学生的认知冲突,让他们在思考和探索中不断提升数学思维能力。例如,在小学数学的计算教学中,不仅要教学生如何计算,更要引导他们理解背后的计算原理(算理)。在一些课堂上,教师过于注重计算方法的教学,忽视了对算理的深入探讨,导致学生理不清,法不明。这样一来,学生在面对实际问题时,难以灵活选择合适的方法,知识迁移能力也因此受到限制。

比如,在二年级上册的"有余数的除法"教学中,上课伊始教师创设了这样的情境:7根小棒,能摆出几个三角形?摆好后用除法算式表示出刚才摆的过程。

生:7÷3。

师:根据刚才摆小棒的过程,想一想,7÷3的商应该是多少呢?

生1:这个商和以前不一样,还有余下的1。

生 2：我认为是 2 个三角形还剩 1 根小棒。

教师板书：7÷3＝2……1

师：看着这个算式，你能在小棒图中找到每一个数对应的小棒吗？

…………

学生在这样的操作与思考中，逐步建立起了有余数除法的概念。随后，教师再引导学生从图形过渡到抽象的算式，沟通了图形与横式之间的关系，使得原本抽象的算理变得易于理解，也为接下来要学习的竖式计算打下了良好的基础。

又如在教学二年级上册"求一个数的几倍是多少"时，学生对"倍"的概念往往感到抽象难懂。如何让学生深入理解这一概念，并内化成自己的东西？动手操作是简单且有效的方法。教师引导学生在桌上用小圆形纸片演示：第一行摆 3 个红色圆纸片，第二行摆 4 组，每组 3 个绿色圆纸片。通过观察和比较，学生发现：红色纸片是 1 个 3，绿色纸片是 4 个 3；把一个 3 当作一份，则红色纸片是 1 份，而绿色纸片就有 4 份。当学生能用"份"清晰表达了两组圆片的关系后，教师话锋一转，你有 1 份，我有 4 份，在数学上我们还可以说：红色纸片是 1 倍，绿色纸片的个数就是红色纸片的 4 倍。学生在动手操作和视觉对比中，自然地由"个数"到"份数"，再迁移到"倍数"，从而深刻理解了"倍"的概念。在低年级数学教学中，将抽象的数学概念转化为直观的操作活动和图形演示，不仅能帮助学生更好地理解数学知识，还能激发他们的学习兴趣和探索欲望。

（三）关注表达，让思维看得见

思维本质上是一种内在的活动，学生的思维过程、学习方式以及思维障碍往往不易被外界察觉。那么，教师该如何了解学生的思维轨迹呢？答案是语言。语言是思维的外在表现，思维是通过语言进行加工和表达。通过学生的语言表达，我们可以使他们的思维过程显现出来。以下几种方法能够有效帮助教师了解并引导学生的思维。

1. 通过自我陈述让思维外显。

在课堂上，教师面对能够正确回答问题的学生时，不应止步于一个正确答案，而应进一步追问："你是怎么想到这个答案的？"让学生描述自己的思考过程、解题方法以及遇到的困惑。这样不仅能帮助学生理清自己的思路，还能让全班同学共同参与讨论，总结出解决问题的思路和方法。比如，在学习"长方形和正方形的周长"时，学生说出了三种求周长的方法。对于每一种方法，教师都可以问学生:"你能说说是怎么想的吗?"让学生讲述自己的解题过程。这不仅能帮助学生反思自己的思维,同时还能从其他同学的反馈中获得新的启发。教师常常用"你是怎么想的?"这样的问句,引导学生表达思维过程,发现其中的亮点和不足,进而组织全班讨论。通过这种交流,学生不仅能更好地理解知识,还能学习到不同的解题思路和方法。更重要的是,学生在讨论中培养了表达能力和批判性思维,能够更加自信地面对复杂的问题。

2. 通过质疑辩论让思维外显。

在课堂上,当学生提出不同的见解时,教师应鼓励这种质疑精神,让学生大胆表达自己的想法。这不仅能让学生感到自己的意见和想法被重视,还能感受到课堂是一个宽松、安全的环境,激发学生更多的思维火花。质疑和讨论的过程,也是学生再思考、再创造的过程。学生在持续辩论中不仅可以纠正错误,还能在判断、反思和深入思考中提升思维能力。比如,在学习"长方形和正方形的周长"时,当学生列出了"长加宽的和再乘2"这个算式时,教师可以这样问:"你们对这个方法有什么疑问吗?"有学生就提出:"长加宽是什么意思啊?为什么要乘2呢?"在质疑交流中,学生发现:长方形的周长可以看作是两组长和宽的和,因此要乘2。质疑和讨论,学生不仅能够表达自己的困惑,还在倾听他人意见的过程中,加深了知识的理解。

3. 通过追问引导深度思考。

对于一些重点和难点问题,教师可以采用连续追问的方式,抓住学生的疑点和盲点逐步深入。通过这种追问,教师不仅能了解学生的思维过程,还能帮助他们在反复解释和讨论中理清思路,纠正错误。如在学习"分数的初步认识"时,当学生初步认识了 $\frac{1}{2}$ 后,教师让学生在一张长方形的纸上表示 $\frac{1}{2}$,当他们用不同方式将长方形纸对折表示 $\frac{1}{2}$ 后,教师追问:为什么有的竖着折,有的横着折,还有的斜着折。折法不同,涂色部分都可以用 $\frac{1}{2}$ 表示呢?这样的追问让学生进一步明白了 $\frac{1}{2}$ 与图形的折法没有关系,只要把这个图形平均分成两份,每一份就是 $\frac{1}{2}$,从而深刻理解了 $\frac{1}{2}$ 的含义。又如当学生选择自己喜欢的图形,表示出了最喜欢的几分之一后,教师选择三种不同图形表示的 $\frac{1}{8}$,引导学生质疑:这些图形的形状不同、大小不同,为什么你们都认为涂色部分都能用 $\frac{1}{8}$ 表示呢?教师引导学生由图到数,由数回到图,学生在直观对比后进一步加强了对几分之一的理解。又如在教学"求一个数是另一个数的几倍"时,当学生通过直观操作得出6是2的3倍后,教师继续追问:"为什么是3倍,而不是2倍或4倍?"学生通过思考回答:"因为6里面正好有3个2。"通过这样的追问,学生发现原来"倍"就是之前学习的几个几的问题,从而深刻理解"倍"的含义。

教师适时地追问能让讨论更深入,能使学生的思维过程更清晰展现,进而引导学生不断反思和调整自己的思路,提升思维品质。这样的课堂不仅是知识传授的地方,更是思维训练的舞台。学生在这里不仅学到知识,还能培养严谨的思维习惯和解决问题的能力,为未来的学习和生活打下坚实的基础。

(四)指导回望,锻炼思维能力

"回望"在培养学生思维能力方面具有重要的价值和意义。通过回望,学生可以重新审视问题解决的步骤和策略,从而更深入地理解知识的内在逻辑和结构,进一步巩固所学的知识,并在此基础上优化自己的解题方法。新课标的学段目标中明确指出:"在第一学段,要让学生尝试回顾解决问题的过程。"我国著名小学数学教育专家吴正宪老师在"估算"一课中正是这样做的。她多次及时引导学生回顾问题解决的过程,让课堂不仅生动有趣,还能深入挖掘学生的思维潜力,让学生在反思中学会辨析和改进,逐步提升自主学习和解决问题的能力。

吴老师首先创设"曹冲称象"的故事情境,接着展示了6次称得石头的重量(千克):328,346,307,377,398,352。再提出问题"你能估出这头大象重量吗"让学生自主进行估算,然后,吴老师请学生分享他们的想法,并为他们的方法取名,这激发了学生们的创造力。

生1:300×6=1 800   "小估"
生2:400×6=2 400   "大估"
生3:300×3+400×3=2 100   "大小估"
生4:350×6=2 100   "中估"
生5:300×7=2 100   "凑估"

学生分享了他们的估算方法后,吴老师巧妙地展示了精确计算的结果,让学生将自己的估算与精算结果进行对比,并引导他们进行"反思"。她幽默地问:"小估,你觉得你的方法怎么样?你更欣赏哪种方法?""大估,你有什么想说的吗?"在这样的比较、反思和讨论中,学生自然认识到各种估算方法的优劣。在回顾和反思的过程中,不仅呈现了课堂的精彩,还有效锻炼了学生思维的灵活性和批判性。

培养小学生的数学思维能力,教师需要深入研究教材,精心设计教学环节,提供丰富的思维材料和表达机会,通过多样化的课堂互动和针对性的提问,引导学生深入思考,激发他们的好奇心和探索欲望。同时,教师应引导学生回顾和反思学习过程,使他们在思维的碰撞中不断成长。只有在这样的课堂环境中,学生才能真正感受到数学学习的乐趣,养成严谨的思维习惯,为他们的终身学习和发展奠定坚实的基础。

第二节　强化学生的数学运算能力

基础是永恒的灵魂,运算是绕不开的关键。数学运算能力是数学三大核心能力之一,是逻辑推理的基础和保障。《义务教育数学课程标准(2022年版)》明确了"运算能力"的概念,指出运算能力主要指运用运算法则和规律进行准确计算的能力。具体而言,运算能力涵盖了几个方面:首先,学生需要清楚理解运算对象及其意义,并掌握算理与算法的关系;其次,他们应能识别运算问题,并选择合适且简洁的运算策略来进行解决;最后,通过运算来提升数学推理能力。运算能力不仅能够培养学生规范化的思维品质,还能帮助他们树立严谨求实的科学态度。然而,自新课程改革以来,许多中小学教师抱怨,学生的运算能力明显不如课改之前,并且学生之间的差距越来越大。如何解决这个问题,教师要从课堂入手,深入分析,找准问题,并在实践中改进,从而提升学生的运算能力。

一、计算教学中存在的问题与分析

(一)重情境,轻复习

新课标指出:注重创设真实情境,让学生感受数学在生活中的广泛应用,体会数学的价值。生动有趣的情境不仅能激发学生的学习兴趣,还能让学生在解决问题的过程中感受到计算的必要性。因此,目前的计算教学形成了一种基本的教学流程:创设情境,提出问题—独立计算,交流算法—理解算理,提升算法—巩固拓展,形成技能—回顾梳理,感受价值。许多计算课上充斥着"买东西""逛商场""游乐场""动物园"等情境,练习题目也往往配合这些情境展开,似乎离开了情境,计算课就失去了意义。 然而,这种做法忽视了"复习"的重要性。计算教学是否需要"复习",应该根据教学内容的特点和学生的起点来决定,而不是一味依赖情境。情境创设的本质是为了更好地服务于数学教学,为知识与技能的学习提供支撑,并不是所有的计算教学都必须从生活中找"原型"。情境和复习并非对立的矛盾,教师在设计教学时应把握好"度",既要让学生在真实的情境中感受到计算的需求,也要保证有足够的时间和精力进行算法的探究和练习,确保计算技能的扎实掌握。只有这样,情境教学的价值才能真正体现。

(二)重笔算,轻口算

口算,也称"心算",是一种不借助任何工具,依靠思维和语言进行的计算方法。口算不仅是一种计算方法,更是培养学生思维敏捷性和逻辑推理能力的重要手段。然而,在实际教学中,许多教师并不重视口算教学。他们认为口算题只是简单的题目,学生很容易就能掌握,因此没有必要在这方面花费太多时间和精力。这些教师更倾向于笔算教学,因为笔算相比口算更具可操作性,不易出错,从而忽略了口算对学生整体数学素养的提升。课堂上越来越多的学生在口算时并没有采用口算的思路,而是用类似笔算的方法。例如,计算24+32 时,学生会先算4+2=6,在个位上写 6;再算2+3=5,在十位上写 5,得出 24+32=56。这显然是笔算的方法,而不是口算的思维过程,但课堂上教师对这种方法却给予了认可。在口算教学中,教师往往忽视了"分解"和"凑整"的数学思想,这也导致学生难以掌握这些灵活的计算方法,从而使"重视口算"变成了一句空话。口算不仅仅是一种计算方式,更是一种思维训练。在教学中,教师应不仅关注计算结果,还要注重口算方法的教学。

(三)重算法,轻算理

课标明确指出:数的运算应侧重理解算理和掌握算法。然而,在许多课堂上,仍然存在重算法、轻算理的现象。部分教师认为,很多计算学生不需要讲解就会做,既然如此,花时间去探究"为什么"似乎没有必要,还不如用这些时间多做几道题。一个典型的例子是一年级的 20 以内的加减运算。当遇到"9 加几"的算式时,学生往往直接说出结果,而教师也就顺势而过,并没有深入探讨学生"会算"的过程。事实上,"会算"并不意味着理解"为什么要这么做"。只有当学生理解了算理,才能真正掌握算法,而算法的掌握又是形成计算技能的基础。计算教学应经历三个关键阶段：理解算理—总结算法—形成技能。虽然技能的形成需要通过大量的练习来巩固，但数学教学不仅仅是让学生记住知识的结果，更重要的是引导学生理解知识的形成过程，体会计算背后的逻辑和原理。在算理与算法之间找到平衡，才能真正提升学生的计算能力，帮助他们在学习中建立扎实的数学基础。

（四）重操作，轻实效

学生学习计算的过程，也是他们思维发展的过程。小学生以直观形象思维为主，这与计算教学中算理和算法的抽象性形成了一对矛盾。通过直观操作可以有效化解这一矛盾，因此，教师通常会提供学具（如小棒、计数器、小圆片等），帮助学生更好地理解算理、掌握算法。然而，在许多课堂上，这些操作活动流于形式，未能达到预期的效果。具体表现为以下几个方面。

1. 操作目的不明确。

学生常常为了操作而操作，不清楚为什么要进行这些操作。例如，在学习"4+2"时，学生马上回答"6"，但教师依然要求学生用小棒摆一摆。课堂上学生漫不经心地摆弄小棒，不明白为什么要进行这种重复的操作。这种情况下，操作变得毫无意义，学生也失去了学习的主动性和兴趣。

2. 操作缺乏引导。

教师在操作前没有提供明确的指导，习惯性地说"拿出学具自己摆一摆"。由于缺少明确的指引，部分学生不知道具体要"做什么"或"怎么做"，导致操作耗时过多或无法有序进行。例如，在学习一年级的"连加连减"时，教师让学生用学具摆一摆，算一算。结果，有些学生只是根据计算结果摆好小棒，有的学生虽然摆了出来，但排列混乱，看不出连加连减的概念。这样的活动缺乏教师指导的操作，变成了形式化的活动，未能达到教学的目的。

3. 操作结果没有得到有效利用。

许多课堂上，学生完成操作后，教师通常只是简单地让学生交流，然后迅速进入下一个教学环节，未将操作过程与抽象的竖式结合起来。学生只是机械地写出竖式，却不理解其中的步骤和原因。这样的教学使操作与抽象学习脱节，无法发挥操作的真正价值。

4. 操作过程缺乏思考。

有些操作仅仅是学生按照教师的指令完成，缺乏思考的空间和深度，导致操作流于形式，无法让学生从具体操作逐步过渡到逻辑思维。例如，在某些活动中,学生只是机械完成操作,而没有机会思考为什么要这样做,如何通过操作理解数学原理。缺乏思维坡度的操作,难以真正提升学生的抽象思维能力。

(五)重精算,轻估算

我们先来看一下新课标对估算教学的要求。

第二学段:在解决实际问题的过程中,能结合具体情境,选择合适的单位进行简单估算,体会估算在生活中的作用。

第三学段:在解决实际问题的过程中,会选择合适的方法进行估算。

然而,目前的估算教学现状并不理想。许多教师在教学中对估算不够重视,缺乏深入研究。比如,有的教师会问:"如果考试中用精确计算解决了问题,该如何评判对错?"或者:"如果题目中没有出现'大约'等字样,到底是应该精算还是估算?"还有一些教师对如何判断"大估"或"小估"也把握不准。这些现象反映出估算教学在实际教学中的尴尬处境和不明确的定位。

二、数学运算能力培养的策略

针对当前计算教学中存在的问题,教师应在学习新课标的基础上,依托课堂教学,加大对计算教学的研讨力度,不断提升学生的运算能力。

(一)情境创设与复习铺垫相融合

思考始于疑问。为了引导学生有效地学习新知识,教师可以通过创设问题情境,激发学生的好奇心,引导他们主动发现和提出问题,从而深入思考。同时,教师还可以利用新旧知识之间的联系来扫清学习障碍,为新知识的学习做好准备。因此,在计算教学中,教师应根据具体的教学内容和学生的认知水平,灵活选择是创设情境还是复习铺垫。找到新旧知识的衔接点,引导学生通过观察和比较,激发他们的学习动机和求知欲望,从而更有效地促进学生的思维发展和知识建构,提升计算能力。

例如,学习"两、三位数除以一位数(二)"时,教师一上课就让学生用竖式计算两道题(84÷4,378÷2)。订正后,随即引导学生从算法(竖式)到算理(横式)进行复习。

1. 竖式"塑"法。

师:回顾一下,计算两、三位数除以一位数的计算方法是什么呢?

生:从最高位除起;除到哪一位商就写在哪一位上面。

2. 横式"循"理。

师：竖式计算同学们很熟练了，我们再通过横式来理解一下刚刚的计算过程。

师：84 里面有（8个十，4个一），所以可以写成（8个十 +4个一）÷4，刚才的竖式先分什么，再分什么？对，先分8个十，写成8个十÷4，每份得到（2个十），正好分完；再分？（4个一），写成4个一÷4，每份有1个一，最后把2个十与1个一合起来，每一份是21。

师：刚才我们依次平均分了8个十、4个一，这里的"十、一"是什么？（对！就是计数单位），"8、4"呢？对就是计数单位的数量。看，借助横式，我们更好地理解了这道题的计算过程。

师：再看，378÷2 这道题又该怎样用横式呈现计算过程呢？请同学们先同桌俩人讨论。谁来说？

生：378里面有（3个百，7个十，8个一），所以可以写成（3个百 +7个十 +8个一）÷3，先分3个百，写成3个百÷2，每份最多得到（1个百），还剩下1个百，继续细分成10个十，和十位上的7个十合起来变成17个十，再把17个十平均分成两份，每份最多有8个十，还剩下1个十，继续细分成10个一，和个位上的8个一合起来变成18个一，再把18个一平均分成两份，每份正好9个一，正好分完。

⋯⋯⋯⋯⋯

上述案例，教师没有创设情境，仅通过复习旧知识（竖式计算）来逐步引导学生理解（除法的算理）。学生不仅巩固了已有算法，还在算法到算理的转换过程中，深刻地理解了除法的本质，也为接下来新知识的学习打下基础。

又如，在教学"9加几"这一内容时，教师设计了一个看图说数、比谁的反应速度更快的游戏。在这个游戏中，教师把"10加几"的加法作为该节课的教学起点，让学生清楚地感受到"10加几等于十几"这种方法的优势，并体会到"十"这个计数单位在数学学习中的重要性。这为接下来学习"凑十法"进行计算做好了铺垫。这样的教学情境，不仅激发了学生的兴趣，还复习了"10加几"的计算，从而为探索新知识提供了有力的支撑。

（二）算理直观与算法抽象相融合

算法主要解决"如何计算"的问题，而算理则回答"为什么这样计算"。为了避免学生只会机械地模仿计算方法而不理解其背后的原理，教师应通过直观演示和动手操作的方式,帮助学生真正理解算理,从而激发学生的思维,提升运算能力。例如,在一年级下册学习"两位数加两位数(不进位)"(26+31)的加法时,学生第一次接触竖式。但教师通过课前调研发现,很多学生能正确用竖式计算,但却说不出来为什么这么算。为此,教师为学生提供丰富的材料,让他们在自主选择学具进行操作的过程中,经历了摆一摆、拨一拨、算一算、写一写的学习过程。在摆小棒操作后,教师追问:"为什么要把整捆的合在一起,单根的合在一起?"在学生拨完计数器后,教师进一步问:"为什么要把 3 个珠子拨在 2 的上面呢?为什么要把 1 个珠子拨在 6 的上面呢?"两次追问,使学生理解了相同数位的重要性,并渗透了位值制的思想。学生明白了为什么是 3 和 2 相加,6 和 1 相加的算理。两次操作为学生总结口算方法提供了依据,让他们更深入地理解口算过程,体会到口算方法的合理性。

最后,教师结合竖式、小棒图和计数器图,引导学生在观察中思考,思考中交流,发现不管选用哪种方式计算,都是在把相同计数单位上的数相加,学生从直观到抽象,进一步理解了竖式的道理,找到了竖式的"根"。

(三)重视口算教学

口算是笔算、估算和简便计算的基础,没有口算的基础,其他运算能力也无从谈起。提高学生的口算能力,应注意以下几点。

1. 授课方式上。

口算方法不同于笔算,主要有"分解"和"凑整"两种。教学中,教师应根据题目特点灵活选择口算方法,让学生"会口算",而不仅仅是用笔算的思维来做口算。例如,计算34+47时,学生可以用"分解"法:先算30+40=70,再算4+7=11,最后算 70+11=81;也可以用"凑整"法:先算 34+50=84,再算 84−3=81。口算有其独特的思想与方法,教学中应充分关注学生对基本算法的理解,帮助他们灵活选择合适的口算方法,从而提高学生的计算能力,为他们的数学学习打下坚实的基础。

2. 训练方式上。

可以采用写算和视算相结合的方式。写算是指教师常用的看着算式直接写出得数;视算是指学生在教师、家长或同学的配合下,看着算式直接说出得数。视算的优势在于能及时发现学生的慢题、错题,进而提醒学生将这些题制成卡片,贴在书桌前或放在文具盒里,方便学生随时查看。低年级可以采用趣味练习,如动画帮小鸟回家、猪八戒吃西瓜等,激发学生兴趣。

3. 训练内容上。

一是合理分配训练强度，教师要根据对后续学习的影响调整口算题的练习强度。例如，100 以内的两位数加一位数的进位加法共计 369 题，从加法学习的角度看，每道题都需要加强练习。如果从乘法角度看，只有 60 道两位数加一位数的进位加法会在后续的多位数乘法中被运用。例如，在计算 748×7 时，需要用到 28+5 和 49+3 这两道口算题，因此，教师应强化这 60 道口算题的训练强度。二是一些常用的数据，在理解的基础上要让学生熟记，如 125×8＝1 000，25×4＝100，$\frac{1}{2}$＝0.5，$\frac{3}{4}$＝0.75 等。三是要注意收集和整理学生的错题，针对共性错误进行强化练习。

4. 评价方式上。

为了激发学生持久的口算兴趣，学校要建立班级—学校一体的评价体系，即教师以班级为单位，结合日常教学组织"口算大王""我是口算小能手"等比赛活动，评选出班级口算小明星参与学校组织的比赛活动，最后评选出"优秀小能手""优胜班级""优秀辅导教师"。通过这样的形式，"以赛促教""以赛促学"，学生切实提高了计算能力。口算能力的提升关键在于日常的持续练习，教师要鼓励学生尽可能用口算来解决问题，以此来锻炼他们的判断能力和反应速度，从而不断提升学生的口算技能。

（四）重视估算教学

面对当前估算教学的困境，教师首先要在思想上重视估算，将估算与笔算视为同等重要，深刻理解其价值。与此同时，教师还需加大对估算教学的研究力度，使其更加贴近学生的生活实际，让学生在实践中应用中体会到估算的优势。

1. 通过对比问题情境，培养估算意识。

估算是一种心理过程，需要依赖特定的情境来引发学生的思考。合适的情境能够激发学生对估算的兴趣与需求。因此，教师应通过收集或设计一些有意义的情境，让学生在解决实际问题时逐步培养估算意识。例如，教师可以为学生提供一个买票的现实情境：王老师带四年级学生去秋游，每套车票和门票 48元，一共需要 106 套票。课件展示几个问题：A：王老师该准备多少钱呢？ B：售票员应该收多少钱呢？ C："我"应该找回多少钱呢？想一想，上面这三种情况哪种情况使用估算比精算更有意义呢？通过这三个问题的对比，学生可以感受到在某些情况下使用估算比精算更有意义，从而理解估算的实际应用价值。

2. 强调对估算方法的指导。

培养学生的估算能力和养成良好的估算习惯并非一蹴而就,它需要教师在整个数学教学中进行系统的渗透和有计划、有步骤的训练。估算教学不仅仅是传授估算的技巧,关键在于引导学生根据具体情况选择合适的估算方法,从而提升他们解决问题的灵活性和实际应用能力。例如,三年级期末检测有这样一道题目:育才学校体育馆的看台分为 12 个区,每个区有 204 个座位,全校共有2 400 名学生。如果全校学生都去观看比赛,座位够用吗?在这道题中,一些学生将 12 和 204 简单地估算为整十和整百的数值(即 10 和 200),从而判断座位不够。这种做法表明,他们对估算的理解还比较浅显,未能根据实际问题的具体情况选择合适的估算方法。正确的估算方法应是将 204 略估为 200,然后计算 12 个区的总座位数,得出 2 400 个座位。由此可以判断,实际上每区 204 个座位完全足够容纳全校的 2 400 名学生。通过这个案例可以看出,学生在进行估算时不仅需要掌握基本技巧,更重要的是学会灵活运用这些技巧,合理判断问题的要求,以解决实际问题。因此,教师在教学过程中应注重培养学生的判断力和灵活性,鼓励他们在不同情境下使用适合的估算方法,而不是机械地套用规则。通过持续的实践和反思,学生能够更加深入地理解估算的价值,并在实际生活中有效运用。

3. 以评价引领估算教学。

在估算的教学评价中,教师应注意以下几点。首先,估算的评价不应仅以接近精确结果为唯一标准,而是要看估算的结果是否在合理的范围内。只要学生的答案在预期的区间内,就可以被认为是正确的。不同年龄段的学生在估算评价上应有不同的标准。例如,低年级学生刚开始学习估算时,虽然他们的估算结果范围可能较大,但只要在合理区间内就可以接受。对于初学者来说,如果学生将 321、365、330 估算为 400,那么在 300 到 400 的区间内都可以算作合理估计。随着学生年龄和经验的增长,他们的估算精度和判断能力也应逐步提高,这时教师要引导学生不断反思和调整估算方法,逐步缩小估算范围。其次,评价时要关注估算的合理性和实用性。如果学生的估算结果能够有效解决实际问题,即便与精算结果不完全一致,也应视为合理的解答。教师应通过这样的评价方式,培养学生的数感和对实际问题的分析能力,鼓励他们灵活运用估算在解决问题中的优势,而不是仅仅追求与精确计算的吻合。通过这种有针对性的评价方式,教师可以更好地引导学生理解估算的价值和意义,从而提升他们的估算能力。

三、对培养计算能力的几点思考

（一）引入计算器的必要性

随着科技的飞速发展，计算器在日常生活、生产和科研中的应用变得越来越广泛和普及。因此，新课标对计算教学提出了一些具体要求，如正确、熟练地使用计算器已经逐渐成为衡量人基本素质的标准之一。目前，小学教材中也已引入了计算器的教学内容。这样做不仅是为了获取更准确的计算结果，更是为了让小学生尽早掌握这一工具的使用技能，以适应社会和经济的快速发展。借助计算器，学生可以更高效地完成复杂的计算，节省时间与精力，从而能够投入更多的精力进行更深入的数学思考。

（二）简算教学的价值

简算，顾名思义，就是简单计算。这对于很多喜欢偷懒的学生来说，理应是他们首选的计算方法。然而，当前存在的问题是，当老师布置完作业后，学生常会问："老师，需要简算吗？"此时，教师无奈地补充一句："能简算的要简算。"在考试试卷的计算题中，也要加上一句"能简算的要简算"，以避免后续评分时产生争议。这正是简算目前所面临的尴尬局面。简算教学应培养学生的简算意识，教师在教学过程中应逐渐引导学生将简算变成一种自觉的意识和行为，使其成为学生发自内心的需求，而不是为了简算而简算。

（三）关于计算的准确性与速度问题

在计算教学中，准确性始终是首要目标，其次才是速度的提升。计算作为一种认知技能，需要通过适当的练习将知识内化为能力。但这种练习必须遵循"适度"和"适量"的原则。当学生已经能够熟练地进行口算时，就不应过分追求速度的极限，否则会浪费宝贵的学习时间。计算训练应以课标的学业要求为依据，例如，课标规定20以内的加减法应熟练掌握，百以内的加减法应能够正确口算。教师应根据这些标准进行教学，避免提出过高的要求。过度追求速度不仅会降低学生学习计算的积极性，还可能导致一些学生因过度紧张而增加错误率。毕竟，保护学生的学习兴趣和积极性比让学生多做几道计算题更为重要。

（四）计算题过程的简化与优化

由于小学生年纪小，在计算时常常会丢三落四。为了确保学生在试卷的计算题部分能够得到满分，有些教师告诫学生在做计算题时必须严格按照运算顺序,一步一步地计算,不能省略任何一个步骤。这也就不难理解为什么学生不喜欢简算了。对他们来说,看似简化的计算方式反而增加了他们的负担,他们没有体会到简算的便利,相反还要多写许多步骤,这无疑加剧了学生对计算的厌恶。例如,计算(36.5×2.3-9.5)×0÷0.75这道题,学生本可以根据"任何数与0相乘得0"以及"0除以任何不为0的数得0"这两个性质,直接写出答案为"0"。然而,学生按照教师的指示一步一步地计算,既浪费了时间又得不到正确的答案。这样的教学方法,即使学生在考试中得到了满分,也不能说明他们已经形成了真正的计算能力。总之,教学中,教师应平衡严格运算和灵活简算之间的关系。既要确保学生掌握基本的运算规则,又要培养他们简化计算的能力。

数学运算能力的培养是小学数学教学中的一项重要任务,是学生掌握数学知识和提升逻辑推理能力的基础。要切实提高学生的运算能力,教师需要从多个方面入手,包括科学合理地创设情境、重视口算与估算的教学、深入探究算理与算法的融合、优化教学评价方式等。同时,教师应注重培养学生的计算习惯和思维品质,引导他们形成简算意识和合理的计算策略。在教学实践中,教师要不断反思与改进,通过丰富多样的教学活动和有效的策略实施,使学生在数学运算的学习中获得持久的兴趣和持续的进步,为他们的数学素养和综合能力发展奠定坚实的基础。

第三节　让学生养成好习惯

叶圣陶先生曾说过:"教育是什么？简单一句话就是养成良好的学习习惯。"小学阶段是学生良好学习习惯的关键时期。在这一时期,学生的可塑性和模仿性较强,极易受到外界环境和教师行为的影响。因此,作为教师,眼中只看到学生的成绩是不够的,还要关注学生的习惯,把培养学生良好的学习习惯作为教学重要任务。教学过程中要采取科学的方法和有效的措施,持之以恒地进行训练和引导,让每一个学生都能在良好的学习环境中健康成长。

一、培养观察的习惯

从儿童的心理与行为角度看,培养观察的习惯应在教与学的活动中,适切学生需要使之产生观察的心向和态度。

（一）从兴趣入手

小学生学习的兴趣和动因来自感觉，很容易"跟随着感觉走"。教学中，应根据小学生的特点，设计一些学生喜闻乐见的情境，调动学生观察和倾听的兴趣。青岛版小学数学教材适切小学生特点，在低年级提供了诸如"海底世界""走进花果山"等具有亲和力的数学情境，教学中我们就要利用这些学生感兴趣的材料，引发学生观察、表达和倾听的意向。然后通过"你说我讲"这个平台，打造出思维对话的场势。

（二）从态度入手

学生观察意识，其动因首先来自兴趣，但这种兴趣和需要具有随意性、短效性。数学教育就是要在学生先天生理的基础上，通过具体的活动施加影响作用，使学生形成数学学习与今后发展的需要，从而养成善于观察和倾听的态度。态度是在学生的多次经历和体验中逐步形成的，教学中，要重视学生对功能与价值的体验和感悟。可以从正面引导，例如一年级"10 以内数的认识"第一课"科技小组活动"，学生观察情境图可获得"天空中有飞机""天空中有 5 架飞机"的结论。教师可引导学生将两种观察结果进行比较，从而获得后一种观察翔实具体、态度严谨的认识。也可以通过组织引导学生从行为反思中去感悟，例如可以利用学生错看导致的想错了或做错了等问题生成性资源，引导学生进行自我检查或反思，从而强化认识，形成态度。

（三）指导观察的方法

首先要指导有效观察。观察讲求全面性和系统化。全面性，是指在观察活动中详细捕捉信息，不以自己的兴趣和爱好选择或取舍。系统性，是指在观察活动中能够将复杂的对象进行分解或分类，然后按照由局部到整体或由整体到部分等确定序列，使观察系统有序。其次要讲求观察和思维同步进行。观察的有效性在于引发思维，要关注三点。要明确事理。要指导学生在观察活动中，把握事物、事件的意境。如"草地上原来有 5 只羊，又跑来 2 只"，"原来""又跑来"描述了事理和意境，要通过引导和指导学生观察描摹和刻画，使事理明晰，为后继的学习与思维提供支持。要指导学生从物化的背景中析出数学事实。在数学学习活动中，有时我们从物化的情境中引发学生的认知活动，以沟通数学与生活的联系。如"繁忙的工地"——"三角形的认识"，教材的情境是建筑工地中蕴含三角形结构的物件，教学中，要指导和引导学生从中析出三角形结构的数学事实,从而开启认知和思维活动。要指导学生观察、联想和联结。联想是新与旧、动与静之间的桥梁,是理解的前提和保障。在观察的对象中,有时我们提供的是静态的画面和事实,这与小学生的思维特点——动作思维不相适应。有效的方法是指导学生通过联想,化静为动。例如一年级上册连减学习的情境是小猴跳水,只有当学生自己想到原来猴子的只数、第一次跳水的只数、第二次跳水的只数,且形成连贯的动态事实,连减的思想才能透出来。联结是观察有效性的一个重要方面。在观察活动中,需要指导学生观察和获得信息、梳理和联结信息,这是数学建构的首要工程,对数学问题的产生等后继学习影响很大,应重点关注和指导。最后要教给学生一些标记观察所获信息的方法。例如,指导和培养学生用圈一圈、画一画的方法,标记数学信息。指导和培养学生把看到的记下来,通过文字、表格、图形等形式刻画和整理信息,为有意义的建构活动提供支持和帮助。

二、培养倾听的习惯

俗话说:"听懂一遍,胜过复习十遍。"倾听是获取信息的重要途径,也反映了一个人的素养。在课堂上,专心倾听不仅能帮助学生获取更多信息,还能提升他们的思考能力,使其在思考中更有效地表达,从而增强课堂教学效果。如何才能使学生养成专心听讲的习惯呢?

(一)用精彩课堂吸引学生

精彩的课堂常常会让学生忘记了时间,不愿意下课。如何让自己的课堂充满感染力和吸引力,如何用生动形象的语言吸引学生的注意力,让他们有一种必须专心听讲的动力,是每一位教师在走进课堂之前必须认真思考的问题。同时在培养学生认真倾听的过程中,教师也要注重与学生建立良好的师生关系。尊重学生的意见,鼓励他们积极发言和表达自己的观点,使他们感受到被重视和认可,从而让学生更加愿意认真听讲,积极参与课堂活动。一位能吸引学生注意力的教师,必然能够培养出认真倾听的学生。

(二)加强倾听的训练

有人说,"听"很容易,人从出生就开始听,孩子上了小学天天都在听课,难道还不会听?事实上,听也需要训练。有些人虽然看似在认真听讲,但听完后却不知所云。课堂上,首要任务是确保学生理解内容。不管是课堂上教师的讲解还是学生们的发言,教师都可以在合适的时机追问一句:"××说得大家听明白了吗？哪个同学能像××同学那样再说一下？"学生的重复不仅加深了对知识的理解，在这一过程中学生还意识到，课堂上要好好听课。其次，倾听的过程中提倡学生之间质疑。如一位学生发言时，提醒其他学生"认真听，有疑问可及时提出"。全班交流时，提醒学生"刚才××和××的发言有什么不同？"或者"你和他的想法有什么相同之处？"这样，学生会更加用心地去听，不容易走神。最后，律人先律己，教师要求学生做到的，教师应带头做到，课堂上要认真倾听学生的发言，久而久之，学生也会学着教师的样子认真倾听别人的讲话。

（三）以评价促学生认真倾听

培养学生倾听习惯，教师要发挥评价的激励作用，让学生体验到成功的喜悦和满足感。如，当学生认真听讲时，可以说："你听得真认真，这是一种很好的习惯。""这个小问题，刚才教师都没听出来，你却发现了，真了不起！"通过这些鼓励，学生感受到倾听的价值和意义，从而更加愿意认真听讲。

三、培养书写的习惯

规范、正确的书写不仅是学生学习习惯和学习态度的体现，还有助于培养学生思维的条理性。教师可以从以下几个方面入手。

（一）以身作则，示范引领

教师的一言一行对学生有潜移默化的影响。通过观察和模仿教师的书写，学生能够掌握正确的书写方法。教师工整、规范、布局合理的板书不仅能为学生提供良好的视觉示范，还能帮助他们通过观察发现自己书写中的不足，从而激发出写好字的强烈渴望。教师的以身作则不仅仅体现在板书上，还包括在练习本、练习册和试卷上的范写。无论是上下对齐、行间距的均匀，还是整体布局的合理，教师的示范都能为学生提供明确的标准和方向。特别是对于低年级的学生，教师的范写更能起到引领作用，帮助他们从小养成良好的书写习惯。

（二）规范格式，有章可循

为了帮助学生养成良好的数学书写习惯，教师在日常教学中应为学生设立明确的书写标准。例如，在数字书写方面，教师应明确规定数字的书写顺序、位置与大小等。这些要求应贯穿整个小学阶段的教学，让学生在书写时做到美观整洁、清晰易辨。这不仅能给批阅者带来视觉上的美感，更重要的是为学生正确计算打下良好的基础，避免因为将"6"写成"0"，将"1"误认为"7"而出错。

此外,在画图方面,教师应要求学生使用合适的工具,并培养他们按要求作图的习惯。为了避免反复涂改,教师应训练学生在作图前先读懂题目、理清数量关系,这样既能提高作图的准确性,也能培养学生的逻辑思维能力和细致认真的态度。只要教师在平时明确要求并细致指导,通过多次练习和强化,学生自然能形成规范的书写习惯。

(三)规范批改,重视评价

作业批改不仅要让学生了解对错,还要清楚地传达批改标准。教师可以通过设立"星级"评定,鼓励学生书写整洁工整。例如,书写工整、字迹优美的作业可以得到三颗星;对于部分格式错误或者有个别书写不规范的可评为二颗星;书写潦草、不整齐的作业则评一颗星。教师还可以发挥榜样的引领作用,如可以在班级内展示优秀作业,让学生通过观察发现自身书写上的问题。同时鼓励书写优秀的学生分享经验,以此促进全班共同进步。这样,学生在榜样的带动下,能逐渐养成规范、条理化的书写习惯。

四、培养审题的习惯

教师们都有这个体会,每次考试或做题之前,都会反复提醒学生认真审题,但学生的错误依旧不断。我们习惯于把学生的错误归咎为马虎、不认真,其实这些现象反映了学生审题能力的薄弱。审题不仅是解题的前提和关键,更应贯穿整个学习过程。学生的审题能力和习惯,对于他们未来的学习和发展至关重要。那么,如何培养学生的审题能力,教师可以从"读-理-联-答"四个方面展开。

(一)读——仔细阅读题目

平时读题时,很多学生习惯用眼睛扫一遍,就急于下笔,尤其是他们认为自己做过类似题目的时候,常常忽略了题目中的变化。因此,教师要引导学生仔细阅读题目,逐字逐句地分析,而不是跳读。建议学生至少读三遍题目:第一遍粗读,了解题目的大致意思;第二遍细读,关注每一个词句、术语和关键词,整体把握题意;第三遍,识别题中已知信息和需要解决的问题,并对关键的词句进行标记。通过圈一圈、画一画等方式,帮助学生集中注意力。对于低年级学生,因为识字量不多,还要教给他们按顺序观察信息图,同时教学生用手指指着读,也可以大声读题加深题意理解。

（二）理——理清信息

在前期学生仔细阅读题目，理解题意的基础上，学生需要对刚才圈点、勾画的关键字词和关键数据进行整理，教师可以引导学生用不同颜色的笔标记已知信息和需要求解的问题，将相似的内容归类整理，从而帮助他们梳理出清晰的信息结构。这一步骤是确保学生在解题过程中不会遗漏重要信息的关键。

（三）联——关联信息

这一环节旨在帮助学生将相关的信息建立联系，进而形成问题解决的思路。教师可以引导学生通过画线段图、示意图、思维导图或列表的方式，将信息之间的关系呈现出来，识别出数量关系。鼓励学生用语言表达自己梳理出的信息及其关联关系，这不仅帮助学生验证自己的理解，还能提升他们的表达能力。通过这样的训练，学生能够在关联信息的过程中形成清晰的等量关系，为解题奠定基础。

（四）答——解答与反思

在动笔前，鼓励学生先思考一个清晰的解题方案，这可以帮助他们构建解决问题的框架，明确步骤和关键点。这样做不仅能提高解题效率，还能减少错误和疏漏。教师应强调解题过程的书写应清晰、有序，这不仅方便学生后续检查自己的答案，也便于教师评估学生的理解程度。培养学生有条理、有序的书写习惯，还能帮助他们在其他学科和生活中形成严谨的思维方式。

通过一系列有针对性的训练，学生的审题能力将得到显著提高。他们不仅能够更准确地理解题目，还在读、理、联、答的过程中，提升了逻辑思维和问题解决的能力。

五、培养质疑的习惯

提出一个问题，往往比解决一个问题更重要，问题是数学的核心。学生不仅要善于倾听，还要学会思考质疑。然而，低年级学生由于数学知识和技能的积累还不足，离开教师的引导，往往感到迷茫。因此，培养学生提出问题和解决问题的意识与能力就显得尤为重要。

（一）创设氛围，鼓励学生敢于质疑

教师要为学生营造一个开放包容的课堂环境，向学生传递出在课堂上提出问题是受欢迎且被尊重的理念。通过消除学生的恐惧心理，教师可以让学生更加自信地表达自己的想法和疑问。课堂上，教师要多给学生发言的机会，积极

鼓励他们提问,并允许他们随时质疑。这种鼓励式教学能够激发学生的好奇心和求知欲。

(二)有效引导,帮助学生学会质疑

培养学生的质疑能力离不开教师的有效引导。由于许多学生起初可能不懂如何提出问题,有时只能表达出只言片语,教师需要适时提供支持,帮助他们逐步掌握质疑的技巧。首先,教师可以围绕课题引导学生提问。例如,看到课题时,教师可以启发学生思考:"看到这个题目,你最想了解什么?"从而帮助他们围绕问题展开探索。其次,教师可以引导学生抓住关键字词进行质疑,深入思考概念、性质等知识要点。此外,在新旧知识点的衔接处,教师可以启发学生提出问题,通过对比和联系帮助他们更好地掌握新知识。最后,教师应教导学生在学习的关键点,如概念形成、计算推理、解题分析等环节中提出问题,鼓励他们不断探索和思考。

(三)积极评价,促使学生乐于质疑

教师的评价在学生质疑能力的培养中至关重要。正确、积极的评价不仅能够帮助学生建立自信,还能提升他们对学习的兴趣。教师应注重正面的反馈,及时肯定学生的思考和质疑。在评价过程中,教师还可以鼓励学生之间进行互评,激发彼此的互动。例如,当一个学生提出了独到的见解时,教师可以让其他学生点评这个见解的合理性和创新性。通过这些方式,教师可以有效引导学生培养质疑能力。质疑不仅能激发学生的求知欲,还能拓展他们的思维深度与广度,使他们在学习过程中更加主动和独立。

六、培养独立思考的习惯

数学是一门强调逻辑推理和问题解决的学科,要求学生不仅要掌握概念和技能,还须具备深入分析和批判性思考的能力,因此,课堂上教师要注重培养学生的独立思考能力。首先,提供丰富的思考材料是培养学生独立思考的第一步。材料应以问题的形式呈现,激发学生的兴趣。同时,教师还需要给学生提供充足的思考时间。目前很多课堂上,教师提出问题后,往往反应快的学生会迅速举手作答,而此时教师应兼顾不同水平的学生,不仅要关注学优生,还应留出更多时间让中等及以下水平的学生也能参与思考。提问的核心目的不只是获取答案,更在于培养每个学生的独立思考能力。在提问过程中,教师应避免让大多数学生仅仅跟随少数人的思路。要特别引导那些不太爱思考的学生积极参

与,让他们明白"思考总比不思考好,即使思考错了也没关系","只有思考,才能有正确答案的可能"。同时,教师应鼓励学生大胆表达自己的想法,强调"表达总比不表达好,即使表达错了也没关系",并让学生意识到"只有表达出来,才有可能正确"。通过这样的方式,教师可以激发全班学生的参与热情,充分调动他们的主动性。总之,培养学生独立思考的习惯,不仅能提升他们的解题能力,还能促进他们的全面发展。通过提供适当的思考材料、给予充足的思考时间、鼓励大胆发言和质疑,教师能够帮助学生逐步养成自主思考的习惯,使他们在学习和生活中都能自觉地进行思考、积极探索并不断进步。

七、培养合作学习习惯

在当今社会,合作精神已经成为一项不可或缺的品质。然而,许多独生子女由于家庭环境的影响,缺乏与同龄人合作的机会和经验。因此,教师在日常教学中肩负着培养学生合作精神的重任。培养学生合作学习的习惯,教师首先要鼓励学生分工合作,鼓励学生在小组活动中进行分工合作。每个学生都有自己的特长和优势,教师可以根据学生的特点进行合理的分工,让每个学生在小组中都能发挥自己的作用。通过这种方式,学生不仅能学会如何与他人合作,还能增强自己的责任感和自信心。其次要培养学生的沟通技巧,合作离不开有效的沟通。教师应特别注重培养学生的沟通能力。在小组活动中,教师可以鼓励学生积极表达自己的观点,同时也要学会认真倾听他人的意见。教师可以通过角色扮演、讨论等形式,锻炼学生的口头表达能力和倾听技巧,让学生在合作中学会相互尊重和理解。同时要提供合作反馈,合作活动结束后,教师应及时给出反馈。通过表扬和建议,教师可以帮助学生认识到他们在合作中的优点和不足。例如,教师可以表扬某位学生在小组中展现的领导能力,同时也指出另一个学生在倾听他人意见方面的不足。这样的反馈可以帮助学生不断改进自己在合作中的表现。最后还要激发团队荣誉感,为了让学生更好地体会合作的意义,教师可以通过激发团队荣誉感来增强学生的合作精神。例如,教师可以设立"最佳合作小组"奖项,对在合作中表现突出的团队给予表彰。通过这些激励措施,学生会更加重视合作,努力发挥自己的作用,为团队的成功贡献力量。

八、培养检验改错的习惯

在学习数学的过程中,错误是难以避免的,因此,培养学生检验和改正错误的习惯至关重要。平时在做作业时，教师要给予学生充足的时间进行检查，起初要多加提醒，直到他们慢慢形成习惯。在课堂上，教师要及时纠正学生的错误。对于作业或测试中出现的问题，要指导学生认真分析错误的原因，是因为粗心大意，还是对知识点理解不透彻，帮助他们及时改正，避免重复犯错。如何让学生有效、及时地改正错误？在教学中，可以将改错分为课内改错和课外改错两类。

课内改错通常分为以下几个步骤：自我订正—小组讨论—重点讲解—针对性练习。自我订正：这是改错的第一步。许多错误是由于学生粗心或审题不仔细造成的，给他们二次机会，让他们自己找出错误并加以改正。在这个过程中，学生还应标记自己不懂或不确定的问题。小组讨论：对于不会的题目，学生可以在小组内提出来讨论，由小组长组织，大家一起解决问题。重点讲解：对于学生中出现的普遍性错误，教师应集中讲解和引导。这一步不一定要由教师讲解，学生也可以担任"小老师"，通过讲解展示小组讨论的成果。针对性练习：在学生改正错误后，安排一些针对性练习，这是对他们改错效果的一次检测。做对了的学生可以得到加分，这种方式能激发学生的积极性，使他们主动改错，而不是被动应付。

需要课外改错的问题通常存在于学困生和懒惰的学生身上。学困生是想改但不会，懒学生则是能改却不愿意改。为了避免这种现象，课外改错可以采用小组评分制，鼓励小组成员之间的互相督促。小组在规定时间内完成改错任务，并经过检验合格后可以加分，反之则扣分。改错的基本要求仍然是学生先自己进行订正，遇到不会的问题时可以随时向教师或同学请教，但要标记那些通过请教解决的问题。教师可以根据这些标记进行抽查，如果小组通过检查则加分，反之减分。通过这种方式，组长和组员之间互相监督，确保改错任务及时完成。　这种竞赛形式不仅激发了学生改错的积极性，还增强了他们的责任感和集体荣誉感，使改错成为一个自觉和有意义的学习环节。

良好的学习习惯是学生终身发展的基础，是提高学习效率和促进个性全面发展的重要保障。在小学阶段，教师应通过科学有效的教学方法，引导学生养成倾听、书写、审题、质疑、独立思考和合作学习等良好习惯。这不仅能帮助学生提高学习成绩，更能培养他们的思维能力、合作意识和批判性思维等核心素养。通过持之以恒地引导和训练，学生在习惯养成的过程中，逐步成长为自主、积极、有创造力的学习者，为未来的学习和生活奠定坚实的基础。

第四章

创新求新

　　小学数学教育的创新,应以思维发展为核心,不断探索新的教学路径和方法。数学作为一门既强调逻辑推理又具有丰富文化内涵的学科,其教育目标不仅在于知识的传递,更在于通过数学的学习和实践,培养学生的逻辑思维能力和数学素养。在这个过程中,关键在于如何将数学的思想性与工具性有机融合,使数学的文化价值与思维训练相得益彰。无论是借助思维导图理清数学概念,还是在课堂中渗透数学文化,抑或是通过作业改革提升学生的学习体验,所有的创新举措都应紧扣"思维发展与能力培养"这一主线,真正实现数学教育的深度与广度统一,为学生的全面成长奠定坚实基础。

第一节　思维导图在小学数学教学中的应用

　　思维导图作为一种展现发散性思维的工具,正日益成为数学课堂教学中的重要手段。将思维导图融入教学过程,不仅能够帮助学生梳理学习思路,建立清晰的知识框架,还能培养他们的逻辑思维能力、归纳总结和解决问题的能力等,从而显著提高课堂的教学效率。在小学数学课堂上,教师可以根据不同的教学内容,灵活运用思维导图作为教学和学习的工具,帮助学生掌握其绘制与使用方法,进一步促进学生数学核心素养的提升与发展。

一、思维导图的相关概述

（一）思维导图的内涵

思维导图是一种通过图形、关键词和颜色等方式来呈现知识结构的方法，它能直观地展现思维的层次和关联性。作为一种体现发散性思维的工具，利用思维导图的可视化手段可以把大脑中的抽象概念具体化，使隐藏的知识显现出来，进而帮助学习者更好地组织、理解和记忆信息。

（二）思维导图的绘制

绘图是教师学习和应用思维导图的核心环节。在绘制思维导图时，教师应关注以下几点：首先，明确思维导图的基本构成要素，如中心主题、分支结构、关键词和颜色等；其次，要熟练掌握绘制的步骤和技巧，尤其是如何选定中心主题词和设置主要分支；最后要注重导图的美化设计，色彩鲜明、层次分明的导图能够有效吸引学生的注意力，帮助他们更好地理解和记忆知识内容，提升学习效果。随着信息技术的发展，越来越多的教师倾向于使用软件工具来制作思维导图。无论是手绘还是数字化绘制，都需要确保导图的中心主题和各分支内容清晰易懂，以更好地支持课堂教学的目标。

（三）思维导图的教学原则

1. 过程参与原则。

绘制思维导图，学生需要经历如搜集相关知识点、提取关键内容、筛选有效的数学信息、逻辑梳理和分类归纳信息等多个步骤，从而把脑海中零散的知识点有条理地整合成一个逻辑清晰的网络结构，提升知识整合与组织能力，深化对数学知识的理解和记忆。在实际操作中，教师要遵循过程参与原则，利用思维导图教学活动提升学生的学习能力和数学素养，促使他们在自主参与中获取知识。

2. 体系建构原则。

思维导图不仅可以梳理某道题或几个关键知识点，还可以用于系统地梳理整个单元所学的内容。经过这样的整理，教师能够把一个单元的知识点有序地呈现出来，把零散的知识整合成一个完整的体系，能更清晰地看清知识之间的相互联系。因此，在复习过程中合理运用思维导图，可以帮助学生将知识进行有序梳理和系统化整理。通过思维导图，学生的学习不再局限于机械记忆，而是加深了对知识的理解，促进了知识的内化和掌握，使他们能够更灵活地运用数学知识。

3. 查缺补漏原则。

数学复习的目的是帮助学生查找和补充知识上的遗漏，从而能更有效地强化掌握不牢固的知识点。教师可以指导学生搜集整理平时作业或检测中的一些错题，再借助思维导图把这些错题直观地呈现出来，这样可以帮助学生清晰地了解自己哪些知识点掌握不到位。在此基础上，教师可以利用思维导图进行错题的分析，从而让学生在查找知识漏洞的过程中，找出问题所在，进行有针对性的强化练习，提高数学能力。

4. 趣味性原则。

在绘制思维导图时，一些学生可能会因为绘制的复杂性而产生抵触情绪。对此，教师可以根据不同年龄段学生的特点，使用学生喜欢的卡通形象、泡泡图等形式设计和美化思维导图，激发学生的兴趣。在绘制过程中，教师也可以通过创设有趣的教学情境，如使用故事或情境教学方法，把抽象、枯燥的数学知识变得更加形象生动。遵循趣味性原则，可以使学生在制作思维导图时感受到数学学习的乐趣，从而激发他们的学习积极性。

二、小学数学教学中运用思维导图的优势

（一）提升教师的教学水平

将思维导图应用于小学数学教学中，可以促使教师创新教学思路和方法，使课堂教学更加生动和富有吸引力。在绘制思维导图的过程中，教师能够深入挖掘和展现知识点之间的相互联系，从而使课堂内容更加条理清晰，增强学生的学习兴趣和参与度。思维导图教学，能让教师与学生之间建立更加亲近的互动关系，使学生更愿意接受教师的引导和帮助。与此同时，教师还可以根据学生的年龄特点和教学内容的需要，将趣味元素融入思维导图设计中，创造多样化的形式，提高课堂教学的针对性和实效性，从而提升教学水平。

（二）提升学生逻辑思维能力

思维导图以其独特的造型和丰富的色彩，能够吸引小学生的注意力，激发他们的学习兴趣。教师可以根据不同的教学内容设计思维导图，并预留部分空白，让学生依据教材内容进行补充和完善。这不仅能鼓励学生深入分析教材，还能拓展他们的思维宽度与深度，有助于逻辑思维的提升。此外，教师可以进一步引导学生自主设计思维导图，运用各种图形和色彩，甚至将其他学科的知

识融入其中。学生在创作的过程中,能够更加透彻地理解数学知识,提升实际应用的能力,并在这种探索与创意的活动中逐步发展逻辑思维能力。

(三)完善学生数学知识体系

思维导图能够打破年级和教材的界限,有效整合分散的数学知识点,使其相互关联更为清晰。学生因此能够更好地理解新旧知识之间的关系,明确学习方向,从而不断完善自己的数学知识体系。在预习和复习环节,教师可以充分发挥思维导图的作用。在预习中,教师可以围绕新课中的重、难点设计思维导图,引导学生根据预习时的思考来补充内容。这不仅帮助学生理清知识脉络,还能使课堂学习更加聚焦和有效。在复习阶段,教师将复习的关键知识点和典型例题融入思维导图,检查学生知识的掌握情况,帮助他们及时发现薄弱之处并进行强化。借助思维导图,学生能够构建起系统化、连贯性的数学认知框架,从而更加有效地内化和巩固所学内容。

三、思维导图在小学数学教学中的应用

(一)在教师层面的应用

思维导图作为一种辅助教学的工具,凭借其直观的展示形式和清晰的层次结构,在教学中被广泛采用。例如,教师在备课时使用思维导图,将其放在教案的开头部分,并依据导图逐步编写各个知识点的授课内容,不仅帮助教师全面把握教材内容,使备课思路更加明确,还能提升备课的质量,从而有效提高教学效果,实现事半功倍的教学效果。

1. 一册一导图。

绘制整册教材的思维导图,教师能够系统地梳理教材的知识结构,将每个知识点、章节和单元结构直观呈现,清晰展示各部分内容之间的逻辑关系和相互联系。一册一导图使教师能全面了解整册教材的整体框架,更准确地掌握教材的脉络、重点和难点。以青岛版小学数学三年级下册为例,用思维导图梳理全册知识,教师可以清楚地看到每一章节的内容及各章节之间的关联,明确教学中的关键和难点。如三位数乘两位数、除数是两位数的除法、解决问题和混合运算是该册教学重点,通过在导图中进行重点标记,教师能够迅速识别这些关键内容。这样,教师在脑海中形成了一个完整的知识体系,可以更有针对性和条理性地开展教学工作(图4-1)。

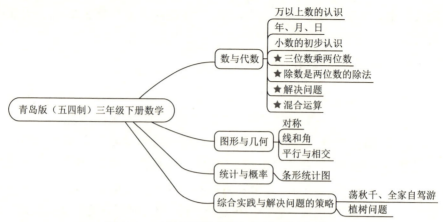

图 4-1　三年级下册全册知识梳理思维导图

2. 一章一导图。

绘制单元思维导图,教师能够更加全面地解读教材内容,将单元内的各个知识点有机地串联起来,理清知识点的前因后果和发展脉络。在备课时,从单元的整体视角来审视和处理教学内容,不仅能够帮助学生看到知识的全貌,还能帮助他们理解各知识点之间的内在联系。单元思维导图使教师能够在课堂上既能关注细节,又不失整体的掌控,从而提升教学的系统性和有效性。通过这种方式,教师能够引导学生既深入理解具体知识点,又把握整个单元的核心和重点,使教学更加有条不紊、层次分明。

(1)整体把握,理清知识的前后关联。教师首先要明确每个单元内容在整个小学数学教学体系中的位置和作用,理解该单元内容与前后知识的联系。以四年级下册的"分数的意义和性质"单元为例,学生在三年级时,已通过具体情境和动手操作,初步了解了单位"1"作为分数的产生过程。此时,他们已经具备了基本的分数概念,能够认读和书写简单分数,并掌握同分母分数的基本加减法,能够运用分数解决一些简单的实际问题。该单元则基于这些已有的知识,进一步引导学生理解"1"可以代表多个物体的分数,深入学习分数的意义、分数与除法的关系、分数的基本性质等新知识。与此同时,这些内容为未来约分、通分、分数运算及分数与小数之间关系的学习奠定了基础,是分数教学的重点。如果教师在准备每个单元时,能够清晰梳理知识点的前后关联,那么教学将会更加得心应手。

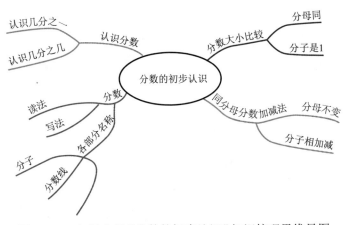

图4-2 三年级上册"分数的初步认识"知识梳理思维导图

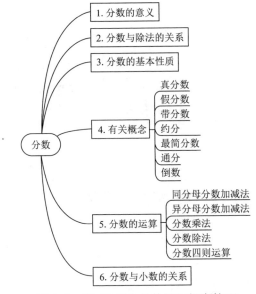

图4-3 四、五年级分数知识纵向梳理

（2）深入研读教材，明确教学目标和主线。要做好单元备课，教师应从全局出发，深入钻研课程标准和教材是绘制思维导图的基础。思维导图绘制教师应遵循从整体到细节再回归整体的原则，在此基础上，对教材进行深入分析，梳理每个单元的内容结构、编排特点与编写意图，以及各部分内容之间的内在关联等问题。通过这样的多层次分析，教师才能逐步明确本单元的教学目标和主线，确保在备课时思路清晰、教学目标明确，有效提升教学的针对性和效果。

（3）优化教学内容,构建单元框架思维导图。在明确单元教学目标和主线的基础上,教师可以对教材内容进行合理调整和优化。通过分析知识结构的内在联系,构建出单元的框架思维导图。单元备课导图利用思维导图的发散性和创造性特点,以单元主题为中心,围绕几个核心知识点或信息窗,展开系统的分支和关联,全面归纳相关知识点。这样的备课方法既能使知识系统化、结构化,也能更好地把握教材的重点和难点,为教学提供清晰的指导依据。

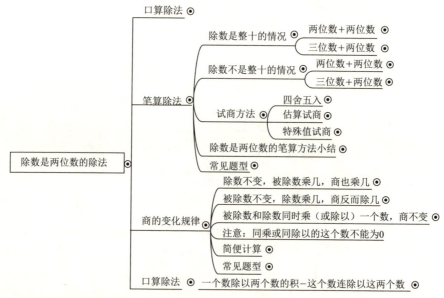

图4-4　三年级下册"除数是两位数的除法"思维导图

3. 一课一导图。

在具体的课时备课中,思维导图可以帮助教师围绕每节课的重点和难点,进行更加有效的备课。

（1）利用思维导图构建课时教学框架。在课时备课中,教师可以运用思维导图来构建课时框架,简化内容,提炼出核心要点。这种基于结构化思维的备课方式能帮助教师清晰地掌握一节课的整体布局。绘制导图时,教师须考虑:这节课设计了哪些教学环节?每个环节的时间如何分配?环节之间是并列关系还是递进关系?合理地设计课时结构,就像在建房子时先搭建起坚固的框架,之后再根据需求填充每一层的具体内容。例如,教学"三位数除以一位数商两位数的除法笔算"时,思维导图可以显示课程设计如何从复习旧知开始,比较并沟通三位数除以一位数商为三位数和商为两位数的联系,找到新知识的切入点,逐步展开教学并突破难点。再通过不同层次的练习进行巩固和提升。这样的清晰整理使教学结构层次分明、步步深入。对于教师而言,课时备课的思维导图就像一个课程目录,能帮助他们更主动地掌控课堂,清晰的知识脉络让教师有更多时间引导学生理解和掌握知识,更加灵活自如地驾驭课堂。

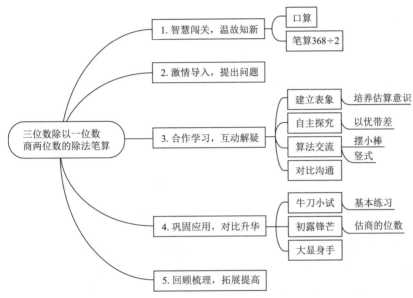

图 4-5 三年级上册"商是两位数的除法"笔算思维导图

（2）利用思维导图突破教学重难点。因为小学生的知识基础较为薄弱,他们在理解和掌握一些抽象的数学概念和逻辑严密的理论知识时,往往会遇到一些挑战。因此,在突破教学重难点时,教师可以借助思维导图,将易混淆的知识点、重难点转化为可视化的图文形式,帮助学生自主理解,从而提升辨析能力。例如,各种单位之间的换算是小学数学教学中的一个难点,因为不同单位的进率各不相同,容易导致学生在知识体系上产生混淆。对此,教师可以使用思维导图的形式,清晰地列出不同单位之间的换算关系,帮助学生直观地理解单位换算,避免出现混乱,从而更牢固地掌握相关知识点。

（3）用思维导图进行知识梳理。每节数学课的内容通常较为零散,学生的理解容易出现片面性,导致记忆混乱或理解不够深刻。思维导图对所学内容进行梳理和回顾,可以有效避免这些问题,帮助学生更加清晰地掌握和巩固知识点。如教师可以利用思维导图进行板书设计,打破传统线性板书的局限。用粉笔在黑板上绘制思维导图,将零散的信息转化为色彩丰富、层次分明的图示,逐

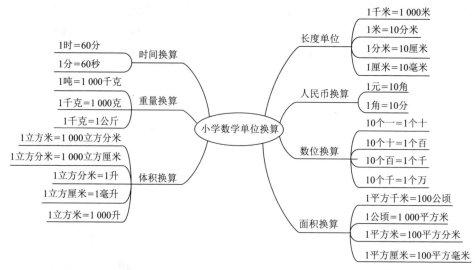

图4-6 小学数学各种单位换算思维导图

步展示在黑板上,使学生能直观地看到知识点的结构与关系。这种方式不仅增强了学生的理解力,还便于他们参考、复习和记忆。此外,在课堂总结和知识梳理的环节中,教师还可以利用多媒体课件,直观动态地展示思维导图。通过这种方式,将整节课的知识点清晰地罗列出来,构建出本节课的完整知识体系,并适当地渗透数学思想,总结数学方法。这不仅有助于学生在大脑中建立系统的知识网络,还能培养他们思考问题、提出问题和深入挖掘问题的习惯,进一步提高他们的学习主动性和认知水平。

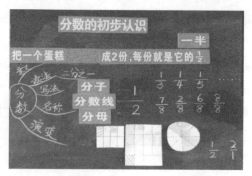

图4-7 "分数的初步认识"板书梳理

（二）在学生层面的应用

1. 导图辅助讲题，促进思维发散。

金字塔学习理论表明，不同学习方式的效果存在巨大差异。通过讲解给他人听或立即应用所学知识的记忆保持率高达 90%。因此，让学生当"小老师"讲解题目，是一种非常高效的学习方式。我采用了多种形式的讲题活动，如给父母讲、在线讲解、班级讲解以及讲题比赛等，鼓励学生通过"讲"来促进思考和学习，培养表达能力和逻辑思维能力，提升数学素养。以四年级学生的讲题活动为例，学生在讲解题目时，需要将已学的知识通过自己的思考和语言重新组织，这种深度的理解和表达绝非简单记忆能够实现。在讲题过程中，学生不仅加深了对知识的理解，还获得了自豪感和学习的信心。讲题的内容可以是教师指定的重点题、学生自选的题目或自己编写的错题等。为更好地梳理讲题思路，我让学生在讲解之前用思维导图简单展示讲解逻辑，这样能够更清晰地表达思路，提升讲解效果。

（1）一题多变。数学家斯蒂恩曾说："如果一个特定的问题可以转化为一个图像，那么就能整体把握问题，并且创造性地思索解法。"将问题转化为图形，使条件和结论直观、整体地展现出来，是一种重要的解题方法。对于巩固易错题的训练，我通常采取三个步骤：审题、分析、解决。再进行变式训练。这是学生解题的思维导图。然而，有些学生在某些题目上依然反复出错。对此，我引导学生进行深入分析，纵向思考：为什么会出错？横向思考：它有哪些相似题目？这些题目的本质区别是什么？分析清楚后，再进行练习应用，并通过反思总结，形成解决策略。

（2）一题多解。一题多解是指同一个数学问题可以通过多种方法或路径来得出结论。这种练习活动旨在引导学生从不同角度、运用不同思路和方法来分析和解决同一道数学题。一题多解的训练不仅能够开阔学生的思维，提高解题能力，还能培养他们思维的灵活性和发散性，激发对数学的兴趣，同时促进智力的发展。图 4-8 是针对"相遇问题"学生梳理的解题方法。

（3）多题归一。在日常练习中，学生常会在同一类题型上反复出错。为解决这一问题，我会引导学生将涉及相同知识点的错题归纳整理，通过分析错因，重新梳理知识结构，形成完整的知识网络，并在应用和反思中巩固相关概念。例如，在"长方形的面积"练习中，我首先让学生找出平时做过的相关错题。接着，将这些错题按知识点分类整理，并利用思维导图分析归纳。思维导图的主

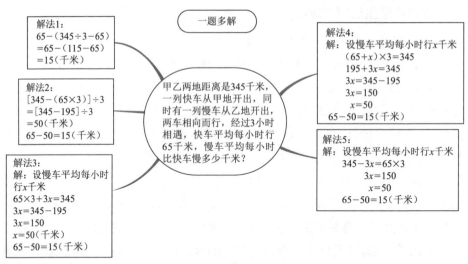

图 4-8 "相遇问题"解法梳理

要分支包括"错题""分析"和"应用"。"错题"部分再细分为不同类型的错误案例;"分析"部分则细化为错因分析和长方形面积的知识链接,帮助学生找到没弄懂的概念并及时补习;"应用"部分鼓励学生根据该知识点设计类似题目,强化理解和运用能力,最后通过反思总结收获。 通过这种多题归一的方法,学生能够将看似孤立的错题,以知识点为中心,构建起一个错题网络。这样,学生可以从一个问题联想到其他相似问题,逐步掌握知识的整体框架。

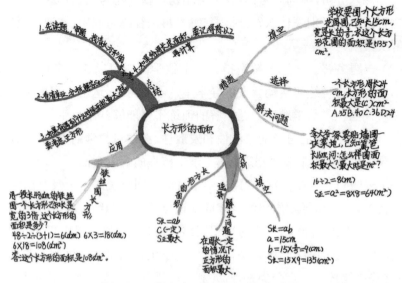

图 4-9 "长方形面积"题型梳理导图

综上所述,通过"一题多变""一题多解"和"多题归一"三种思维导图解题策略,学生可以在讲解数学题时,脑海中呈现出一张清晰的思维导图"说明书"。这不仅帮助学生条理清晰地表达思维过程,还锻炼了他们的数学解题能力,让他们在"画数学、讲数学"的过程中体会到学习的乐趣。

2. 巧用导图复习,构建知识网络。

复习是数学学习中的关键环节。对于小学生来说,在完成一个阶段的学习后,往往会觉得知识点分散,难以系统地进行整理和复习。借助思维导图,可以直观地展示数学知识之间的联系,使复习过程更加高效、有序。以下是我通常使用导图复习的几个步骤。

(1)自主回顾与梳理知识。鼓励学生利用思维导图、图示、表格来自主梳理所学内容。通过这种方式,教师可以了解学生对知识点的掌握情况以及他们整理知识的能力,学生根据自己的整理结果进行展示和汇报。这一过程不仅能够帮助学生理清知识之间的关系,还能提升他们的归纳能力和系统性思维。

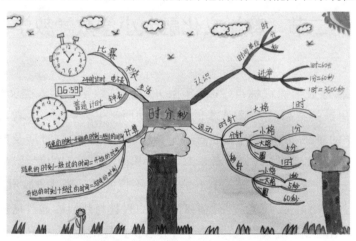

图 4-10 "时、分、秒"单元知识梳理

表 4-1 长方形与正方形周长、面积的比较

	周长	面积
意义	封闭图形一周的长度	物体表面或封闭图形的大小
单位	千米 米 分米 厘米 毫米	平方米 平方分米 平方厘米
计算方法	长方形周长=(长+宽)×2	长方形面积=长×宽
	正方形周长=边长×4	正方形面积=边长×边长

（2）合作整理，构建网络。教师引导学生利用思维导图进行知识的合作整理和表达。学生可以在教师提供的一级分支基础上，进一步补充和完善导图内容，使知识结构更加清晰完整。通过解释自己的思维导图，学生可以更深入地理解各概念的具体含义及其相互关系，从而提升对知识的掌握和运用能力。在全班交流和评价后，教师可以将完善后的导图通过板书或课件展示出来，并借此提炼出数学的思想方法。利用思维导图复习，学生不仅能建立清晰的知识网络，还能逐步内化整理和复习的策略，使之逐渐养成终身学习的习惯和能力。

总之，利用思维导图教学，不仅能让学生全面把握知识的各个方面，还能关注细节。运用思维导图处理问题时，学生能够更好地发挥左右脑的协同作用，培养出"看见树木想到森林"的全局思维。值得注意的是，学生运用思维导图提升思维能力需要一个长期的训练过程，这个过程可能充满挑战，但坚持是取得进步的关键。

第二节　数学文化融入小学数学教学

《义务教育数学课程标准（2022年版）》指出，数学作为人类文化的一部分，是抽象思维的结晶，伴随着人类的生产劳动而产生。从广义上看，数学文化包含了数学的思想、精神、方法、观点、语言及其发展历程，同时涉及数学家、数学史、数学美学、数学教育，以及数学与社会、其他文化之间的联系等内容。在新时代背景下，将数学文化融入中小学课堂，不仅能够让学生在文化氛围中受到熏陶，增强文化自信，还能激发他们对数学的兴趣与热情。通过这种方式，学生可以更深刻地理解现实世界，培养分析和解决问题的能力，提升思维水平，为终身学习打下坚实基础。

一、数学文化的相关概述

（一）数学文化的内涵

数学文化是在人类推动数学发展及应用过程中形成的文化元素。从外延上看，它主要包括两个方面：一是贯穿数学发展的事件、故事及其逻辑演进，即数学史；二是人们在探索和研究数学时运用的思想方法、体现的数学精神，以及数学在实际生活中的应用和所展现的美学。整体来看，数学文化涉及五个核心内容:数学思想方法、数学应用、数学史、数学精神以及数学美学。

(二)数学文化教学应遵循的原则

1. 合理性原则。

不同的数学知识蕴含着独特的数学文化元素,教师在选择数学文化素材时,应确保这些素材与课程的知识点有机结合,以保持内容的科学性和合理性。数学文化的融入不能流于表面,而应成为点睛之笔,帮助学生深入理解数学知识。同时,数学文化元素丰富多样,各具特色,教师在教学设计中合理搭配这些元素,并与相关内容有效结合,不能忽视它们的独特价值。如学习圆的周长时,引入祖冲之与圆周率的故事;学习比的认识时,引入黄金分割在建筑中的应用,让学生体会数学之美的在生活中的应用。

2. 适度性原则。

目前,每册小学数学教材都融入了数学文化相关内容,教师在选择这些内容进行教学时,要注意几个关键点。首先,数学文化素材的选取应与学生的学习阶段相适应,充分考虑学生的认知发展水平。其次,虽然数学文化可以丰富课堂内容,但教学的核心仍应聚焦于数学知识的讲解、练习和巩固,文化素材应作为辅助工具,而不是主角。在课堂时间分配上,数学知识的教学应占据主要部分,通过适度渗透数学文化,引导学生理解数学的思维方式,感受数学的美感与文化底蕴,激发他们对数学的兴趣与热情。

3. 趣味性原则。

考虑到小学生的身心发展特点,趣味性强的内容更能吸引他们的注意力,留下深刻印象,并有效提升学习效果。在数学文化素材中,许多内容本身就具有趣味性,能够激发学生的学习兴趣。因此,教师在将数学文化融入课堂时,应充分利用这一特性。对于那些趣味性强、学生喜爱的素材,可以在遵循合理性和适度性原则的前提下直接呈现,确保最佳教学效果。对于趣味性较弱的素材,教师可以在不改变其核心内容的基础上,进行适当调整,使其更贴近学生的兴趣和认知水平。

4. 体验性原则。

在设计教学活动时,教师应为学生提供更多动手实践的机会。在充满趣味性的数学文化氛围中,学生会更加积极地参与课堂互动。数学是一种高度抽象的思维过程,对于小学生来说,亲身经历知识的形成过程更有助于他们理解和内化数学知识。教师可以通过设置问题情境,鼓励学生动手操作与探究,体验数学学习的实际价值。在这个过程中,学生不仅能亲历数学知识的生成,还能体会数学在日常生活中的实际应用。这种学习方式不仅加深了他们对数学知识的理解,也让他们体会到数学家在探索过程中所展现的坚持精神。

二、数学文化在小学数学教学中的意义

(一)提升思维能力

小学生在思维、推理和计算能力上还处于发展阶段。因此,教师在教学过程中可以有意识地融入数学文化,帮助学生建立正确的数学观念。在此基础上,学生能够更全面地分析和探讨数学问题,清晰梳理数学知识,作出合理的推断,从而逐步提升他们的思维能力。这不仅为今后的学习奠定了扎实基础,也为其他学科的学习和综合素质的提升提供了有力支持。

(二)提升综合素养

将数学文化融入教学各环节,不仅丰富了学习内容,还提升了学生的认知水平和文化素养。在学习数学文化的过程中,学生的兴趣被激发,逻辑思维和创新能力得以培养。同时,他们在解决问题、分析问题以及归纳总结方面的能力显著提升。通过对数学文化的深入理解,学生能够将数学知识与其他学科或现实生活紧密结合,培养跨学科的综合思维能力。这种多维度的学习方式不仅加深了学生对数学的理解,也促进了他们综合素养的全面发展。

(三)培养理性精神

数学文化蕴含着丰富的知识与深刻的理性精神。教师将数学文化深度融入教学,能够引导学生感受其中的理性思维方式,逐步培养他们的理性精神。数学文化强调对问题的分析和逻辑推理,帮助学生在面对数学问题时,不仅依靠直觉或惯性思维,更注重理性判断和严谨推断。通过这一过程,学生能够更加精准地理解数学问题,提升思维的深度与广度,综合运用所学知识解决问题。这种理性精神的培养,不仅增强了学习的有效性,还提升了学生对数学学习的兴趣。

三、数学文化融入小学数学教学中的问题及原因分析

(一)教师的数学文化知识储备不足

许多教师反映,自己在数学文化方面的知识有限,导致在课堂上自然融入数学文化的内容变得困难。由于缺乏系统的数学文化学习和训练,教师在课堂

上通常只能提及一些零散的内容,无法深入地与课堂教学结合。这种情况导致了数学文化的传递较为片面,难以全面展现数学的思想内涵和文化魅力。

(二)获取数学文化资源的途径有限

不少教师表示,获取数学文化相关资源的渠道相对狭窄,有时难以找到与小学数学知识契合度高的素材。现有的数学文化资源多散见于各种学术资料和专业书籍中,系统的、适合小学生的资源相对较少。即便找到了一些资源,教师还需要花费大量时间将其转化为易于小学生理解的语言和形式。这使得数学文化在小学数学课堂中的有效融入变得更加困难。

(三)课堂时间和教学设计的双重挑战

在已有的课堂教学时间安排下,教师面临着时间不够用的问题。小学数学课程时间有限,教师在讲授核心数学知识的同时,要额外融入数学文化内容,往往会因为时间不足而只能简单提及。此外,教师在如何设计教学活动以有效结合数学文化方面也面临挑战。许多教师缺乏将数学文化与具体教学内容有机结合的经验和方法,导致在课堂中实现两者的深度融合较为困难。

四、数学文化融入小学数学教学实践的有效路径

(一)拓展数学文化资源

在小学数学教学中,拓展数学文化资源途径是丰富课堂教学内容和提升学生数学素养的重要手段。为了更有效地将数学文化融入日常教学,可以从以下两方面入手。

1. 以教材为基础,梳理数学文化内容。

对于大多数小学数学教师来说,系统地学习和掌握大量的数学文化知识是一个不小的挑战,尤其是在时间和精力有限的情况下。因此,最为直接和可行的路径是以现有的数学教材为起点,梳理数学文化内容。以青岛版小学数学教材为例,其中涉及的数学文化内容多达几十处,涵盖了丰富的数学历史和文化背景,如表4-2所示。

表4-2 青岛版小学数学教材数学文化内容及数量分布

年级	数学文化数量	数学文化内容
一年级上册	3	①与9相关联的古代建筑②数学符号0③甲骨文数字与算筹

年级	数学文化数量	数学文化内容
一年级下册	3	① 古代计时工具② 算筹计数③ 知识
二年级上册	1	① 九九表
二年级下册	5	① 算盘② 埃菲尔铁塔③ 磁悬浮列车④ 七巧板⑤ 克和千克
三年级上册	2	① 分数的表示方法② 人体肌肉、骨骼
三年级下册	5	① 各种计数方法② 量和单位国家标准③ 自然数与整数④ 一年的天数⑤ 载人航天工程
四年级上册	4	① 计算器② 韦达与字母表示数③ 耗电④ 循环小数与循环节
四年级下册	4	① 完全数② 哥德巴赫猜想③ 负数④ 剩余定理
五年级上册	5	① 经线和纬线② 方形西瓜③ 皇冠的秘密④ 三庭五眼⑤ 黄金比
五年级下册	5	① 圆② 鸡兔同笼③ 反比例图像④ 比例尺分类⑤ 转化

教师应首先掌握教材的数学文化内容,并在此基础上,主动寻找这些内容与教学知识点之间的内在联系,实现数学文化的有效融入,从而帮助学生在学习数学知识的同时,感受数学的历史和文化魅力。这样不仅能让教师更高效地使用已有资源,还能逐步积累对数学文化的深刻理解,形成将文化内容与教学无缝衔接的能力。

2. 开发数学文化读本,提供教学资源。

为方便教师更好地在课堂上应用数学文化,开发针对不同年级和教学内容的数学文化读本是一种有效的策略。读本可以系统地整理与小学数学相关的数学文化元素,如数学家的故事、数学原理的历史背景、数学应用的趣闻等,这些通俗易懂的内容适合小学生的认知水平。教师可以直接将这些读本的内容作为课堂教学的补充材料,省去了大量搜集和整理资源的时间和精力。读本的设计应注重与教材内容的结合度,确保教师能够轻松找到与当前教学主题相关的文化内容,从而更有针对性地将其融入课堂。如我们组织全区骨干教师一起开发了1~5年级《数学超好玩》数学文化读本。针对青岛版五年级上册教材主要编写了下面的内容。

目 录

图 4-2 青岛版五年级上册《数学超好玩》读本目录

数学文化读本的编制为教师融入数学文化提供了极大的便利。如学习"数对"一课时,当学生认识了数对后,教师展示读本中的《笛卡尔与数对》。故事讲述了笛卡尔一次生病期间的思考。他虽然卧床不起,但思维依然活跃,脑中思考着一个问题:如何将点与数联系起来。某天,他注意到一只蜘蛛在屋角,蜘蛛拉着丝垂下,并时而向上攀爬、左右移动。蜘蛛的运动启发了笛卡尔,他意识到可以把蜘蛛视作一个点,而它的位置可以通过一组有序的数字来确定。由此,他创建了数对表示平面上的点,发展了直角坐标系。这个故事不仅展示了笛卡尔的观察力和创造性思维,也让学生意识到生活中许多发明与创新都源于对自然的观察和思考。这不仅丰富了学生的知识视野,也培养了他们的观察能力与创造思维。数学文化读本不仅是教学资源的有效补充,也是促进学生全面发展的重要工具。

(二)聚焦课堂教育教学

在小学数学课堂教学中,适时融入数学文化,不仅可以帮助学生更深入地理解数学知识,还能促进学生创新思维和批判性思维的培养,从而全面提升学生的数学素养。这种文化融入不仅丰富了课堂内容,还为学生的全面发展奠定了基础。通常,一节常规课可以分为激趣导入、学习新知、巩固提升和回顾梳理四个环节。教师可以在这些环节中灵活地引入数学文化,真正发挥数学文化的教育价值。

1. 创设生活化情境,渗透数学文化。

情境教学是数学教学的重要手段,有助于学生用数学的视角去观察和理解现实世界。小学数学教育主要以感性认识为基础,教学内容大多源于日常生活。因此,在教学过程中创设贴近学生日常生活的情境,融合数学文化元素,可以有效帮助学生更好地理解数学知识,并体会到数学在生活、科技和社会进步中的重要作用,理解数学学习的价值和意义。

如教学"等量代换"这一课时,教师创设了换零钱的趣味游戏,让学生初步体会"换"思想的本质——"等"。

师:大家喜欢玩游戏吧,猜猜我带来了什么?(神秘)100元的人民币!我觉得面值有点大,谁能帮我把它换成零钱?

生1:两张50元的。

师:真简洁!还能多换几张吗?

生2:10张10元的。

师:聪明!好办法!还有不同的换法吗?

生3:5张20元的,或者1张50元加5张10元的。

师:一下说出两种换法,真了不起!你真是善于观察生活的孩子!还有不同的换法吗?

很多学生跃跃欲试。

师:真的要谢谢这么多热情的同学们帮助我!其实呀!我想用它换11张10元的,行吗?这位男孩儿,你愿意跟我换吗?

男生:……(犹豫)

师:你在犹豫!那女孩儿你愿意跟我换吗?

女生:(摇头)

师:你也不愿意?为什么都不跟我换?

生七嘴八舌:这样就比100多啦!都110了,不公平啦!

师:噢,那你吃亏了,聪明!那多不换,少了换吗?

生:(摇头)不行!只有相等才能换!

师:原来简单的"换"中还有这么多学问啊!这节课咱们就一起来研究巧妙代换吧!

"换零钱"这个小游戏不仅激发了学生的学习积极性,还让学生在轻松愉快的氛围中进入课堂学习。在游戏过程中,学生潜移默化地体会到只有在价值相等的情况下才能进行兑换,为接下来进入更有意义、思维含量高的问题情境做好了铺垫。这种深入浅出的设计有效地为学习新知识打下了坚实的基础。

2. 新知学习融入数学文化。

探究新知是课堂教学的关键环节,是学生能力培养和发展的重要阶段。在这一环节中融入数学发展的文化内容,要求教师不仅拥有丰富的数学文化知识,还须具备将这些内容与教学紧密结合的能力。历史上,许多数学问题早已有了解决方案,但这些方案并非唯一。教师应鼓励学生尝试不同的解法,并与古代数学家的智慧进行对照,深入理解数学思想的多样性和深度,从而促进学生更好地掌握数学知识和思维方法。通过这种整合,教师能够帮助学生拓展知识边界,提升数学思维的层次。

如学习"圆的周长"时学生在经过对所测量数据的初步分析后,建立起了圆的周长总是直径的 3 倍多的模型,并初步利用这个模型来解决生活中的问题——算黑板上圆的周长。在解决问题的过程中,学生感知到"用 3 倍多"来解决问题是不够严谨的,毕竟是大约的数。

然后教师先从《周髀算经》中的"圆径一而周三"入手,让学生感知到自己初步测量的结果已经在两千多年前得以应用。在大家都认同不够准确的情况下,再次引导学生探索"还有什么好办法能帮助我们知道这个 3 倍多一点到底是多多少。

图 4-13 《周髀算经》

在学生经过质疑后探索、思考,仍研究不下去的情况下,教师及时引出古代数学家刘徽的割圆术。刘徽找到了一个非常特殊的图形,正六边形。他把正六边形放到圆的里面,发现正六边形的周长和圆的周长很接近,不过,要比圆的周长小一些。刘徽把圆心和正六边形的顶点连接,发现就是圆的半径,把圆心与正六边形所有的顶点连接后,发现,这样就把正六边形平均分成了 6 个等边

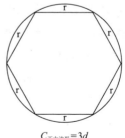

$C_{正六边形}=3d$

图 4-14 刘徽割圆术

三角形。等边三角形的边长都是圆的半径 r,也就是正六边形的边长就是圆的半径 r。这样刘徽就算出,正六边形的周长等于 $6r$,因为 $d=2r$,也就是正六边

形的周长等于 3d。那圆的周长就是直径的 3 倍多。

学生在对"割圆术"的初步感知中，也能发现圆的周长是直径的 3 倍多，与之前的研究结果一致，在关注了学生情感态度的同时又提出了新的问题：接下来刘徽会怎样研究？学生在猜想、思考、探索中理性精神得到很好的发展。

"他猜想，这个 3 倍多应该是一个固定的数，于是，刘徽继续研究下去，他又研究了正 12 边形，正 24 边形，尽管已经很接近圆的周长了，但还是有差距，他又研究了正 48 边形，还是有差距，一直研究到正 3 072 边形。最后刘徽计算出圆的周长是直径的 3.141 6 倍。"

学生在推理中发现，正多边形的边数越多，周长就越接近圆的周长，但始终有差距。有了这种敢于质疑的思想，再引出祖冲之的进一步研究，学生的思维得到进一步释放，这个 3 点几倍有了确定的范围。最后通过介绍现代计算机的研究，引出 π 的产生，学生经历了完整的知识产生过程。

学生在经历历程、感知过程的环节中，不断质疑、进行推理，在感受古人研究成果的同时积极寻求解决问题的有效办法，学会质疑他人的观点，不盲从，不轻信，通过质疑和反思去进一步探索事物的本质规律，初步养成反思意识和批判意识，体会得出结论或检验真理要有事实依据，要以事实作为结论的支撑，培养实证意识和实事求是的理性态度。

3. 巩固练习融入数学文化。

巩固练习环节是帮助学生强化新知识、深化学习内容的重要部分，同时也是对新授内容的有益延伸。在学生的问卷调查中，有近八成的学生表示希望数学练习中能融入一些与数学故事或经典数学问题相关的内容。因此，教师可以在设计练习题和作业时，加入一些数学文化的元素。将数学文化融入小学数学的练习设计中，不仅能够展现其丰富的文化内涵，还能帮助学生培养人文精神和核心素养。如教学"两、三位数除以一位数"时，在学生理解了竖式的算理后，教师出示数学文化读本中的《古时候的除法竖式》让学生阅读，学生们通过阅读了解到《孙子算经》中"筹算"计算 4 391÷78 的方法（图 4-15）和清代《御制数理精蕴》中"归除"计算 384÷16 的过程（图 4-16）。

在对古代算法进行解读的基础上，教师引导学生结合现在的竖式和古代的竖式思考，《孙子算经》中筹算运算过程、《预制数理精蕴》中的计算过程和现在的竖式，有没有相通的地方？通过对比，学生惊奇地发现，无论是古代的竖式，还是现在的竖式，它们的算理都是一样的，都是依次平均分计数单位的过程，只不过记录的方式不同。我们现在是用"厂"字来记录，依次往下除，而原来是用简单的上下记录的方法，都是记录了除法的运算程序（都是记录了平均分计数单位的程序的过程），从而体会到数学的发展就是随着人类生产生活的推进，不断在优化、简洁，慢慢走向方便大家使用、通用的数学语言。读本使教师能更高效地将数学文化融入小学数学教学，使学生进一步了解了数学的发展史，增强爱国情怀和民族自豪感。

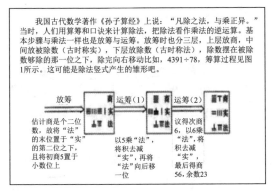

我国古代数学著作《孙子算经》上说："凡除之法，与乘正异。"当时，人们用算筹和口诀来计算除法，把除法看作乘法的逆运算。基本步骤与乘法一样也是放筹与运筹。放筹时也分三层，上层放商，中间放被除数（古时称实），下层放除数（古时称法），除数摆在被除数够除的那一位之下，除完向右移动比如，4391÷78，筹算过程见图1所示。这可能是除法竖式产生的雏形吧。

放筹　运筹(1)　运筹(2)

估计商是个二位数，故将"法"的末位置于"实"的第二位之下，且将初商5置于小数位上

以5乘"法"，将积去减"实"，再将"法"向后移一位

议得次商6，以6乘"法"，将积去减"实"，最后得商56，余数23

图 4-15 《孙子算经》中"筹算"
计算 4 391÷48 的方法

图 4-16 《预制数理精蕴》中
"归除"计算"384÷16 的过程"

4. 回顾梳理融入数学文化。

作为课堂教学的收尾阶段，总结拓展环节的目的是深化课堂内容，帮助学生构建系统的知识网络。需要强调的是，课堂的总结和延展并不是学习的终结，而是为了让学生在课堂结束后仍然保持浓厚的学习兴趣，继续探索和思考，实现思维的进一步拓展。因此，教师在这一阶段可以巧妙融入数学文化，通过展现数学知识背后的故事和背景，使学生对知识的理解更加立体和深入。此外，数学知识的发展过程往往包含了许多曲折和探索，这些内容可以为教学提供启发，帮助教师预判学生在学习过程中可能遇到的挑战和困惑，并提前设计好相应的应对策略，以便更好地引导学生拓宽思维视角，提升认知水平。

如学习了"两、三位数除以一位数"，即将下课时，教师引入了学习文化。

师：同学们，学习了这么多知识，下面来轻松一下！其实今天的除法计算是经过数千年慢慢发展而来的。你想知道我国古代人是如何计算除法的吗？下面跟随我国古代著名数学典籍《孙子算经》的脚步一起来看。（播放视频）

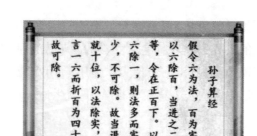

图 4-17 《孙子算经》中的除法运算

师：这段话是文言文，翻译一下。"法"就是除数，"实"是被除数，"假令六为法，百为实"，就是用 100 除以 6 为例，"以六除一，则法多而实少，不可除"意思就是先算百位上的 1 除以 6，不够除，"故当退就十位"就是当不够除时，就要把 1 个百细分成 10 个十，再和十位上的 0 合起来，"言一六而折百为四十，故可除"意思是 10 个十除以 6 商？余下 4 个十，余下 4 个十怎么办？细分成 40 个 1，和个位上 0 合起来，用 40 个 1 除以 6，商 6 余下 4 个 1。同学们看，古代除法和我们今天除法的道理和方法一样吗？

生：完全一样。

师：孙子算经中对除法的记载比欧洲早了 2 000 多年。

同学们都惊叹：我们的古人多么聪明呀！

教师借助视频资料介绍《孙子算经》除法计算，深挖背后的文化内涵，同时以"100÷6"为例，引导学生经历古人的计算过程，经过交流探讨，剖析背后的计算道理，促使学生加深对算理和算法的理解，为该节课的学习形成完美闭环。同时也让学生了解我国古人对数学发展作出的杰出贡献，培养科学严谨的探究精神，感受数学中的中华优秀传统文化，激发民族自豪感。

又如学习"长方形和正方形的面积"一课时，当学生已经会用公式熟练解决问题后，教师引入数学文化。

师：今天我们研究了长方形和正方形的面积，其实关于长方形和正方形我们的古人早都已经开始研究了，一起来看（课件播放《九章算术》资料链接：早在 2 000 年前，我国古代数学专著《九章算术》中记载："方田术曰：广从步数相乘得积步。"方田，即指长方形，广从即长方形的长宽，也就是说长方形的面积等于长乘宽）。

师：你看懂了吗？谁来说说你的理解？

生 1：方田就是指长方形。

生2：我觉得"广"和"从"分别指长方形的长和宽。

生3：我们的古人很伟大。

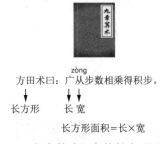

图4-18 《九章算术》中的长方形面积计算

总之，教师根据教学内容，合理融入数学文化教学，不仅可以使学生感受到数学的和谐美与独特魅力，激发他们的求知欲望和探索兴趣，还能促进学生数学能力和综合素养的全面提升。

（三）设计多样化实践作业，探索数学文化

为了使作业更好地适应不同学生的成长需求，教师应精心安排，如书面作业、科学探究和社会实践等各种类型的作业，力求让每位学生在多样化的实践中获得发展。

例如，在学习"长方体和正方体的表面积"之前，教师可以提前布置实践作业：让学生回家把长方体和正方体的六个面展开，并画出展开图，比一比谁找到的展开图最多，并根据展开图的特点进行分类。这个作业不仅让学生在动手制作、观察和分类的过程中，进一步巩固了长方体和正方体的几何特性，还为即将学习的表面积计算奠定了基础，从而进一步培养了学生的动手操作能力，发展了空间观念。在学习了"长方体和正方体的表面积"后，教师还可以鼓励学生进行更深入的探究，比如在家中或社区中观察不同形状的物体，并思考它们的表面积如何计算，这种实践性作业可以有效拓展学生的学习视野，让他们体会到数学与现实生活的紧密联系。

此处，教师可以布置搜集与数学文化相关的资料进行阅读。在此基础上，教师还可以激励学生开展创意活动。例如，制作数学小报、撰写数学日记或围绕数学家主题撰写小论文。在编制数学小报的过程中，学生可以以小组为单位进行合作。团队成员可以分工明确，有的负责资料收集，有的则专注于小报的排版和美化，这样不仅提升了活动的趣味性，也丰富了他们的课外学习体验。此外，教师还可以组织班级活动，鼓励学生分享他们了解的数学故事。在"讲

数学故事"的环节中,学生不仅可以传达故事的趣味,还能体会到其中蕴含的数学思想。这种活动不仅增强了他们的表达能力,也激发了对数学的浓厚兴趣。

多样化的实践作业,不仅激发了学习兴趣,还可以引导学生自主查找资料、调查研究,学会从中筛选出有价值的信息,提出问题并明确解决问题的思路。在这个过程中,学生不仅能够掌握数学知识,还能了解背后的数学文化,逐步提升自己的数学文化素养,形成更全面的数学认知体系。

第三节　小学数学作业改革

作业是数学教学的重要组成部分,是学生获取、巩固和应用知识的有效手段,同时也是课堂教学的延伸与深化。长期以来,作业被视为课堂学习的必要补充,许多教师认为每天布置一定量的作业就能确保学生的学习效果。然而,随着新课程改革的不断推进,那些机械重复、忽视学生个体差异的传统作业形式,渐渐失去了吸引力,难以激发学生的学习热情。许多学生在作业中表现出字迹潦草、应付了事等现象,导致作业质量不佳,甚至引发厌学情绪。面对这些现象,我们不得不深刻反思:如何改革作业的形式,设计出更有意义和挑战性的作业,从而激发学生的学习兴趣?探索多样化和个性化的作业设计,是当下教师亟待思考和破解的难题。通过创新和优化作业设计,我们才能真正让学生爱上学习,主动在知识的海洋中遨游。

一、小学数学作业现状与思考

(一)小学数学作业布置存在的问题

1. 作业形式单一、重复、枯燥。

当前的小学数学作业多以教科书某页的练习题或简单的复印试卷为主,常常是从第几题做到第几题,内容侧重于传统的计算题和机械的题型,缺乏灵活性和多样性。这种单调的作业设计显然已经无法满足新时代教育的需求,更难以促进学生思维能力和应用能力等综合素养的全面提升。同时,这样的作业设计也违背了小学生以兴趣驱动学习的特点。枯燥单一的作业不仅让学生感到厌烦,失去了探索的兴趣,还让他们将作业视为一项无聊的任务而非充满挑战的学习活动。学生常常只是应付了事,特别是高年级学生,这种现象更加严重。

这样的作业设计不仅削弱了学生的积极性,还扼杀了他们的学习热情和探索精神。

2. 作业量大,用时过长。

有的教师为了提高学生的成绩,采用以量取胜的方式布置大量的数学作业,希望通过反复的练习来达到学习效果。然而,这种做法却容易让学生产生疲惫和焦虑感,极大地消磨了他们对数学的好奇心与求知欲。在繁重的作业压力下,学生的学习兴趣逐渐被磨灭,变得不再主动积极,转而采取机械式的完成方式,急于交差,而忽略了对数学概念的深刻理解。这不仅影响了学生的数学学习体验,更阻碍了他们未来的学习发展,逐步让他们对数学学科产生了畏惧和排斥心理。

3. 作业评价形式单一。

当前的作业评价普遍存在单调乏味的问题。具体表现在,一是许多评价仍然停留在分数和对错的层面,教师往往只注重作业的正确率,忽视了对学生思维过程、解题方法和创新性的评价。这样的评价方式无法全面反映学生的真实能力,容易使学生将注意力过分集中在分数上,而忽视对知识本质的理解和思考能力的培养。二是评价手段缺乏多样性,主要依赖书面作业的批改,缺少口头反馈、课堂互动评价以及学生自评和互评等多元化的方式。这样一来,学生的个体差异和不同的学习需求得不到充分关注,评价失去了个性化和针对性,无法有效促进学生的全面发展。三是作业评价模式过于依赖标准答案,忽视了解题思路的多样性。不同学生可能通过不同途径得出正确答案,而教师对这些不同思路的认可度较低,导致学生的创造性思维受到了压抑。

（二）原因与思考

面对上述种种问题,教师们也感到无奈。学校考核的单一性仍然存在,成绩依旧是评价教师的唯一标准,分数成了学生和教师共同的压力。虽然课改进行了几年,但这种状况并没有明显改善。目前,许多数学教师一人承担两个班的教学任务,每天批改近百份作业,常常是上完两节课稍作休息后就要坐下来继续批改,有时一节课的时间都不够,遇到其他事情冲突时,一上午的时间很快就过去了。尽管如此,教师们很少抱怨累,日复一日坚持着。学生问:老师,你为什么不能不布置作业? 教师问:现在的学生怎么越来越难管了呢? 这些现状促使我们教师反思,并从自身寻找原因。

思考一:作业布置的越多学生就一定会越来越好吗?

思考二：作业非得动笔写吗？

思考三：作业一定要教师布置吗？

思考四：作业批改能再多元化吗？

基于目前小学数学作业的现状与思考，我们开展了小学数学作业改革的实践探索。

二、小学数学作业设计原则、路径与内容

（一）小学数学作业设计原则与路径

1. 趣味性原则。

兴趣是学生最好的老师，也是学习活动的催化剂。基于此，教师在设计作业时，要遵循学生的年龄特点，让学生在完成作业的过程中体会数学学习的乐趣，激发学生写作业的兴趣，让学生有主动完成作业的欲望。传统的作业因其单调乏味而常常使学生感觉压力很大，而富有趣味性的作业设计可以有效减轻学生的心理负担，让他们在享受乐趣的同时学到知识，有效地消除了他们对作业的畏惧和反感，实现了寓教于乐的教育目标。

2. 多样性原则。

小学生保持注意力的时间相对较短，面对单一形式的学习内容，很难持续保持高度的兴趣和求知欲。为了有效解决这一问题，教师在设置作业时应遵循多样化的原则，通过丰富作业形式和内容，让作业更加多元和有趣。这不仅可以检验学生的多方面能力，还能激发学生在做作业过程中的新奇感和学习动力，进而提升作业的完成质量。

3. 层次性原则。

正如世界上不会有两片完全相同的雪花一样，每个学生也都具有独特的个性和能力。教育工作者需要认识到：受学习基础、思维品质、智力因素、家庭环境等诸方面的影响，学生学习数学、应用数学的能力是有很大差别的。因此，我们不能期望所有学生在所有方面都能达到同一标准，而应该尊重每位学生的个性差异，采用合理的教学策略帮助每位学生在其能力范围内实现最大限度的成长。教师在进行作业设计时，应遵循儿童差异，采用分层次的原则来进行。传统的作业设计往往一刀切，缺乏个性化，很容易导致优生"吃不饱"，学困生"消化不了"的局面。而分层作业适应每位学生的学习需求，促进他们的个性化发展。

基于以上作业设计原则，我们组建团队，学习课标，明确方向。选取各年级

教研组长、骨干教师组成设计团队,大家在研读新课标的基础上,明确作业设计的目的不仅仅是让学生获得知识,同时要锻炼"思维"、发展"智慧"、解决"问题"、培养"情操",要突出基础性、层次性、选择性、实践性与发展性。为此我们把作业设计为5类:检查性作业——检查性;自主性作业——选择性与层次性;实践性作业——应用性;数学小屋——反思性作业,数学小报——发展性作业。

(二)作业内容与实施

1. 检查性作业——检查性。

(1)数量要求:每周不少于2次,每次不少于4题(四则混合运算及解决问题不少于2题)。每周不少于2次是按照学期上课周次累计,学习内容中某个单元教学内容实践性突出,不适宜书面作业的,该周可能无书面检查性作业。

(2)内容要求:检查性作业重视课堂学后的检查与反馈,因此,要求教师在备课中精心设计,改变目前存在的重新知的学习过程,忽视练习设计的目的性和针对性,作业设计反馈的有效性。

(3)质量要求分以下3点。

关于内容质量,检查性作业重在作业内容的代表性、准确性,因此建议教师不要将判断、选择之类的内容作为检查性作业(选择与判断主要用于思维交流碰撞,学生抄写原题要花费时间)。

关于评价质量,检查性作业目的在于检查教师教与学生学,因此,评价要适时,要得法。评价改革的重点应改变只关注结果不看过程,简单地判定对错的做法。教师通过适当的途径和方法,引导学生反思过程及错误原因,实现自我反馈矫正、自我发展之目的。每次作业的总结性评价在目前通用的甲、乙、丙、丁等级基础上,探究出一种有利于激励学生反思、感悟、奋进的符号或言语,以培养学生良好的作业情感、态度与价值观。

关于学生书写质量。需要解决两种思想认识上的问题。第一,有的教师让学生先在练习本上做一遍,再抄写于作业本上,这种做法不是教育者育人之法,我们在真正的竞争活动中,在社会生活中,再来一遍的机会是少之又少的。因此,应该要求一次成功。第二,学生书写与思考习惯、态度需要培养,好的学校从上学之日抓起,在一年级学生打下汉字与数学运算符号、数字等书写基础,二年级形成良好的作业品质。好的教师以身作则,在平日的板书等活动中规范规矩,学生耳濡目染,半年改变接手时的局面,学生逐步养成好的习惯与态度。这些,不需要做假即可得来。作业同其他教学活动一样,好的教师教方法,教习惯。如果我们不为学生的成长负责,只是负责应付检查,学生的作业素养永远得不到切实培养,我们的目的——有效的检查与反馈指导,就会落空。

2. 自主性作业——选择性与层次性。

内容要求:自主性作业是在教师的科学调控下,学生有选择的习得活动。作业内容来自三个方面。第一,来自教师的统一内容。在课堂教学中,有的学习内容学生当堂消化不及时,四基(基础知识、基本技能、基本思想、基本活动经验)落实欠火候,需要放学回家继续操练和体会。第二,来自教师统筹的菜单性内容。在课堂教学中,某些学生已达标,某些学生未达标,教师可设计不同层次、不同深度要求的菜单式作业,让学生去自主选择或半自主选择。第三,完全来自学生自我定位、自我发展的选择(有时优等生无作业,可选智力趣题)。

自主性作业质量及评价要求如下。

家庭作业也是学生习惯养成的有效途径,也要有良好的作业规范(做前的审题、布局谋篇、做中的书写质量等),我们要告诉学生,自己的作业可能要给家长看,给教师看,作业仔细认真既是自己才学的展示,又是尊重别人的良好行为表现。书写潦草、随心涂改,反映出自己对自己不负责任。

作业评价:教师批阅或在教师指导下学生评价(例如,本周选出的"学科小博士"在教师指导下批,教师全部审查圈阅),采用等级+评语的评价方式。

3. 数学小报——突出发展性。

作业数量:每个学期,学生办 1 期数学小报。

作业质量及评价如下。

内容充实:学生需要通过查阅书籍、上网搜索等途径,收集与数学相关的各种资料,如数学家的故事、有趣的数学现象、生活中的数学应用以及具有挑战性的数学问题等。在搜集的过程中还要着对搜集的信息进行筛选,找到最有价值的内容。同时,学生也可以在小报中表达自己对某些数学问题的独特见解,展示在解题过程中使用的巧妙方法,分享对数学现象的深入思考。

动手绘制:在制作数学小报的过程中,学生不仅要撰写文字内容,还需要为小报配上手绘插图和设计版面,使小报图文并茂、生动有趣。通过绘制相关的图表,学生能够更好地理解数学概念,并学会用图形表达抽象的想法和思维过程。在这个过程中,进一步培养学生的审美能力和绘画技能,也增强了他们用多种形式表达数学思想的能力。

交流分享:在制作小报的过程中,学生需要分工合作,互相分享资料和想法,讨论小报的内容和版面设计。这为学生提供了更多合作和沟通的机会,培养了他们的团队精神和合作能力。特别是在最后的成果展示阶段,学生之间的交流与反馈达到了高潮,这种互动不仅帮助他们改进小报内容,还增进了彼此的友谊。

总结反思:每学期1期的数学小报制作完成后,教师会对学生的成果进行总结和评价。认可学生的努力,鼓励办报优秀的学生,促使学生对自己的学习过程进行反思,找到自己的不足和需要改进的地方,为今后的学习提供宝贵的经验。

4. 数学小屋——突出反思性。

数学小屋数量:要求每两周至少1次。

数学小屋内容:主要是写自己在学习活动中的阶段性感悟反思或收获。它也是本次作业改革的一个创新,学生起初写起来可能无从下笔,需要引导。因此,初次作业之前,教师可以在班上召开一个交流会,让学生随便谈一个数学学习活动中的发自内心的话题,教师参与对话与交流,通过交流与对话引领学生有感而发,使"数学小屋"成为学生心灵成长的营养库。数学小屋对学生的发展、教学的改进,具有如下积极的作用:一是学生在课后及时对所学内容进行回顾与思考,优化了认知结构,有助于学生形成良好的学习习惯;二是数学日记加强了师生间的情感交流,有助于教师掌握学情和学生的思想动向,进行个别辅导和指导。

如有的同学在数学小屋中写道:"在这一段我学会了用比例知识去解答问题,这部分知识简单……但同时我也发现了一些问题,比如在用比例尺求实际问题时,单位的转换十分麻烦,如果化错了,那么这一道题就错了……"可见,学生在总结感悟,在成长。

5. 综合实践性作业——突出实践性。

实践性作业数量:每学期2次。

实践性作业内容:作业应围绕教学内容与教材主题活动展开,注重动手实践与应用能力的培养,可设计生活应用类、动手操作类作业等。

如,学习了"分米和毫米"后,教师可以布置以下实践作业:① 找一找生活中长度接近1分米的物品,比如铅笔的长度、书本的宽度等接近1分米。② 用尺子测量家里常见物品的长度(如橡皮、钥匙、勺子等),并记录它们的长度,分别以分米和毫米为单位表示。③ 和爸爸妈妈一起猜一猜1毫米有多薄?试着找几张纸叠在一起,用尺子测量它们的总厚度,计算出一张纸的厚度大约是多少毫米。通过这些活动,感受分米和毫米的应用场景,让学生体会生活中处处有数学。

三、小学数学作业的实践与思考

任何一项新的改革,把握不好,就容易走极端。如何指导教师在课堂教学中用好作业本?如何用评价引领学生更好地完成作业,让学生在作业中提高,在评价中发展。作业改革中应做到以下几点。

(一)转变教师作业观念,努力提高作业实效

"不求花样,讲求实效;不做样子,学练结合"是我们在作业方面对教师提出的要求。任何一项新的改革,把握不好,就容易走极端。因此,为了树立教师正确的作业观,我们首先要求教师明确:作业改革的目的就是为了减轻负担,提高效率。因此不要把作业当做负担,怎么有利于培养学生的良好习惯,怎么能提高教学效率就怎么做。为此,在作业方面我们提出了以下三个"重视"。

1. 重视做作业时机的有效性。

作业改革之初,有些教师往往有这样的顾虑:作业一定要在课堂上看着学生写,确保内容准确无误,确保本子崭新整洁。于是很多教师把应该放手让学生自己回家做的作业也放到课堂内去做,甚至做重复性作业。为此,我们对教师提出了这样的要求:不怕本子不新,就怕作业无效。我们提倡教师们放开手脚,找准做作业的最佳时机,不能每样作业都单独拿出课堂时间由教师领着做,那样教学时间不允许,教学效率不高,也不利于培养学生的自主学习能力。

2. 重视作业内容的科学性。

我们倡导教师要求学生认真书写,但是不允许教师为了作业美观好看让学生做重复性劳动。比如数学的检查性作业,以往教师总是为了美观而怕学生出错,因此不惜花费课堂教学时间让学生照着练习本上的题目抄写。如今我们要求教师明确:作业的目的最重要的就是检测学生的学习情况,因此不怕学生出错,关键要看是否通过检查性作业真正检验出学生真实的学习水平,坚决杜绝教师让学生重复做已经做过几遍或做没有任何检查价值的题目。如果全班学生的检查性作业都很少出错,那就失去了作业的真实性,没达到检查性作业的真正目的。

3. 重视实践性作业的设计与规划。

作业是课堂教学的延伸和继续,是提高课堂教学效率的重要手段和保证。而实践作业设计并没有体现出作业的这一重要属性,时间长了,反而给学生增

加负担。为此,实践作业的设计要关注以下几点。

（1）增设活动引领,明确作业要求。单纯的巩固性练习作业,不必给学生做过多说明,学生也知道怎么做。但是实践性作业,教师常常说了要求,学生也不会记住多少,在做作业时就毫无头绪。因此,在实践作业上适当地增加活动引领,不但能帮助学生理清作业思路,还能帮助学生搭建起课内学习与课外实践的桥梁,从而实现课堂教学的延伸。

比如二年级实践作业"神奇的小棒",活动引领:① 联系实际生活想一想,你准备拼什么图案? ② 看一看,你拼的图案美不美? ③ 算一算,一共用了几根小棒? 你是怎么算的? ④ 从图中找一找,你找到了哪些关于角的信息?

第 1 个小提示:联系实际生活想一想,你准备拼什么图案? 提醒学生在做作业之前,先做好计划,想好要拼的图案。第 2 个小提示,提醒学生作业要设计得美观大方。第 3、4 两个小提示,是为了激发学生思考,逐渐帮助学生建立作业与所学知识之间的联系。因为二年级的这次实践作业是在学生学习了乘法口诀和角的初步认识以后设计的,所以在思考用了几根小棒时可以用到所学的乘法口诀的知识,在思考找角的相关信息时,联想到角的相关知识。

再比如,学生在学习了东、西、南、北四个方向以后,设计"猜猜我家在哪"实践作业,总共有三步活动引领,分别是"看一看""画一画""猜一猜"。"看一看",是引领学生在做作业前,先进行观察,观察一下自己家的东、西、南、北分别有哪些明显的建筑物,培养学生观察能力的同时也为做作业提前做好准备。"画一画",是引导学生将观察的生活中的关于方位的知识抽象到纸上,调动了学生眼、脑、手多种感官参与学习,充分发挥学生的主动性、积极性。最后的"猜一猜"是提醒学生,这份实践作业最后要呈现在小伙伴的面前,让小伙伴根据你画出来的图案猜出你的家在哪,所以在画的过程中,就要尽量把方位画准、选择小伙伴们比较熟悉的景物,等等。实际上,潜意识里也在提醒学生换位思考,你在完成作业的同时,作为一个旁观者,该怎样通过方位图来判断家的位置。这样的引领使得学生在做实践作业时,能有全面、深入的思考。

再如中高年级的实践作业,因为要比低年级探究的知识复杂一些,所以要提前做的准备就多一些。比如三年级"变化的影子"在设计作业时,先帮助学生做好计划,让学生明确本次实践活动的目的以及活动时要准备的物品。

实践作业大多时候需要课后完成,设计活动引领能让学生明确作业的主要目的、内容,让学生了解活动步骤,有利于增加学生的探究兴趣,激发学生的活动积极性。

（2）设置作品展示区，提供展示平台。根据每一次实践作业的目标和内容，设计相应的作品展示区，除了想督促学生更好地完成作业，也给学生提供了展示研究成果的平台。

低年级手工制作类的实践作业可以直接设置作业展示区让学生把成果直接呈现出来。如"神奇的小棒""猜猜我的家在哪儿""图形变变变"……

探究类的实践作业，可以通过环节的设计引领学生体验探究过程，在过程中将自己的所思、所想及时记录下来，作品的呈现方式也可以多种多样。如一年级"找找周围的数"，学生可以把在生活中找到的数画下来，也可以剪下来直接粘贴。中高年级"测量进行时"，学生可以把活动过程中比较重要的时刻拍下来，贴在作业本上；"我的记录"，学生可以随时将实践活动中的重要数据记录下来；"活动过程"，学生可以把活动的过程简单梳理一下；"活动感悟"则是引导学生及时进行反思总结，可以写一写活动过程中新的发现，或是失败的体验等等。

设置作业展示区主要是以学生作品的形式呈现的，就是创意设计之后的物化成果。督促学生运用所学知识和技能，从单一而抽象的理论学习，转变为多元而具体的实践操作。引领学生全身心参与实践活动，激发学生的探究欲望，让学生在充满乐趣的氛围中完成作业。

（3）开设收获专栏，引领沟通反思。开设收获专栏，其实是想让学生对整个活动过程以及活动成果进行再审视，思考活动过程或作品的合理性，找到实践作业与数学学科知识之间的联系，是一个自我反思内化的过程。

低年级主要注重内容上的反思，如"神奇的小棒"收获专栏：让学生自己思考一下，摆是什么景物，一共用了多少根小棒，在这幅图案中有几个角，分别有几个锐角，几个直角，几个钝角。还有一年级的"摆一摆，数一数"收获专栏里让学生数一数，每种图形各用了几个。"找找周围的数"让学生写一写，在生活周围哪些地方找到了数，都找到了哪些数。针对低年级设计这样简单明确的谈收获的专栏帮助学生沟通生活与数学之间的联系，让学生体验到数学并不陌生，数学来源于生活，同时也让学生获得成功的满足感。

对于中高年级谈收获版块来说，我们考虑得比较多，既要注重内容方法的反思，还要注重学生情感体验方面的领悟。如四年级的"消费知多少"，交流反思版块第一部分通过对前面的调查统计，先让学生从直观上进行对比：自我对比、全班对比、与父母的收入相比，我的消费是怎样的。第二部分我们给学生提供相应的小资料，让学生再与资料中贫困地区的孩子们的现状进行对比。引领学生从自己的小家庭中走出来,放眼整个社会,学生立刻就有了鲜明的对比,受到了强烈的情感冲击,然后让他们及时写出自己的体验和感悟,这时,学生们的思考是更深层次的。这个环节的设计无形当中向学生渗透了德育教育。

作业设计是教学设计中的一个重要环节,我们要转变思想,树立新的作业观,用心设计出适宜学生的实践作业。

(二)创新作业评价方式,激励学生快乐学习

1. 评价内容多维化。

谈到作业,教师和学生往往把重点放在对错上。因此,在作业评价时,内容应尽量多元化,不仅要评估作业的正确率,还应关注学生的态度、书写习惯以及思维习惯等方面。例如为了养成学生认真书写的良好习惯,每项作业我们都要评价学生的书写质量,作业虽然有错误,但是态度很认真,书写很工整的学生,我们也会给予"书写小明星"的评价;对于善于思考,有自己独特见解的学生,我们会给予"思考小明星"的评价;有些学生虽然思维不敏捷,但是计算细心准确,我们则鼓励他为"细心小明星"。同时还要关注后进生,只要有进步,我们都及时鼓励。从不同的侧面对学生给予评价和鼓励,切实增强了学生的自信心。

2. 作业评语的具体化。

作业评语,教师要本着实用、有效的原则,不要求每次都写,教师要结合实际情况,选择写与不写。评语要有针对性、具体性,让学生清楚了解自己作业中的优缺点。同时,教师还要善于发现学生的闪光点,及时用评语激励学生。教师的评语一般包括以下几种类型:一是表扬性评语。即学生表现非常优秀时,教师及时给予表扬肯定。例如:你不但字写得漂亮,而且把春天描写得如此美丽,你真是一个小作家! 二是激励性评语。即当学生有所进步时,教师要用语言肯定学生的进步,激发学生的自信心。三是启发性评语,当学生作业存在问题时,教师要结合实际问题,对学生进行启发点拨,让学生能从教师的评语中受到启发和感悟。例如,学生数学作业上有这样一道错题:一根火腿肠50(千克)。教师在旁边做了这样的评语:"老师的体重才50千克多一点,你再想一想。"四是沟通性评语。这类评语不仅仅局限于作业,而是拓展为作业以外的其他方面,比如学生的课堂听讲、学习习惯等方面:"你的作业写得很不错,可是最近老师发现你上课总是愣神,老师真为你着急,有什么心思吗? 可以和老师讲一讲。"教师通过作业评语这一途径与学生进行交流,或表扬或启发或提醒,真正让作业评语成为师生沟通的一座桥梁。

3. 评价过程层次化。

作业评价中,我们强调学生的纵向比较,要求教师引导学生定期回顾自己的作业表现并进行总结。例如,在数学自主性作业中,可以根据学生一个月来的表现,评选出"思考小明星""细心小明星"等,以此激励学生不断进步,提升他们的学习积极性和自我反思能力,培养了学生的竞争意识和良好的学习习惯。

除了平时的定期总结评价外,学期末还将进行期终总结性评价,根据学生作业情况评选出每学科的优秀作业,如数学作业荣誉称号为"小小数学家",学校将对这些同学颁发荣誉证书并予以物质奖励。每一次总结与评价,都成为促进学生反思与提高的"加油站",促使学生在比较中树立信心,在评价中不断进步。

(三)我的思考

(1)教师要转变观点:在注重教师引导的基础上,把作业"还"给学生。

(2)要强化两个作用,全方位调动积极性和主动性。

第一个作用,领导的指导、引导作用。首先,领导要对数学作业改革的大政方针要通透,这样才能宏观调控才能到位,指导才能到位。其次,领导要亲力亲为,全面了解把握学校目前小学数学作业的改革进展情况,并能充分运用好从而能给予必要的指导。其次,要注意正确利用好学校平时的作业检查,作业检查不仅是发现问题的手段,更是指导教师优化作业设计的重要环节。

第二个作用,教师的主体、主动作用。我们的实验离不开教师思考,如果教师对实验有良好的情感、态度与价值观,就会主动去想、去做。

附实践性作业案例

身高与影长有什么关系

放学了,我和表弟走在回家的路上。太阳快下山了,忽然,地上一长一短的影子,引起了我的注意。我们刚刚学过了"比"的知识,我和表弟一高一矮,我们的影子一长一短,影子和我们的身高之间是不是也有什么比例关系呢?

我让弟弟在外面等着,我跑回家拿来卷尺,叫上好朋友王迪和姜山,我们组成小组开始量身高和影长。我们轮流扯起尺子量,另外一个人负责记录。我们记下了测量的结果:

王迪身高约 1.36 米,影子的长约 0.68 米;

姜山身高约 1.5 米,影子的长约 0.75 米;

表弟身高约 1.3 米,影子的长约 0.65 米。

我们仔细分析了这组数据,发现身高和影长成正比例:身高越高,影子越长。

为了再一次证明我们的发现,我们又请求小区的一位李阿姨帮我们一个忙,让她与我们合作再来验证。她很高兴答应做我们的"实验品"。

李阿姨的测量结果出来了:身高 1.6 米,影子的长约 0.8 米

她的身高和影长再一次证明我们的发现是对的。她的身高和影长也符合这个比例关系。

这真是一个令人惊喜的发现。我们高兴极了。这下我们可以通过影长知道好多高的物体的高度了。

看看四周,我们小区的花坛里有一棵大树。我们整天爬到上面玩,但是并不知道它具体有多高。我们扯开尺子,仔细量了量,树的影子长约 2.2 米,根据我们所学的比例知识,我们算了算。

身高:影长 = 树高:影长

1.6:0.8 = 树高:2.2

求出树高等于 4.4 米。

我们用这个方法,又量了我们住的这栋楼的影长约 9 米,算出了我们住的楼高约 18 米。

今天真是开心。我和小伙伴们一齐合作测了好多影子和物体。真实地体会到了这些具体的高度。感觉自己真伟大,这真有点像阿基米德所说的:"给我一个支点,我可以撬起一个地球。"

用所学的数学知识来解决我们周围的问题,数学可真有趣!

第五章
反思提升

美国教育心理学家波斯纳曾指出,缺乏反思的经验往往是狭隘且肤浅的知识。他提出了教师成长的公式:成长＝经验＋反思。在教学实践中,每一个细节都蕴含着教育理想、教学艺术和课程理念。通过观察和研究这些细节,教师能够激活自身的经验,唤醒沉睡的知识,与课堂教学实践进行对话。这种教与思、思与改的过程,有助于提升教师的教学水平和思想境界。教学是一门艺术,是艺术总会有缺憾,但如果教师能够反思并优化不完美的教学环节,课堂教学必然会精益求精,从而提高教育质量。对教师而言,专业成长的过程实际上就是持续反思自身教学实践的过程。在反思中发现和解决问题,调整和改进教学方法,教师能够不断超越自我,追求卓越,成为更具智慧和能力的教育者。这正是教学反思的意义和价值所在。

第一节　教学反思与教师成长

教学反思既可以反思自己的教学,也可以反思他人的教学。自我反思是内省,通过外在的实践内化为个人经验或教训,从而使反思更加深刻。对他人的反思是借鉴,通过观察思考别人的教学实践,借鉴其优点来反思自己的教学方法。这种对照不仅能拓宽教师的视野,还能丰富自己的教学经验。教学反思的内容广泛,不仅包括对教学理念、知识、能力、态度的反思,还包括对教学内容、行为、方法的审视。其核心标准在于教学活动对学生发展的影响与作用。教师应以服务学生和对学生负责为最终目标,围绕这一目标对教学内容、策略、行为及管理进行深入审视,并对自身的教学行为及其依据进行自我诊断、监控与调整。通过反思,教师能够识别并纠正教学中的不足,从而改进和优化教学过程,提升自己的教学能力和水平,最终更好地促进学生的发展。

一、教学反思促进教师专业成长

于漪老师曾指出:"教学能力和教学水平并非一蹴而就,它们是在不断纠正错误中提升,在努力克服疏漏中增强。"他强调"吃一堑长一智"的道理,认为定期回顾教学中的不足与失误,能帮助教师变得更加聪明,考虑问题时也更加周全。教师的专业素养要迅速提升,离不开教学反思。通过自我反省,教师能够更有效地将内心的领悟转化为实际的教学行为。

下面是我执教"真分数和假分数"的一个片段。

课上,我给每个学生提供了一张大小、形状不同的纸,让学生任选图形表示出下面的几个分数。学生操作完后,进入接下来的交流环节。

师:为什么大家都不选择$\frac{5}{4}$这个分数呢?

生1:因为老师只给我们一个图形,表示$\frac{5}{4}$还不够。

是呀,一张纸怎么可能表示出$\frac{5}{4}$这个分数呢,这正是我预设的答案。突然,有个男生高高举起了手,嘴里喊着:"老师,我有不同意见。"

生2:我认为这个同学说得不对,正面涂完了,我们可以在反面再涂一份啊。我没选,是因为我觉得涂5份太麻烦了。

说完后,这个学生环顾左右,扬扬得意地坐下了。显然他的答案是不对的,但这确实是我没有预想到的。当时我稍微顿了一下,随即面向全体学生。

师:对于他的想法,你们有什么意见?你们觉得他这样表示$\frac{5}{4}$对吗?

生3:我不同意,因为$\frac{4}{4}$表示的是1,$\frac{5}{4}$肯定要比1大才行啊!

生4:我也认为他说得不对,一个图形就只能表示单位1。

生2:我同意你们的意见,看来我这个小聪明不太聪明啊,这样表示的分数还是$\frac{4}{4}$。

针对课堂教学中的这一"意外事件",课后我进行了反思:课堂教学是一个动态生成的过程,即使课前备课再充分、考虑再周全,也难以完全预料课堂真实情形。在备课时,我原本计划通过一张纸来限制操作,以便他们在选择中发现假分数的独特之处，却未曾想到他们会有如此多的想法。幸运的是，我及时抓住了这一生成资源，引导学生在交流中深入理解假分数的含义。对于回答错误的学生，我没有直接批评，而是通过交流让他们自己认知错误的本质，最终他意识到："看来我这个小聪明不聪明啊。"通过这次经历，我意识到，读懂学生，我还只停留在表面上。备课时教师应当多预设几种学生的思路，同时，面对学生的奇思妙想时，还需要不断提升自己驾驭课堂的能力。

除了自我反思课堂教学，我们还可以通过观察他人的课堂实践，内化别人的经验，将他们的经验教训转化为前行的指引。

下面是我在听一节公开课时，看到一位老师在巩固练习阶段，用奖励来激发学生学习兴趣的一个小片段。

师："今天老师为小朋友们准备了一份特别的礼物，凡是表现优秀的小朋友都可以得到它。"学生们个个摩拳擦掌、跃跃欲试，做起练习来也是全神贯注。奖品是什么呢？教师利用多媒体，制作了一个充满情感的动画水果："你真棒，奖励你一个大香蕉！"看到这个，学生们哄堂大笑。我也不禁会心一笑。心想：这种奖励方法高效，省时、省力，还能照顾到每一个学生，以后我也可以试试。正当我这么想着的时候，却听到一个小小的叹息声："哎，骗人，全是假的。"声音虽然微弱，但坐在台下的我听得清清楚楚。接下来的时间里，我明显感觉到，学生的学习热情和专注度远不如之前。

针对学生这一声叹息，课后我进行了如下反思。

苏霍姆林斯基曾说："如果你追求的只是表面的、显而易见的刺激，以此引起学生对学习和课堂的兴趣，那么你就永远不能培养起学生对脑力劳动的真正热爱。"小星星、小红旗、小红花……这些五花八门的奖品的确能让课堂"活"起来，学生"动"起来。但在这"活"的背后，我们应该思考：学生的学习兴趣，究竟是因为师生共同创造的学习过程而生，还是因为外在的诱惑？学生的学习动机分为内在动机和外在动机。内在动机源于学习者对所做事情本身的兴趣，因而较为稳定、持久；而外在动机则具有很大的可变性。如果我们的课堂总是依赖外在的物质刺激来激发学生的学习热情，久而久之，会不会让他们逐渐丧失那份与生俱来的学习热爱呢？从那声微小的叹息中，我们是不是也应该有所领悟呢？

关注人的发展是新课程改革的核心理念。课堂上，教师通过多样的手段来激发学生的学习兴趣，这无可厚非，但我们不能过度依赖这些手段。真正让学生爱上学习的，是教师的人格魅力和用心设计的教学环节。以情动人，以情激趣,让学生在探索新知的过程中,感受到思考的快乐,这才是课堂的真谛。

教学是艺术,课堂教学永远是一门遗憾的艺术。然而,如果我们每节课后都能及时反思,我们就能在这些遗憾中找到改进的方向和新的灵感。反思不仅让我们找到解决问题的路径,还能让我们在不断探索中感受到教学的乐趣。若我们能一直坚持这么做,堂堂反思,点点积累,如此,教师的专业知识将日益丰盈,教学态度将更加严谨,教学水平也将在潜移默化中得到飞跃性的提升。

二、教学反思促进教学艺术养成

教师经常对自己的课堂教学进行反思,不断总结经验教训,并相应地调整和优化教学策略,就能逐步增强驾驭课堂教学的能力。反思让教师更深入地理解和处理教材,开发出个性化的教学方案,构思出新颖的教学思路,并采用更贴近学生实际、更高效的教学方法,营造多样化的学习体验。通过这一过程,课堂教学变得更加生动有趣,教学效果更加显著,教师也逐渐形成了独特的教学风格,从而全面提升了教学质量。

下面是王老师执教"三角形的认识"的一个教学片段。

这个环节主要是让学生在操作中认识三角形特征——稳定性。教师先让学生小组活动:给学生提供了学具,学生分别搭出三角形、四边形和五边形,试着拉一拉,交流自己的发现。接下来进入全班交流环节。

师:哪个小组愿意交流你们的发现?

生1:我们小组发现四边形、五边形能拉动,而三角形拉不动。

师:你能给大家展示一下吗?

(生分别拉动平行四边形和三角形、五边形)

师:你们的发现和这个小组一样吗?教师微笑着巡视全班同学。

这时一个男生突然举起手,大声说:老师,我不同意。三角形他拉不动,是因为他没有用劲,如果让我拉,就能拉动。

学生大笑起来,听课教师也笑了,我不禁为王老师捏了一把汗,显然学生不理解三角形的特性。如果是我的课堂,我会怎么处理,我的大脑也在飞速思考。没想到王老师不慌不忙,微笑着对那个大男孩说:你可以使劲拉,但你能做到不破坏这个三角形,还能把它拉动吗?男孩摇摇头,不好意思地坐下了。

师:刚才大家都用三根小棒摆出了一个三角形,请你们把刚才摆好的三角形描画下来,再用这三根小棒摆一摆,看能不能再摆出一个和刚才不一样的三角形,四边形也可以这样摆一摆,动手试试吧。

学生又开始了操作。一会儿就有学生喊着：老师，所有的三角形都是一样的，四边形能摆出很多种。教师让学生展示了他们拼的图形。

师：因为当三角形的三条边确定了，它的形状也就确定了，而四边形的四条边定了，却可以摆出不同的四边形。所以三角形稳定性是指图形确定了，就不会再变了，拉得动与拉不动是它的表现形式，而四边形容易变形，正是因为四条边确定了，图形是不确定的。

随后，王老师又微笑着面对刚才那个男生，现在你明白为什么三角形拉不动了吗？

生：我知道了，这个拉与我的力气大小没有关系，而是因为三条边确定，就只能摆出一个三角形。

听课老师和学生又会心地笑了。

面对课堂的意外情况，我钦佩王老师的镇定与从容，以及他灵活应变的能力。他没有将学生的不同见解视为错误，而是顺势引导，让学生在实践中深入理解稳定性的本质。课后，我找到了王老师，问他当时学生那么说时，他是怎么想的。他平静地说："没什么，备课时我已经预见到这一点。"正是这样，才将学生的思维引向了正确的方向，这就是教学的艺术。

在王老师的教后记中，我读到这样一段话："我教三角形的知识已经很多年，但今天却被学生的思维所启发。幸好，我这次备课准备得更充分，才能在课堂上应对自如。教材中以四边形能被拉动而三角形无法拉动，来学习三角形的稳定性显然是不合适的。实际上，三角形的三条边决定了它的形状，这才是三角形稳定性的本质。看来，只看看教材就想上好课越来越困难了。唯有多读书、多思考和深入研究学科知识，才能不断提高自己的专业能力，才能在讲台上自信地服务于学生的成长与发展。"

在面对名师的课堂时，我们常常会感叹："我怎么没有想到呢？"这种感慨不仅是对名师高超教学技艺的钦佩，也反映了自己在备课和教学思考上的不足。如果我们在备课时，能够像名师一样认真推敲每一个教学环节，不仅要关注教授的内容和方法，还深入思考学生对知识的理解和学习方式，那么在面对动态生成的课堂时，我们或许也能灵活调整教学策略，做到因材施教。名师在课堂上的每一个精彩瞬间，背后都离不开他们日复一日地默默耕耘和积累。曾经有人问一位名师："这节课上得这么好，你花了多长时间备课？"名师回答："我一生都在备这节课。"这句话道出了名师对教学的理解与投入。有这样几次实践和反思，教师的教学艺术水平会发生质的飞跃，教学思想也将提升到一个新的高度。这样的成长不仅能更好地成就学生,也能使教师自身不断进步。

三、教学反思促教科研能力提升

作为教师,我们的日常工作主要围绕教育、教学和教研三大方面展开。然而,很多教师往往只注重完成教育和教学任务,而在教研方面的投入较少。随着新课程改革的推进,不再做教书匠,要做研究型教师,已经成为时代的要求和教师的责任。教学工作是辛苦的,甚至是单调的,每天重复着备课、授课、批改作业和辅导学生,很容易让人失去激情。教研同样不轻松,它要求教师不断学习和钻研,而教学反思恰恰能帮助教师走出这种困境。在反思的过程中,教师不断提升自我,修炼自我。通过反思,教师可以提升发现问题、收集与处理信息的能力,总结经验的能力,以及文字表达的能力,最终增强教学研究的水平。

那么,教师应该如何开展教学反思呢?反思的内容十分广泛。教师可以从自身的教学情况、学生的学习状态、授课内容、教学方式和技能等方面着手。如反思这节课是否达到了预期的效果?哪些地方还需要改进?对教学重、难点的处理是否到位?这些思考正是教育教学研究的起点,从而有效推动教学工作的深入发展。

在青岛版教材一年级数学上册的"老鹰捉小鸡"一课中,学生需要体会基数和序数的含义。课堂上,教师借助多媒体辅助教学,引导学生观察情境图,通过问一问、数一数、说一说等环节学习新知。然而,由于年龄小,一节课下来,学生显得无精打采,课堂纪律也难以维持,教师则疲于维持课堂秩序,精疲力竭。下课后,这位教师无奈地抱怨学生不听话。由于我和这位教师关系较好,我随口问了一句:"这个课件花了不少时间吧?"她叹道:"可不是吗?花了好几个晚上的时间。"于是我建议:"为什么不让学生下来自由玩一玩呢?""不行,那样课堂岂不更乱了?"

这节课给了我很大的触动。教师确实辛苦,但换个角度思考,学生是不是也很累呢?一年级的学生要坐40分钟,看着课件学习,他们能保持兴趣吗?备课时,除了关注"教什么",是否也应考虑学生的心理特点,思考"怎么教"呢?孔子说:"知之者不如好之者,好之者不如乐之者。"兴趣是最好的老师。若教师能抓住低年级学生的特点,让他们在活动中学习数学,效果会更好、更持久。

简短的反思,不仅让我重新审视自己的课堂,也促使我关注更多同事的课堂。我发现:小学数学课堂上依旧是教师讲得多,学生动手机会少,学生往往处于被动接受知识的状态,缺乏主动性。为了改变这种教学现状,在理论学习的基础上,我和教研组的教师们共同确立了区级小课题研究:"新理念下小学数学体验式教学方式的研究"。三年来,我们以新课程理念为指导,以课堂教学为阵地,以转变教师教学行为为目的,开展了小学数学体验式教学方式的研究与探索。通过研究,初步探索出"提供生活化的学习材料,在情境中体验;提供展示机会,在实践中体验;提供生活场景,在应用中体验"的教学策略。构建了"创设情境,发现同题—合作探究,解决问题—归纳总结,应用拓展"的教学模式。围绕"教学目标、教学过程、教学效果、教师素养"等四个方面制定了体验式课堂教学评价标准,编写了"学生数学学习评价手册",对学生采取了形成性评价。通过对体验式教学方式策略的研究,促进了教师教学方式的转变,规范了教师的教学行为,提高了课堂教学效率和教学水平。同时也促进了学生学习方式的转变,提高了学生的综合能力。在这个研究过程中,我的《让学生在体验中学习数学》发表在《烟台教育》第 10 期、《浅谈"体验学习"在小学数学教学中的应用》获山东省教科所一等奖,《分类》教学设计在市《教学设计与实施》一书中发表,《买文具》教学设计在区《教学设计与实施》上发表,《留给学生发展的空间,欣赏学生成长的快乐》《和学生一起走进生活》在区《教学设计与反思》上发表,《学具使学生对学习更有兴趣》获全市优秀学具教学论文一等奖,执教的"分类"分获省公开课、市优质课。

从课堂观察到课后反思,再到课题研究,在这一过程中,不仅提升了我的教学能力,也让我实现了从教书型教师到研究型教师的蜕变。课堂观察让我了解了学生的学习状态和学习需求,教学反思促使我探寻改进教学方法和策略,课题研究让我从理论的层面深入思考教学现象,并最终找到解决问题的钥匙。教学反思让我成长,让我在教育的道路上不断前行,成就了更好的自己。

附:小学数学体验式教学活动纪实

追寻生命化的数学课堂

数学是什么?在许多人心中,数学是枯燥乏味且深奥难懂的,他们认为数学就是做不完的题、抽象的概念、烦琐的公式、冷冰冰的符号。因此,很多学生看到数学就头疼、害怕。难道就没有办法让学生喜欢数学,觉得数学很简单、很有趣吗?为了赶走数学在学生心目中的阴影,牟平区实验小学的全体数学教师努力为学生营造一种全新的数学课堂,确立了"生活即课堂"的观念,提出了"小学数学体验式教学方式的研究"。教师们在提高自身教学素质的同时,不断地把学生从课内引向课外,让学生在活动、游戏、操作、实践中体验数学,和数学交朋友。

课前——关注经验,引导体验。

小学生由于缺乏生活经历,有些知识理解起来相对比较吃力。如果教师在学习新知识前,能组织学生去参观、搜集相应的数学素材,让学生增加感性认识,学生学起来就会游刃有余。

场景一:学校游乐场上,学生们两三个一组井然有序地排着队在玩着跷跷板,每个人的脸上都毫无嬉戏的表情,有的是一种认真凝重的思索神情。你可不要以为这是幼儿园的小朋友们在做游戏,这是一年级的小学生在学习轻重的知识时所进行的实地感受,少了教师空洞的说教,收获了一份沉甸甸真实的感受。

场景二:放学一回到家,学生就开始找硬纸板,画一画、剪一剪,还不时地让爸爸、妈妈们来帮帮忙。原来这是在学习"时、分、秒"这节课之前,教师布置学生回家自己做一个钟面。学生在做钟面的过程中,不仅初步认识了钟面上有12个大格、60个小格,了解了一个完整钟面的基本构成,还在做的过程中锻炼了动手能力,体验了数学学习的乐趣。

场景三:银行里,清晨就迎来了一群天真活泼的学生。原来,学习"利息"这部分知识之前,为了让每个学生提早对利息这部分知识有所了解,教师发给4个小组每组100元钱,让学生们以小组为单位利用双休日时间到银行去了解有关储蓄的知识,并把一百元钱存上。然后,比一比哪个小组了解的储蓄知识最多,哪个小组存一百元钱得到的利息最多。学生们一个个争先恐后地问这问那,还不时地在小本子上写着什么。在了解银行工作人员的基础上,学生们拿回了定期、活期储蓄存款、取款凭条。

"体验性学习"的过程也就是"体验—认识—再体验—再认识"的过程。课前这种看似简单的引导体验,不仅让学生对新知的学习积累了感性经验,还让学生体会到数学与生活的联系。

课内——让学生在体验中享受数学。

课堂作为学生学习的主阵地,应当涌动浓浓的生命气息,鲜活、明亮、打动人心。因此,课堂上,我们努力为学生提供生活化的情境,让学生主动进行观察、猜测、实验验证、推理与交流,让学生在体验中享受数学。

场景一：教室里，"同学们，昨天你们过得开心吗？老师把你们的快乐用相机记录下来，这节课，我们就一起看看，好吗？"听到这儿，你会不会以为这是一节语文课？不是，这是一节数学课。为了让学生能更清楚地理解基数和序数的意义，教师以"快乐的一天"为主题，结合教材情境，设计了"美好的早晨""老鹰抓小鸡""育课跑步""护绿活动"等情境串，由情境串中发现数学问题，并组织学生针对问题展开游戏活动，从而让学生在轻松愉快的氛围中学习了新知识。

场景二：操场上，没有观众的呐喊声，三四十个同学围着跑道在跑，你可不要以为这是运动员在训练，这其实是学生们在实地体验"1千米"。学生对千米的感受就是"很长"，到底这个"很长"是多长，如何把这个"很长"刻画在学生的脑海里？教师把学生带到了操场上，让学生在跑一跑、比一比、说一说的过程中逐步积累了对100米、200米、500米、1千米长度的认知，从而让抽象的长度单位变成学生眼中看得见、摸得着的知识，进一步加强了数学与生活的联系。

场景三：实验室里，这是在做什么呢？又是沙子，又是杯子，又是水的，你可不要以为这是一节科技课！哦，原来这是学生学习计算圆柱的体积时，在做小实验呢！

在这里，课堂既是数学的，又是生活的。有直观的动手操作，也有理性的总结归类，有合作，也有自主探究，个性化的思维一一闪现，而生命就在思考、完善、寻求优化的过程中得到了充实。

课后——让体验伴着学生走向成功。

清脆的晚学铃声响起来，实验小学的学生们高高兴兴地排着队走出校园。这时，往往是很多家长们最上火的时候，怎么了？作业呀！孩子们不爱写呀！可今天，你再看看，孩子们忙得是不亦乐乎呢！刚学完了长度的单位分米、厘米，学生就在家找到了它们，用手比量，再用尺子量，家里的每件小物品都不放过；认识了方向与位置，你瞧，这路上就和妈妈讨论起来了，我们这是往哪个方向拐，那又是往哪个方向走，那份自信与自豪着实让人感动。当我们把学生从以"练"为主的机械操作式的作业模式中解脱出来的时候，你会发现，学生真的是爱做作业的，而且做得很好。

镜头一：在家里，你瞧，学生们又是写又是画的，在完成美术作品吗？原来，这是学生们在为自己出题呢。设计的题目是"猜猜我是谁？"学生们先画出几种可爱的小动物，在小动物身上写上"我比45多36"，下面再写上式子。第二天，当我把作业收上来的时候，我感觉今天的作业真的就像美术作品展，从某种意义上说,这浪费了学生很多时间,可学生喜欢。

镜头二:超市里,今天小学生出奇得多,要过六一节了吗? 不是,原来,这是学习了"元、角、分"后,教师给学生的又一个实践作业。周末,学生和家长一起到超市购买周末家庭必需品,并简单记录花了多少钱,周一到班上交流自己的这次购物体会。少了家长的那份督促,多了份参与的喜悦。这样的作业学生又怎能不喜欢呢?

镜头三:咦,今天五颜六色的彩图布满了教室。原来,在学习了"轴对称图形"后,教师布置学生自己课后创造一些轴对称图形,然后让他们用自己的作品布置教室的四周。有的学生用两个数字4拼出了一个牛的头,有的学生用数字3拼出了一朵花,还有的学生剪出了好多窗花,师生共同欣赏着、评论着他们自己的作品,在享受美的过程中,学生不断发出"啊"的感叹声。

一张张照片留下了学生在课堂上活跃的身影;一本本数学日记记录着学生参与活动的场景……而今,当数学教师拿着书本走到教室时,学生会欢呼,太好了,又上数学了。学生不怕数学了,学生喜欢数学了。课堂上,是他们高高举起的小手,"老师,我来说","老师,我有不同意见"……学生的思维活跃了,表现欲增强了。

正像苏霍姆林斯基所说的:"体验的快乐是一种巨大的力量,它可以促进儿童好好学习的愿望。请你注意无论如何不要使这种内在力量消失,缺少这种力量,教育上的任何巧妙措施都是无济于事的。"愿每位走在教学前沿的教师,都能信任学生,还他们实践的权利,激发他们内在的心理动力,增强自信心、自尊心,学生的整体素质将在体验学习过程中不断提高。

第二节 教学反思与学生成长

教学反思就是教师对自身的教学实践进行回顾、审视、分析和评价的活动。这一过程不仅帮助教师不断认识、反省和调整自己的教学行为,还促成了师生之间的对话与理解。教师与学生作为"学习共同体",平等参与学习过程,进行心灵的沟通和精神的交融。因此,教学反思不仅对教师的专业成长至关重要,对学生的成长也具有深远影响。

随着2022版课标的实施,教师应以核心素养为导向,立足于学生的需求,以新课程理念为指导,培养学生运用数学视角观察和思考现实世界的能力。教师须对自己的教学行为、决策以及由此产生的结果进行审视和分析,从而促进学生的全面发展和健康成长。

教学实践中教师应从以下几方面进行反思,以提高学生的数学核心素养。

一、拓展学习空间,激发学习兴趣

数学在日常生活中无处不在,它不仅仅是书本上的知识,更涵盖了逻辑推理、空间思维和数据分析等方面。数学不仅是一门学科,更是一种思维方式、一种解决问题的工具。通过数学学习,学生可以提升逻辑思维和抽象思维能力,从而更有效地理解和应对生活中的各种问题。因此,数学学习是一个人全面发展的重要基础。

然而,在实际数学学习中,许多学生对数学的兴趣和积极性不高,面对需要思考的问题常常选择回避,而不是主动探究。这种状况显然无法满足社会的需求,也与当前数学新课程改革的精神相悖。要改变这一现象,教师首先需要自我反思:自己是不是一个喜欢思考的人?是否充分发挥了对学生的潜移默化的影响?苏霍姆林斯基曾指出,有经验的教师会努力做到,在学生热爱的学科中,教师所掌握的知识要远超教学大纲的要求。著名特级教师吴正宪深受师生喜爱,不仅因为她的才华和学识,更因为她的高超教学艺术。她能用热情感染学生,将趣味和幽默融入课堂,使教学充满情感色彩,激发学生的热烈讨论和积极发言,从而提升他们的学习兴趣。

同时,教师还须反思以往单一的教学模式,尝试多种教学方式,以拓展学生的学习空间,丰富他们的知识积累和文化底蕴。通过多样化的教学方法,教师可以激发学生的学习兴趣,培养他们的自主探究能力,使教学效果更加显著。

(一)拓宽教材广度

所谓拓展教材的广度,并不是要增加知识的难度,而是结合某一个知识点的学习进行拓展,让学生不仅知其然,更知其所以然。如"3 的倍数特征"这节课,在学生总结了 3 的倍数的特征,并通过练习巩固了知识后,教师又把 2、5、3 的倍数特征用课件呈现,让学生在观察的基础上质疑:为什么 2 和 5 的倍数的特征只看个位,而 3 的倍数的特征却要把各个数位上的数字加起来呢?教师结合课件边演示、边讲解,让学生发现:2 和 5 倍数特征,因为十位、百位上的数肯定都是 2 和 5 的倍数,而能否被 2 和 5 整除,关键在个位,因此只看个位就可以了。3 为什么不行呢?又通过课件演示,学生发现各个数位上的数字恰恰是每个数位上的数除以 3 剩下的数,而我们相加的其实是每个数位上的数除以 3 后剩下的数。教学到此,学生不仅学到了知识,更理解了知识背后的道理,感受了数学的美,多年以后,学生可能不能用语言表述 2、3、5 倍数的特征了,但这个学习探究的过程学生会记忆犹新。

(二)开展多彩活动

生活中处处有数学,生活有多广阔,数学就有多广阔。学生不仅可以在课堂上学习数学,还可以在生活中学习数学。教师应培养学生用数学的眼光观察生活的能力,参加多种学习活动。可以分年级开展"生活处处有数学"的综合实践活动,如低年级在学习了"1-5 的认识"之后,让学生回家"讲讲生活中的数",布置学生回家找一找生活用品和学习用品中有哪些可以用 1 表示,有哪些可以用 2、3、4、5 表示,找到后要跟爸爸、妈妈说一说。学习了"分类比较"后,设计了"我是妈妈小帮手"的实践作业,引导学生回家帮助妈妈整理衣橱,鞋柜、书柜,给家里的衣服、鞋子、书进行分类整理。在教学"认识位置"后,为了巩固学生准确运用左右、上下、前后这些方位词描述物体间的相对位置,教师设计了"我做小导游"的实践作业。中年级的"年、月、日的秘密""度量衡的故事",高年级进行"校园平面图"等活动,让学生在观察、搜集信息的基础上,进行交流,展开相应的活动。通过这些活动,学生能深刻感受到数学在生活中的广泛应用,激发学生学习数学的兴趣。随着新课程提出跨学科学习,学校还把数学与劳动、科学等学科有机地整合在一起,开始了从种到管理、收获、义卖的活动,学生在这一活动中,进一步体会了数学的乐趣。同时,为了提升学生的数学学习兴趣,学校还开展了"我是讲题小能手"的活动。如把每周三晚变成"小老师"讲题日,题目由教师出或学生自选两种方式交替进行。学生在家长的协助下进行讲题录制,并把录制好的视频发到班级群里进行分享展示。教师根据学生的讲题视频进行点评,及时鼓励评价,并在此基础上选拔优秀选手参加校级讲题大赛,给学生提供更大的展示平台。这不仅是一种互相学习的途径,更是培养学生竞争意识的有效方式。在互相切磋的过程中,进一步培养了学生的思维与语言表达能力。

(三)开设数学读书角

为全面提升学生的核心素养,开阔学生的视野,还应加强对学生数学阅读能力的培养,为学生开设数学读书角。教师可以从数学文化的角度,匹配学生的学习内容,建构起集数学名家、数学名题、童真童趣等为一体的读本系列。如有的学校向学生推荐了我国著名科普作家李毓佩教授的一系列图书,低年级推荐读《李毓佩数学童话集》和《奇妙的数王国》,中高年推荐读《李毓佩数学故事系列》(中年级)和《李毓佩数学故事系列》等图书。同时还鼓励学生搜集与数学相关的趣味小故事、趣味数学日记、小笑话等,激发学生对数学阅读的兴趣;制订阅读计划,指导学生通过圈点勾画,读写结合,手脑并用,促使学生养成良好的学习习惯。

根据学生年龄特点,我们还定期开展丰富多彩的阅读活动,让学生在活动中体会阅读的乐趣。如低年级举办"数学故事比赛",中高年级举办"数学小报比赛""数学讲题比赛""数学情景剧比赛""数学小论文评比"等一系列的活动,拓展学生的思维和视野,锻炼学生的创新思维能力,增强学生的创新意识和实践能力,学生在持续的活动中受到了不同层次的教育。

(四)设计别样作业

多样化的作业形式,使学生将完成作业的过程,变成主动探究知识、增加知识积累的过程。例如:学习圆柱体表面积这一课时,教师提前让学生回家找一个圆柱,给这个圆柱穿上漂亮的外衣,并能说明这件外衣的穿戴过程。这种集操作、思考、表达于一体的作业,让学生不再把作业当做负担。又如在学完"认识图形"后,教师设计了"立体图形创意拼搭"的动手操作作业。学生回家后,找到一切可以利用的长方体、正方体、圆柱、球等物品,搭建自己喜欢的模型,然后拍照在班级群里晒一晒。有的学生用水桶、茶叶筒、收纳盒、小皮箱、胶带等创造了一辆一米多长的火车;还有的学生用小包装盒、瓶装口服液、乒乓球创造了一个小巧的机器人;有的用奶粉罐、漏斗、纸箱等创造了一个仿佛能冲上云霄的火箭;有用圆柱形的药瓶做轮子,大小不同的纸盒做机身、用塑料管做炮筒做了一个战斗力强劲的坦克……学生在充满创意的拼搭中,积累了丰富的感性经验,发展了空间想象能力和创新能力,为后续学习立体图形的表面积、体积等知识打下了坚实的基础。又如一年级在学习"认识位置"后,为了巩固学生准确运用左右、上下、前后这些方位词描述物体间的相对位置,有的教师设计了"我做小导游"的实践作业。学生当导游并拍摄小视频,介绍在不同场所,自己所在位置上下、前后、左右的具体情形。这样的作业甚至让学生在游乐场玩耍时,都不忘拍摄视频做导游。别样的作业不仅让学生在玩中积累了方位的直观经验,还让学生更喜欢数学,体会生活与数学的密切联系。

当然,开阔学生的数学视野、丰富学生的数学底蕴,方法和途径还有许多,我们教师应勤于反思、善于思考,为学生通往知识的殿堂铺路搭桥。

二、注重体验感悟，突出个性发展

最近，我观摩了特级教师许卫兵的一节"周长和面积"课。课始以师生齐唱古诗《春晓》引入新课。从一片不规则的桑叶逐步过渡到规则图形，学生通过说、做、画、唱、算等多种方式深入理解周长和面积的本质。尤其是许老师创编的童谣，让学生轻松愉快地掌握这两个概念。课看完了，但"周长和面积，图上二合一，周长是条线，面积一大片"的语句依然在我耳边回响。这不正是核心素养导向下的理想课堂吗？学生有了这样的体验，对周长和面积还会混淆吗？

然而，回顾我们的课堂，教师往往更关注教的过程，而忽视了学生的学习体验。课堂上，学生要么只是被动观察教师演示，要么在教师的指令下操作，学生的主体地位被忽略了。根据建构主义理论，学习应是学生主动建构的过程，因此，教学应让学生在体验中思考，在思考中理解。因此，教师要反思自己的教育理念。在备课时，考虑学生已有的经验与知识储备，哪些知识可以让学生自主学习，哪些需要教师的引导。还要考虑学生在接受新知识时可能出现的情况，以及教师应如何处理这些情况。课后，教师还须反思学生是否理解了知识，教师的引导是否得当，师生互动效果如何等。在不断反思中，促进学生数学能力的提升。

如教学"质数与合数"时，教师让学生依次用 2、3、4、8、9、11、12 不同数量的小正形拼长方形，并把拼好的长方形画在表格里，想一想，你有什么发现？

学生质疑：为什么有的数可以拼成多种不同形状的长方形，而有的却只有一种拼法？

教师不急于给学生答案，让学生在思考后小组讨论。

生 1：我发现 2、3、11 三个数只能写出一个乘法算式，而其他几个数能写出 2 个或 3 个算式。

生 2：我觉得和这个数的因数有关，2、3、11 这三个数只有两个因数，而其他几个数都有两个以上因数。

生 3：我觉得可能和这个数的因数有关，这三个数只有两个因数，而 4、8、9、12 最少是三个因数。

师：这仅仅是我们的猜想，是不是这样的呢？同学们自己选择一个数再试试吧。

....

师：如果让你给这些数分分类，你想怎么分呢？

质数和合数是两个抽象的概念，一节课没有教师的反复说教，学生在摆、想、分、说的过程中，经历了从几何直观到概念形成，实现了由形到数，从具体表征到抽象概念的华丽转身，完成了对概念的深层次理解。多年以后，也许这两个概念学生已不记得了，但这个学习的过程学生却会永生难忘。

再如，在教学"认识方向"时，有的教师只是让学生坐在教室里认识了四个方向。课后练习时却发现学生对于学校大门朝哪个方向，操场上每个方位都有什么，都说不上来。学生对方向的认识仅限于教室，出了教室多数学生对方向是模糊不清的。发现这一问题后，第二天活动课时，教师就领着全班学生走出教室，来到操场上，寻找太阳升起的方向，然后面向太阳站立。学生在讨论交流中，清晰明白了自己前面、后面、左面、右面各是哪个方向，再说说自己的家在学校的什么方向，学校的东、南、西、北面分别有哪些显眼的建筑物等。这样的互动和交流，使学生对前、后、左、右的认识与方向感建立联系，同时增强了学生对方向的记忆，提高了学生辨别方向的能力。

三、加强情感联结，走进学生心灵

"真教育是心心相印的活动，唯独从心里发出来的，才能达到人心灵深处。"回首34年的教学生涯，我一直都在努力地读懂学生，学着站在学生的角度看问题，多倾听他们的意见，和他们进行心与心的交流，让学生感受到教师是自己的人。

记得那是某年入冬以来的第一场雪，雪下得好大好大。望着窗外漫天飞舞的雪花，办公事的教师也坐不住了，纷纷站起来，走到窗边，面对着窗外，比比画画，兴奋地说笑着。

"报告"，随着一声清脆的声音，我班的中队长气喘吁吁地冲了进来，"老师，小朋友们都下去打雪仗了，我不让他们去，可是他们都不听我的，您快去看看吧！""什么，就这么短短十分钟的时间，从四楼跑到操场，也只能玩上三两分钟就得往回走了，那上课铃声一响，再一跑，这么大的雪，万一……"没敢想太多，我二话没说，转身和中队长匆匆地往操场上走去。一边走，我这气也不打一处来，这是怎么了，这些平时在老师眼中听话、懂事的学生，今天是怎么了，好像是一块商量好了要和我作对。这可是开天辟地头一次。看来我非得把他们好好教训一顿。

可是一出楼的门口我就怔住了，整个人就傻了。好美啊，空气格外的清新，清新的甜香沁人心脾，我不由地深深地吸了一口气。这纷纷扬扬的雪，像一片片白色的花瓣，被人从天空轻盈地撒下，遮蔽了阴暗的天空，挡住了灰蒙蒙的大地，将世界的污浊一扫而光，世界变得如此静谧，神奇。恍惚间人好像到了世外桃源，到了童话世界。真是一个粉装玉砌的世界。操场上的学生好像一个个精灵，欢声笑语像从遥远的另个一时空隐隐传来。人间？天堂？我不知身在何处。我的心好像一下子被净化了一般，心中的烦躁烟消云散，没有一丝丝的杂念。我像木雕泥塑站在那儿，真的不想破坏眼前这美好的一切。

"老师！"不知是谁先发现了我，几乎就在这同一瞬间，学生们手握雪球，头刷刷地转向了我。满眼兴奋地喊："老师，老师，你也来吧。"眼前的学生不正像那洁白的雪一样吗？他们的心中没一点点瑕疵。我怎么忍心……"你也来参加吧！"几个调皮的男生跑到了我跟前，"老师，和我们一起玩吧！""老师，老师！"学生们急切地喊着。"老师，我要向你扔雪球了！"看着我没有发火，学生们的底气更足了。"好，这节课，我们就一起打雪仗"，我不由自主地说。"太好了，老师万岁！老师万岁！"学生们一齐欢呼着。还没等我回过神来，"叭"一个大雪球一下子打到了我的眼镜上，我的眼前一片茫茫然，学生们笑得更欢了。但我丝毫也没觉得狼狈，也低下身子，用手握起一个雪球，向学生们扔去……

将近一刻钟的时间后，整个操场上就剩下我们一个班的学生了。也许有的教师会说，这不是耽误了上课时间吗？可如果把学生就这么呵斥到教室，试想一下，教学效果会怎样呢？恰恰因为我的理解，唤醒了学生内心的那份自觉与责任感。有的学生说："老师，这是数学课的时间呀，我们回去吧。""老师，全校学生都回去了，我们也回去上课吧。"我被学生们簇拥着走到教室，是少上了十几分钟，但相反，教学效率出奇地高。

这次与学生的雪中嬉戏，看似耽误了上课时间，但实际上却带来了意想不到的收获。学生不仅在玩中释放了学习的压力，还感受到了师生之间的平等与信任，从而让师生之间的情感得以升华。课堂也因此变得更加融洽和富有活力。那一刻，我明白了——教育的真谛在于平衡玩与学，让学生在游戏中收获快乐，在快乐中收获知识。

还记得那是一个大课间，一个小女生怯生生地走到我面前，小声说："老师，今天能不能不讲数学了？数学太难了，我听不懂，学不会。"看着她那双真诚的眼睛，我愣了一下。的确，最近学习了图形的面积，可有相当一部分学生常常混淆"面积"和"周长"的概念，尤其是在面对具体问题时，不知道该使用哪个公式来解决。经过简单的课前调整,我告诉学生:"今天我们不按常规上课,我们去操场做一个特别的任务!"学生们立刻兴奋起来。我把学生操场的一块草坪旁,告诉他们我们今天要做一个"测量与计算"的活动。"现在,我想请你们思考两个问题:如果我们想知道这块草坪周围的长度,该怎么做?如果我们想知道这块草坪的大小,该怎么办?"学生们开始讨论,有的说要用尺子沿着草坪边走一圈测量,有的说要测量草坪的宽和长,然后算出它的大小。我微笑着点点头:"很好,这些想法都很重要。接下来,我们来动手测量一下。"我把学生分成几个小组,给每组发了卷尺和记事本。任务一:让每个小组沿着草坪边缘测量一圈的长度,并记录下来。任务二:测量草坪的长和宽,并计算出它的面积。学生们兴致勃勃地开始了测量活动,沿着草坪的边边角角走动,互相讨论如何精确测量和计算。约十五分钟后,学生们完成了任务,带着他们的记录回到我身边。我问道:"刚才在测量和计算过程中,你们注意到了什么?"一个小男孩兴奋地说:"老师,我们绕着草坪走了一圈,得到了它的周长。然后又测了它的长和宽,算出了它的面积!"另一个女孩补充道:"是啊,周长是围着草坪一圈的长度,面积是草坪的大小。"我继续引导道:"那么,你们能总结一下,什么时候我们要计算周长,什么时候我们要计算面积吗?"一个学生举手回答:"如果我们想知道一个图形的边有多长,就是计算周长;如果想知道一个图形的大小,就是求面积。"回到教室后,我让学生们分享他们的测量和计算过程,并引导他们归纳总结出求周长和求面积的不同方法及适用场景。由于有了先前的实际操作和讨论,学生们对这两个概念的区别有了更加清晰的认识。这节课后,一个平时数学成绩不太理想的男孩高兴地对我说:"老师,我终于搞明白了!以后再也不会混淆周长和面积了!"通过这次教学活动,我深刻体会到:帮助学生理解数学概念,不能仅靠公式和定义,必须结合实际操作和具体情境。让学生在真实的情境中动手测量、计算、讨论和反思,这样的学习体验才更有意义,也更能让他们理解和记住数学的精髓。

教育是一门科学,更是一门艺术。只要我们能带着宽容的心态,站在学生的角度去反思一些教学现象,从而不断调整自己的教学行为、教学策略,不断改善教学方法,时间一长,就会发现"败"越多,"成"也就越多。让每个学生在学到知识、增长才干的同时,完成心灵的塑造,进而阳光、健康、快乐、自由地发展进步。

第三节　对"精讲多练"的再思考

《新课程标准》指出:改变单一讲授式教学方式,注重启发式、探究式、参与式、互动式等,让学生在实践、探究、体验、反思、合作、交流等学习过程中感悟基本思想,积累基本活动经验。同时,习题的设计要关注数学的本质,关注通性通法,设计丰富多样的习题,满足巩固、复习、应用、拓展的学习需要。课标对教师的教学和学生的练习提出了更高的要求。在过去很长一段时间里,许多教师认为:讲得多、讲得全,学生就能学得多、练得好。然而,这种只注重"讲"的教学方式,忽视了学生的学习路径,缺乏对学生感受和互动的关注,也没有给学生展示智慧的机会,反而阻碍了他们思维发展的"通道",从而导致学生对数学学习失去兴趣。相比之下,"精讲多练"突出了以学生为中心的教育理念,逐渐引起了教师的重视和关注。在新课程改革的背景下,教师应深入理解"精讲多练"四个字的丰富内涵,更好地把握数学教学改革的方向,从而提升教学效率。

一、精讲多练的意义

(一)精讲的意义

精讲,是一种高效的学习方法,它是教师在深入分析教材和学生的基础上,准确把握教学内容,用简洁明了、重点突出、逻辑清晰的方式进行讲解。精讲强调对核心知识的关键问题的阐释,避免冗长烦琐的叙述和无关内容的堆砌。

1. 精讲突出学生的主体地位。

随着 2022 版小学数学新课标的颁布,数学教学的重心已经从简单的知识传授转向全面提升学生的核心素养,强调课堂上要突出学生的主体地位,鼓励学生主动参与数学学习过程。通过精讲,教师可以帮助学生抓住教材中的重点和难点,引导他们围绕这些核心知识点进行独立思考、主动质疑以及合作交流。在这样的过程中,学生不再是被动接受知识,而是在与同伴的交流互助中碰撞思维、启发想法,完成对知识的主动建构。这样,学生不仅掌握了知识,还在不断拓宽自己的思维视野,真正成为学习的主人。

2. 精讲促进学生深度学习。

数学学习不仅仅是让学生记住知识点,更重要的是在获取知识的过程中加深对知识的理解,理清知识之间的联系以及如何在实际中运用。通过精讲,教师能帮助学生抓住知识的核心点,让学生围绕核心知识点去思考、操作、讨论和交流,而这正是深度学习的关键所在。精讲让学生有更多的时间和空间理清知识的逻辑结构,加深知识的理解与内化,从而进一步提升学生的解决问题的能力和应用知识的能力。

(二)多练的意义

多练是指在精讲的基础上,学生不仅从探究新知过程中习得知识,还在经历多样化习题训练的基础上,进一步巩固对基本概念、定理和定律的理解,从而举一反三,掌握知识的规律。"多练"不是题海战术,而是强调练习的针对性和有效性。多练不仅应该有量的适当增加,更要有质的提高。

1. 多练促进知识的应用与迁移。

在精讲之后,学生需要通过适量的练习,将所学知识应用到不同类型的问题中。适量的练习不仅能巩固所学知识,还能促使学生将学到的知识迁移到不同的情境中去解决问题,从而提升解决问题的能力。数学家苏步青为了准备到日本留学,做了上万道解析几何、微积分题目,最终以满分通过了考试。正是这些大量的练习,让他的解题能力和思维变得异常灵活,为他未来的数学研究打下了坚实的基础。因此,"多练"是精讲的自然延续,是学生将知识从理解转化为能力的关键步骤。

2. 多练帮助学生建立知识网络。

多做练习,学生可以在不同的问题情境中反复运用所学的知识,逐渐在脑海中建立起一个完整的知识网络。这个知识网络不仅能让学生更好地理解各个知识点之间的联系,还能提升他们在面对复杂问题时的应变能力。这种基于精讲的多练策略,与新课标强调的综合素养培养目标高度契合,能够有效提升学生的数学综合素养。

二、精讲多练的实施

(一)精讲的实施

1. 精心备课是关键。

精讲对教师的备课工作提出了更高的要求。虽然课堂上讲解的时间减少了,但教师的准备工作却要更加充分和深入。备课不仅是教师提高课堂效率的关键,更是学生深入理解和掌握知识的基础。

（1）读懂教材:全面理解教学内容。首先要研读课标,课标明确规定了各个学段和单元的教学目标,帮助教师在备课时设定清晰的教学目标,确保课堂活动紧扣这些目标展开,进而有效促进学生的知识掌握和能力发展。同时,研读课标,教师能够深刻理解教材的编排意图,掌握新旧知识点之间的衔接,从而更好地把握教学重点和难点,设计出系统连贯的教学活动。

其次要吃透教材,它是确保课堂教学高效、有序开展的基础。研读教材可以把握每一课的重难点,找到知识的关键环节和学生可能会遇到的理解难点,这有助于教师在备课时设计出更有针对性和层次感的教学活动。深入理解教材还帮助教师在教学过程中做到游刃有余,能够灵活应对课堂上可能出现的各种情况。

（2）读懂学生:实施有效教学的基础。在备课之前读懂学生是确保教学活动有效性的重要前提,它直接关系到教学内容的设计、教学方法的选择以及课堂效果的实现。了解学生的知识基础、认知特点、兴趣爱好以及学习习惯,能够帮助教师在备课时有的放矢,设计出符合学生实际需求的教学内容和教学活动。读懂学生意味着教师能够预见学生可能会遇到的困难和疑惑,并提前准备好解决方案,这样在课堂上,教师就可以更好地引导学生克服学习中的障碍,帮助他们更顺利地掌握新知识。此外,读懂学生还能够帮助教师选择更适合的教学方法和课堂组织形式,激发学生的学习兴趣和积极性。例如,"一一列举"这节课是在学生已经学习了用列表和画图策略解决问题,会用"一一列举"策略处理递增递减、衣物搭配和排列等问题的基础上开展的。学生依靠已有经验能够独立解决问题。因此,教学中教师放手让学生独立探究,在关键处进行引导,促使学生主动思考。例如,当学生找到4种买法后,教师追问:"是不是只有4种?你确定吗?"引导学生想到从1包开始排着找;当学生找出所有买法后,教师追问:"为什么试到8盒6块装就不再继续试了?"引导学生发现尝试是有范围的;当学生用算式和表格法找到不同买法后,教师继续提问:"对比表格和算式,你更喜欢哪一种?"从而引出该节课的重点——用表格法进行一一列举。读懂学生,能够让教学更有针对性,使课堂更高效、扎实。

2. 关注学生的困惑,讲在学生需要处。

精讲,精讲不等于少讲或不讲,而是要讲在学生困惑处、重难处,精讲的本质就是教师要讲在学生的需要处。因此,教师要时刻关注学生课堂的反应,能从学生的一个眼神、一个表情中捕捉到他们的疑惑点,迅速判断出问题的症结,及时调整课堂教学思路,及时进行有针对性的讲解和指导。如学习"植树问题",当学生用摆一摆、画一画的方法栽好了树后,教师让学生用算式表示两端都栽树时的棵数。下面是交流片段。

师:两端都栽,谁能用一个算式表示栽树的棵数?

生1:20除以4等于5。

师:对这个算式,你们有什么要说的吗?

生2:题中没有4这个条件,不能除以4。

生3:20除以5加1。

师:(板书:)看着这个算式,你有没有什么不明白的地方?

生:为什么要加1呢?

师:这是他的困惑,现在谁能帮忙解释一下?

学生无语。

师:看来这个问题有点困难。我们一起来看这个算式的前半部分,20除以5,20表示——

生:路长。

师:5呢?

生:每5米栽一棵。

师:也就是间隔的长度。那20除以5就求出了什么呢?

生:求的是20里面有几个5。

师:20里有4个5,也就是4个间隔,20除以5求的是间隔数。

师:那这4个间隔怎么就要栽5棵树呢?同桌俩互相讨论一下。

生:因为有一个间隔就要栽一棵树,4个间隔栽4棵树,还要把头上这一棵加上。

师:我们一起看,因为两端都种,我们先在头上种一棵,一个5米的间隔,再种一棵,又一个5米的间隔,又一棵,又一个5米的间隔,又一棵,又一个5米的间隔,到现在,树的棵数和间隔数——

生:相等。

师:对,我们也可以说树和间隔是一一对应的。20除以5求的是4个间隔,我们也可以说是4棵树。因为两端都种,所以最后还要再种一棵,所以要加上1。现在你知道为什么要加1了吗?谁能起来再说一说?

在这个教学片段中,教师围绕学生的困惑"为什么加1"展开讲解,紧紧抓住了学生的需求,有效解决了植树问题中的难点。通过引导学生讨论和交流,教师帮助他们深刻理解了树与间隔之间的一一对应关系。这种针对性的讲解不仅让学生在操作中找到了解决问题的方法,也增强了他们的思维能力与逻辑推理。教师的敏锐观察和适时调整,使课堂更具互动性和针对性,真正体现了"精讲"的核心理念。

3. 创设多样化的学习方式。

"精讲"不仅仅是教师在课堂上进行讲解,更重要的是通过多样化的学习方式,如小组讨论、合作学习、动手操作、游戏化学习等,让学生能够在轻松愉快的氛围中学习,增强对知识的理解和应用能力。如教学"厘米的认识"时,为了让学生建立对1厘米的认知,教师创设了多样的学习活动。

找一找,说一说。

师:老师给每个小朋友们都准备了1厘米长的小棒,就在你们桌前的小盒子里,请找开盒子,赶快找一找吧,找到了吗?拿起这根小棒,放到你的手掌心上,看一看,你想对1厘米说点什么呢?

生:1厘米好短呀……

玩一玩,记一记。

师:小朋友,1厘米这么小、这么短,我们想个办法把它记在心里,装在脑子里好不好?我们一起玩个游戏,和老师一起边说边做——握紧拳头,握紧拳头,变成小鸟,变成小鸟,张开小嘴,1厘米!张开小嘴,1厘米!不要动,这是1厘米吗?

比一比,调一调。

师:你怎么知道这是不是1厘米呢?用小棒比一比,调一调,调整好了再把小棒轻轻地脱出来,同学们看,这两根手指之间的长度就是1厘米。

剪一剪,比一比。

师:同学们对1厘米越来越有感觉了,刚才我们把1厘米记在了心里,装在了脑子里。接下来,老师这里有一个挑战性的任务,敢接受挑战吗?你能从这个绿色学具上面剪下一段,并且让它的长度尽可能地接近1厘米吗?剪完后,你可以用小棒来比一比,如果不合适,可以再调整调整,好吗?

找一找,说一说。

师:我们认识了1厘米,那生活中哪些物体的长度大约是1厘米呢?

生:课本的厚度大约是1厘米,手指大约宽1厘米,尺子上有1厘米。

教师引导学生在找一找、说一说、记一记、比一比、调一调、剪一剪等活动中认识了 1 厘米,多样化的学习方式不仅激发了学生的学习兴趣,促进他们主动思考、合作学习,还让学生在活动中加深了对知识的理解,从而达到更好的学习效果。

4. 精讲语言要简练、生动。

"精讲"要求教师的语言做到简练、生动。简练的语言能够让学生迅速抓住重点,而生动的表达则能够激发学生的兴趣,使他们更容易理解和记住所学内容。因此,教师要避免烦琐的解释和重复的讲解,而是要通过简练的语言直接切入主题,抓住学生的注意力。如教学"因数和倍数"时,教师以简短的师生谈话导入新课。

师:生活中很多事物之间都存在着一定的关系。比如咱们俩之间是什么关系?

生:师生关系,你是我的老师,我是你的学生。

师:那你们俩之间又是什么关系?

生:同学关系,他是我的同学,我是他的同学。

师:那数与数之间是否也存在着一定的关系呢?这节课咱们就一起来研究数与数之间的关系。

简明的谈话,不仅拉近了师生之间的距离,激发了学生的学习兴趣,还在无声中渗透了因数之间的相互依存关系。

接下来的操作环节,教师又用简短的话语,让学生明确了操作的要求。(课件出示:一堆同样大小的正方形)

师:这里有 12 个同样大小的正方形,如果用这些正方形摆一个长方形,你能摆出来吗?

生:能。

师:那可以怎么摆?有几种摆法?同学们可以在本子上画一画。最后,要求大家用一道乘法算式来表示出你们的摆法。明白了吗?开始吧。

"精讲多练"作为一种有效的教学策略,通过精心备课、关注学生的困惑、创设多样化的学习方式以及简练、生动的语言,能够帮助学生更好地掌握知识,培养他们的学习兴趣和解决问题的能力。在实施过程中,教师不仅要注重教学内容的有效传授,还要关注学生的学习体验和思维发展,使"精讲多练"真正成为提升课堂教学效果的重要途径。通过这一策略,学生不仅能够在课堂上高效学习,还能在课外巩固和拓展所学知识,为全面发展奠定坚实的基础。

(二)多练的实施

1. 设计层次分明的练习。

层次分明的练习能帮助学生循序渐进地掌握知识并逐步提升他们的数学能力。

首先,层次分明的练习可以帮助学生打牢基础。在学习过程中,基础知识是进一步学习的前提条件。通过简单的基础练习,学生能够反复巩固新学的概念和方法,如基本的加减法、乘除法等,从而为后续的学习打下坚实的基础。其次,层次分明的练习还可以激发学生的学习兴趣和自信心。当学生在完成基础练习后,逐渐能够应对更具挑战性的题目时,他们会体验到成功的喜悦和成就感。这种逐步提升的学习体验,可以有效增强学生的自信心,激发他们继续探索和学习数学的兴趣。最后,层次分明的练习有助于教师了解学生的学习进度和能力水平。通过观察学生在不同层次练习中的表现,教师可以准确评估学生的掌握情况,并及时调整教学策略,针对学生的弱点提供个性化的辅导和支持。如学习"异分母分数加减"后,教师设置了三个层次的练习,加强学生的知识技能训练。

层次一:

(1)看图填空

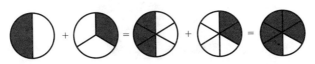

$\frac{1}{2}+\frac{1}{3}=($　　$)+($　　$)=($　　$)$

层次二:

(2)计算。

$\frac{1}{6}+\frac{8}{9}$　　$\frac{5}{12}-\frac{3}{20}$　　$\frac{1}{3}-\frac{5}{24}$　　$\frac{5}{8}+\frac{1}{3}$

层次三:

(3)据统计,2004 年某省工业用水占总用水量的 $\frac{3}{20}$,农业用水占 $\frac{2}{3}$,生活用水占 $\frac{1}{8}$。

① 生活用水和工业用水比较,哪一种多?多多少?

② 你还能提出什么问题?

以上三个层次的练习,由基础到综合运用,学生不仅在直观图示中理解了异分母分数相加的道理,还在计算与解决真实问题的过程中形成了计算技能,实现了知识与能力同时发展。

又如,学习了"梯形的面积"后,教师设计了下面三个层次的练习。

层次一:

(1)计算下面梯形的面积。

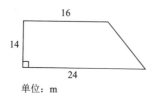
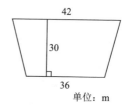

层次二:

(2)木材厂常常把木材堆放成下面的形状,在计算木材根数时通常用下面的公式。

(顶层根数+底层根数)×层数÷2

① 请算出这堆木材一共有多少根?

② 你能用梯形面积计算公式解释上面的算法吗?

层次三:

(3)在下面的梯形中剪去一个面积最大的平行四边形,剩下阴影部分的面积是多少?

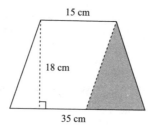

上面的 3 个练习,基于现实生活,满足了不同层次学生的学习需求,前 2 小题是梯形面积计算的基本练习,第 3 题是梯形面积的拓展练习,加深了学生对平形四边形和梯形的认识,体会生活中处处有数学。

2. 运用多样化的练习形式。

为了避免学生对单一练习形式产生厌倦,教师可以采用多样化的练习形式,使练习变得更加有趣和有效。除了传统的书面练习外,教师还可以组织动手操作、数学游戏、情景模拟等活动。

如一年级学习了认识时间,根据低年级学生特点,设计一个互动的数学游戏。教师领着学生走出教室,在地面上画一个大大的钟表图案,数字从 1 到 12 依次排列,钟表的中心是一个小椅子作为"钟表的中心"。请一个学生坐在椅子上,作为"时针",另外再请一个学生站在椅子旁边作为"分针"。游戏分如下三个层次进行。

一是巩固整点:如教师让"时针"学生指向"8","分针"学生指向"12",问全班:"现在是几点?"学生齐声回答:"8 点!"又引导他们:"如果分针走一圈,时针走到 9,是什么时间?"学生热情地参与着,大声答道:"9 点!"在这个过程中,学生通过互动,轻松理解了整点的概念。

二是巩固半点:增加了难度,让"时针"同学在"8"和"9"之间移动,分针指向"6"。教师问:"现在是几点半?"有的学生答对了,有的犹豫了。教师请一位学生上台,把时针移动到"8"和"9"之间。通过身体的动作和观察,学生直观地理解了"半点"的含义。

三是小组竞赛:每个小组摆放了几块小白板,每块白板上都有一个钟面,但没有指针。学生分成小组,每组需要用白板笔画出某个特定时间(如 2 点半、4 点、快到 5 点等)。各组完成后,师生一起对答案,纠正错误。在这个过程中,学生积极讨论,快速参与,整个课堂气氛变得十分活跃。

这种游戏化的教学活动,把抽象的时间概念转化为学生们能够理解的实际行动。在这一过程中,不仅有效提高了学生的学习效率,也大大提升了他们的学习兴趣,真正达到了"事半功倍"的效果。

除此之外,教师还可以根据学生年龄特点,设计"数学闯关游戏",每一关涉及不同类型的学习内容,从而让学生在游戏的氛围中巩固知识,形成技能。

3. 练习要及时反馈。

在多练的过程中,反馈是帮助学生改进和提高的重要环节。教师应通过多种方式有效地了解学生的掌握情况,提供针对性的指导和反馈,确保每个学生都能在练习中不断提升。以下是一些具体的做法,帮助教师在日常教学中实现有效的及时反馈。

一是课堂练习中的即时反馈。在课堂练习中,教师可以采用即时纠错的方式,迅速了解学生的学习情况。当学生在做题遇到困难或出现错误时,教师可以立即走到学生身边,询问他们的思考过程,找出问题的根源,并迅速给予指导。这种"一对一"或"小组互动"的即时反馈方式,可以让学生迅速理解问题所在,并立即改正。教师还可以利用班级讨论或学生自评互评的方式,让学生分享解题思路和发现的错误,相互学习和纠正,进一步强化对知识的掌握。

二是小测验的及时反馈。小测验是了解学生阶段性掌握情况的有效手段。在进行小测验后,教师应尽快批改并分析学生的整体表现,找出共性问题和个别学生的个性化问题。在接下来的课堂上,教师可以重点讲解这些问题,强调解题思路和易错点。同时,可以在班级中开展错题讨论会,让学生共同参与,帮助他们明确错误原因和改进方向。对于个别学生的特定问题,教师还可以单独面谈,提供有针对性的辅导。

三是课后作业的高效反馈。课后作业是学生巩固知识的重要方式,教师应及时批改并给予反馈。在批改作业时,教师可以采用批注、评分和点评的方式,指出学生作业中的错误和不足,并附上改进建议。在课堂上,教师可以结合作业批改情况,对常见问题进行集体讲评,并提供类似练习题目进行再练习,以巩固薄弱环节。对于作业中表现优秀的学生,也可以予以表扬,分享他们的解题思路和方法,激励其他学生。

四是利用现代教育技术及时反馈。现代教育技术为及时反馈提供了更加便捷和高效的手段。教师可以利用在线作业平台或学习管理系统(如Classroom、Moodle 等),布置练习题目和作业,并设置自动批改和反馈功能。学生在完成练习后可以立即看到答案和讲解,了解自己的正确与错误之处,并针对错误的题目进行再练习。教师也可以通过平台的数据分析功能,快速了解学生的整体掌握情况和个体差异,及时调整教学策略和练习内容,做到精细化教学。

五是个性化反馈与辅导。每个学生的学习情况和进度都有所不同,教师应针对学生的个体差异,提供个性化的反馈与辅导。对于学有余力的学生,教师可以提供更具挑战性的题目和扩展练习;对于学习有困难的学生,教师应进行耐心的讲解和反复的练习,帮助他们打好基础。教师还可以通过面对面辅导、电话或在线平台沟通等方式,与学生和家长保持联系,共同帮助学生解决学习中的问题。

通过以上多种方式的及时反馈,教师能够更有效地帮助学生理解和掌握知识,提升学习效果。及时反馈不仅让学生明确自己的学习状况和改进方向,还能激发他们的学习积极性,使多练真正达到提高学习质量的目的。这种及时反馈机制,不仅帮助学生巩固所学知识,还能提高他们的学习效率,使多练真正起到提升学习效果的作用。

三、精讲多练应注意的问题

"精讲多练"能够有效提升学生的学习兴趣和运用数学知识解决问题的能力。为了充分发挥这一教学方式的优势,教师在实际教学过程中还需要注意以下几个关键问题。

(一)关注学生个体差异

学生的数学基础和学习能力存在较大差异。如何确保所有学生都能跟上精讲的节奏,是教师面临的重要挑战。首先,平衡课堂发言机会。教师可以通过学生课堂发言了解学生知识掌握情况。教学中,教师要根据问题的难易程度,给不同学习水平的学生创造交流的机会。例如,对于基础较弱的学生,可以提一些简单的回顾性问题,帮助他们巩固基础知识,提升他们的自信心和学习兴趣;而对于学习能力强的学生,则可以适当提升习题难度,设计一些有挑战性的问题,促使他们深入思考。差异化提问,有效激发不同层次学生的思维,使每个学生都能在课堂上有所收获。其次,在精讲过程中,教师可以将学生分成小组进行讨论和练习,确保每个小组中都有不同层次的学生。学习能力较强的学生可以在小组中担任"指导者",帮助学习有困难的同学理解知识点并完成任务。最后,教师还需要时刻关注学生的反馈,及时调整教学节奏。如果发现有较多学生对某个知识点不理解或有困惑,教师应立即停下来进行复习或进一步解释,而不是继续推进新的内容。通过这些策略,教师能够有效关注学生的个体差异,确保所有学生在课堂上都能取得进步

(二)讲练交替进行

在小学数学课堂上,精讲与多练的交替进行是一种高效的教学策略,有助于学生及时巩固所学知识,同时提升课堂效率。具体操作时,教师可以采用"讲一点、练一点"的模式,将整节课分成若干个小的教学环节。每个环节都包含一个知识点的讲解和相应的练习。比如,在教学"长方形面积的计算"时,教师可以先讲解公式的推导过程,然后立即安排学生进行实际测量和计算,通过动手操作来加深对公式的理解。这样的设计让学生在学习新知识的同时,能够马上将其应用到具体的练习中,避免因时间间隔过长而导致遗忘或混淆。此外,

教师还可以在讲解过程中穿插一些随堂练习,要求学生边听边做,做完后立即反馈结果。比如,在讲解分数加减法时,教师可以布置几道简单的分数加减题目,让学生在教师的指导下完成并巩固所学内容。通过这种交替进行的教学策略,学生能够反复运用新知识,加深理解,巩固记忆。同时,课堂的互动性和参与度也得到了提高。教师可以通过及时关注学生的练习结果,迅速调整教学节奏,确保每个学生都能跟上学习进度。

(三)合理分配时间

在小学数学教学中,合理分配精讲和多练的时间至关重要,教师需要精心规划每个环节的时间,确保学生既能充分理解知识点,又有足够的时间进行练习。首先,精讲环节要做到简明扼要,抓住知识的核心要点,避免冗长的讲解,以便为练习环节留出更多时间。例如,教师可以在 5 到 10 分钟内通过生动的例子和简洁的语言快速讲解乘法的基本概念,让学生迅速掌握重点。随后,教师应迅速进入多练环节,分配 10 到 15 分钟让学生完成一组具有代表性的练习题,这些题目应涵盖不同难度层次,以巩固核心知识并促进思维发展。在学生练习过程中,教师应巡视课堂,解答疑问,并根据学生表现及时调整讲解和练习的内容。最后,教师应预留 5 分钟进行总结和反馈,通过集体讲评纠正常见错误,总结关键知识点,并复习巩固当天的内容。灵活调整课堂节奏,根据学生的实时反馈适当增减精讲或练习的时间,是确保学生既能理解知识点,又能将其转化为实际能力的关键。这种合理的时间分配,不仅能提高整体教学效果,还能帮助学生在数学学习中取得更大的进步。

通过对"精讲多练"的再思考,可以发现,精讲和多练是教学中不可或缺的两个环节。只有将二者有机结合,才能真正提高教学效果,促进学生的全面发展。教师在教学中应不断探索和创新,找到最适合自己学生的精讲与多练的方式,帮助学生更好地掌握知识、提升能力。

附教学设计一

"植树问题"教学设计与评析

▶ 教学内容

青岛版小学数学三年级下册智慧广场第 124—125 页。

▶ 学情分析

三年级的学生已经具备了一定的数学基础知识和计算能力,能够解决简单的数学问题。然而,对于植树问题这种涉及空间想象和逻辑推理的题目,部分学生可能会感到困难。因此,在本节的教学中,教师引导学生在观察、猜测、推理、操作等活动中,逐步建构起植树问题的数学模型,从而掌握探索解决此类问题的有效方法。

▶ 教学目标

(1)结合植树的情境,借助生活经验与画图的策略,理解植树的三种情况,掌握间隔数与植树棵数之间的规律。

(2)通过观察、举例、画图等活动,渗透一一对应思想,建立起植树问题的数学模型,探索解决此类问题的有效方法,培养学生的应用意识和解决问题的能力。

(3)在探索植树问题的过程中,体验探究的乐趣,培养勇于探索、敢于质疑、善于思考、严谨求实的理性精神,体会数学与生活的联系。

▶ 教学过程

一、情境导入,激趣引思

师:伸出你的右手,使劲张开,请你用数学的眼光去看,你看到了数字几?继续看,你还能看到数字几?(生:4。)快数给大家,看看 4 在哪?

师:哦,他数的是手指和手指之间的空。我们一起数一数——1、2、3、4。5 根手指有 4 个空,数学上我们把这样的空叫间隔。(板书:间隔)5 个手指有 4 个间隔,4 个手指有几个间隔? 3 个? 2 个? 你有什么发现?

预设:手指数比间隔多 1。

师:我发现咱们班的学生不仅会观察,而且会思考,最重要的是还善于总结规律呢。今天我们就一起学习一个有关间隔的问题。(板书:植树问题)

师:请看屏幕(出示例题),谁来读一下这道题? 仔细观察,你发现了哪些数学信息?

预设 1:500 米的路,在路的一边栽树,每 5 米栽一棵,两端都栽。

师:每 5 米栽一棵,你是怎么理解的?

预设:每隔 5 米栽一棵。

师:看,这里就有 2 棵小树,指一指 5 米在哪儿? 也就是这棵树和这棵树之间间隔长是 5 米。

师:两端都栽你是怎么理解的?

预设:路的两头都种。

师:看,这是一条路,请你指出它的两端。

师:路的一边你怎么理解?

师:看,这是一条小路,这两条直线就是路的两边,这一条就是路的一边,今天我们就是在路的一边栽树。

师:现在你能很快算出一共能栽多少棵树吗?

预设:100 棵,101 棵,102 棵。

师:那到底能栽多少棵呢?

【设计意图】用植树问题引入,使学生感受到数学与生活的密切联系,培养学生的问题意识以及提出问题的能力,激发学生学习的兴趣,渗透环保教育。

二、猜想验证,发现规律

1. 动手操作、探究发现。

师:我们可以在图上画一画、数一数,那下面我们就在这条 500 米的路上,5 米画一棵,5 米画一棵,5 米画一棵,一直画到 500 米,你有什么感觉?

预设:太累了,太麻烦了,太浪费时间了。

师:确实太麻烦了。怎么办?

预设:可以变成 50 米的路。

师:你的意思是说把这条路变得短一些是吗?当我们遇到比较复杂的问题时,可以从简单问题入手,发现规律,然后再运用规律解决复杂的问题,现在我们就把这条 500 米的路变得短一些,把它变成 20 米。(课件演示)

师:看,这是一条长 20 米的小路,一个小格代表 1 米,现在请你用简单的图案代替小树,在作业纸上画一画。做之前,我们先看温馨小提示。

温馨小贴士:① 每 5 米栽一棵② 两端都栽。

学生自主栽树,教师巡视。

师:画完的同学同桌俩互相说一说,你是怎么栽的?

师:老师这里就有一些小树的模型,谁想下来栽一栽?其他同学仔细观察,你的栽法和他的一样吗?

学生到黑板板演栽树。

师:同学们看,他栽的符合题目要求吗?和他一样的请举手。

师:看来大家都同意他的栽法。看,一共栽了几棵?用算式表示栽树的棵数,怎样列式?

预设 1:20÷4,20÷5

师:看这两个算式,你有问题吗?

预设 2:第 1 个算式不对,因为题目没有 4 这个信息。

师:看,20 除以 5 得数是 4,可我们明明是栽了 5 棵树,这是怎么回事呢?

预设:少加了 1 棵。

师:那到底该怎样列式呢?

预设:20÷5=4(棵),4+1=5(棵)。

师:看着这个算式[指 4+1=5(棵)],你有没有什么不明白的地方?

预设:为什么要加 1 呢?

师:你们也有这样的困惑吗? 看来这个问题很多同学都不明白,我们一起来看,20 除以 5,20 表示什么?

预设:20 米的小路。

师:也就是小路的"全长"(板书:全长)。

师:5 呢?

预设:每 5 米栽 1 棵。

师:也就是间隔长是 5 米(板书:间隔),那 20 除以 5 求的是什么?

预设:求的是 20 里面有几个 5。

师:也就是间隔数(板书:间隔数)。

【设计意图】为了方便操作,化繁为简把 500 米的路变成了 20 米,让学生用简单的图案代替小树,在作业纸上画一画,并在黑板上栽一栽,通过对学生自主探究的整理,引出植树问题关键——间隔数,并夯实间隔数的求法:全长÷间隔长＝间隔数。

2. 一一对应,初步建模。

师:来,我们一起数一数,快看是几个间隔?(板书:4 个)明明是 4 个间隔,为什么却说是 4 棵呢? 4 个间隔和 4 棵树之间有什么关系呢? 小组讨论一下。

师:哪个同学想来交流 4 个间隔和 4 棵树之间有什么关系?

预设:1 个间隔 1 棵树,4 个间隔等于 4 棵树。

师:为了让大家看得更清楚一些,你能下来指着图说一说吗?

师:你说得可真清楚。来,伸出小手跟老师一起数。1 个间隔对应 1 棵树,1 个间隔对应 1 棵树……4 个间隔就对应着 4 棵树,间隔数等于棵树,我们也可以说间隔数和棵数一一对应(板书:一一对应),因为间隔数等于棵数,20 除以 5 求的是间隔数,我们也可以说成是棵数。4 个间隔对应棵 4 棵树,5 个间隔对应几棵树? 10 个间隔? 15 个间隔? 100 个? 1 000 个? 你能用一句话来概括吗?

预设:有几个间隔就对应几棵树。

师:对呀,几个间隔对应几棵树,4 个间隔对应 4 棵树,因为两端都栽(板书:两端都栽),还要加上头上这一棵树。现在你知道为什么要加 1 了吗?谁能像老师这样完整地说一说?

师:同学们请看屏幕,回忆刚才栽树的过程,如果用线段代替小路,用竖线代替这些小树,原来的示意图就变成了我们常用的线段图,这样看起来更简洁更清楚。

师:看 50 米的小路,每 5 米栽一棵,两端都栽。能栽多少棵?

预设:11 棵。

师:怎样列式?你是怎么想的?

预设:$50 \div 5 = 10$ 个间隔,10 个间隔就是 10 棵树,再加上 1 就是 11 棵树。

师:我们一起通过课件回顾刚才的思考过程。(课件演示),50 米的小路,5 米栽一棵,一个间隔对应一棵树,栽到这里,间隔数和棵数一一对应,10 个间隔对应着 10 棵树,因为两端都栽,加上 1 就得到了 11 棵树。

师:如果小路变成了 100 米,又能栽多少棵呢?

预设:$100 \div 5 + 1 = 21$ 棵。

师:谁能说说为什么是 21 棵呢?

预设:$100 \div 5 = 20$ 个间隔,20 个间隔对应着 20 棵树,加上 1 就得到了 21 棵树。

师:如果这条小路,变成 300 米,每 3 米栽一棵,两端都栽。能栽多少棵呢?

预设:$300 \div 3 + 1 = 101$ 棵。

师:同学们看这些算式,我们都是先求什么?仔细观察,两端都栽的情况下,间隔数和棵数有什么关系?

预设:间隔数比棵树少 1 或者棵树比间隔数多 1。

师:也就是间隔数加 1 等于棵数,老师把你们这个了不起的发现记下来。现在回过头来看我们一上课的这道题,你认为能栽多少棵?

师:确实是 101 棵。

【设计意图】本环节以"两端都栽"的情况为研究重点,层层深入,引导学生在算式与图形的交互中发现规律,充分感悟"数形结合""一一对应"的数学思想方法,帮助学生建立"两端都栽"的数学模型,激发学生对数学的好奇心和求知欲,体会学习数学的价值,同时培养学生严谨的思维习惯和科学的探究态度。

3. 举一反三,构建模型。

师:通过刚才的研究,我们发现两端都栽的情况下,间隔数和棵树的关系是?

预设:间隔数加1等于棵数。

师:那栽树除了两端都栽,还会有哪些情况呢?

预设:两端都不栽/只栽一端。

师:只栽一端,谁想下来栽?

师:看,他这样栽可以吗?还可以怎样栽?你还能再来栽一栽吗?同学们看,不管这棵树是在头上栽还是在尾上栽,都属于只栽一端。两端不栽,谁来栽?同意他的栽法吗?

师:只栽一端,栽了几棵树?怎样列式?大家一起说。

生:20÷5=4(棵)。

师:两端不栽,能栽几棵?用算式表示是?

生:20÷5=4(棵),4−1=3(棵)。

师:这两种情况下间隔数和棵数又有什么关系呢?

预设:间隔数 = 棵数,间隔数 −1= 棵数。

师:同学们看,要想知道栽树的棵数必须先求出什么?

预设:间隔数。

师:对,怎样求间隔数?全长 ÷ 间隔长 = 间隔数,求出了间隔数,然后根据每种栽法的特点来判断,是加1、减1还是不加也不减。

【设计意图】在已有学习基础上,教师进一步放手,引导学生以小组讨论的形式探究"只栽一端"和"两端都不栽"。学生通过类比与归纳的方法,逐步构建了完整的植树问题模型。

三、应用练习、形成能力

1. 利用"手指"巩固植树模型。

师:来,同学们,再次伸出你的右手,使劲张开,你能找到我们今天学习的植树问题吗?这是植树中的哪种情况?几棵小树,几个间隔,所以它属于植树问题的两栽都栽。

师:你能变出只栽一端吗?两端都不栽呢?太棒了同学们,从我们的手上也能发现植树问题的小奥秘,其实在我们的生活中还藏着许多植树问题。

【设计意图】再次引导学生伸出右手,不仅与课前的数手指活动形成首尾呼应,还再次深化了学生对植树模型的理解,突出了数学与生活的联系,让知识的构建更加自然有效。

2. 生活中的"植树问题"。

师:看,排队问题。把什么看作小树?间隔在哪?它属于植树问题的哪种情况?

预设:两端都栽。

师:看这是植树问题的哪种情况?

预设:只栽一端。

师:这又是植树问题的哪种情况呢?(锯木头)小树在哪里?间隔在哪里?

预设:锯子和锯子中间。

师:应该说每一段木头都是一个间隔。所以这是植树问题的——两端不栽。

师:谁来读题?

生:一条长40米的小路,每隔5米插一面小旗,只在起点插旗。问一共需要插多少面旗?

师:这是植树问题的哪种情况?

预设:只栽一端。

师:谁能很快算出能放多少盆花?

预设:40÷5=8(面)。

师:为什么是8呢?

预设:因为只在起点插旗,间隔数等于棵数。

师:真棒,这么快就能学以致用了。(出示钟表)看,这里有植树问题吗?属于植树问题的哪种情况?还有不同意见吗?到底是哪种情况呢?我们一起来看。(课件演示)把什么看作小树?间隔在哪?准确地说是两个数字之间。我们学习了钟表知识,钟面上有几个数字,几个大格? 12个数字,12个大格。这是植树问题的哪种情况?瞪大眼睛仔细看,老师用小剪刀从这里剪开,刚刚明明是一个间隔一棵小树,最后面怎么没有小树了?也就是说头和尾是同一棵小树,所以这是植树问题的——只栽一端。

师:生活中圆形的花坛、体操表演、摆成长方形的花盆,这些都是只栽一端。仔细观察,它们有什么共同的特点?

预设:它们都是围起来的。

师:数学上像这样围起来的图形称为封闭图形,凡是在封闭图形上植树的问题,都属于只栽一端。

【设计意图】教师通过引入排队、钉扣子、锯木头、长廊摆盆栽、钟表等生活中与植树问题相关的情境,帮助学生将数学模型应用于实际问题。学生在独立思考与合作交流中发现:这些问题实际上都有着间隔数与棵数的关系,都可以利用植树问题的模型来解决。学生在练习中轻松地巩固了知识,感受数学的应用价值,激发学习数学的兴趣。

四、回顾总结

师:一节课很快就要结束了,回顾这节课的学习,我们从问题入手,重点研究了两端都栽,发现了棵数和间隔数的关系;在此基础上,我们又类推出了只栽一端与两端都不栽这两种植树情况下,间隔数和棵数分别有着什么样的关系;最后,我们还了解了生活中的一些植树问题。其实在我们的生活中,像这样的植树问题还有很多很多,期待同学们自己去观察、发现和探究!

【设计意图】通过回顾整堂课的学习历程,让学生进一步体会数学思想方法和数学模型的存在,体验数学来源于生活又服务于生活的学习价值,激发学生后续的学习热情,使学生的情感得到进一步的升华。

▶ 教学评析:本节课有以下几个特点。

1. 情境导入自然,激发学习兴趣。

本课巧妙地将"数手指间隔"的生活情境引入课堂,使学生通过观察和直观体验,感知到"间隔"的概念,并自然引出植树问题。以学生熟悉的情境为起点,拉近了数学与生活的距离,使学生体会到数学在日常生活中的价值,为接下来的知识探索奠定了积极的情感基础。同时,在情境中渗透环保教育,增强学生的社会责任感,激发了他们的学习兴趣。

2. 引导操作探索,建立数学模型。

在教学过程中,教师将 500 米长的小路缩短为 20 米长的一段小路,使复杂的问题变得简单易操作。学生通过"画一画""栽一栽"等动手活动,在简化的情境中逐步抽象出间隔与树棵数的关系,逐步建立起数学模型。借助"化繁为简"的策略,教师巧妙运用了图形与算式的结合,使学生在观察、操作、思考中更清晰地理解了如何求间隔数,以及植树数和间隔数之间的关系。

3. 对比归纳,强化规律理解。

教师在对比不同栽树情况的过程中,引导学生通过列式和画图对比分析"间隔数 +1= 棵数""间隔数 = 棵数""间隔数 −1= 棵数"3 种不同情境下的关系,帮助学生逐步归纳总结出植树问题的通用规律。通过反复观察和归纳,学生能更深入地理解规律的本质,形成系统化的认知结构。这种对比归纳的设计,有助于学生把握知识的异同点,提升了分类和逻辑思维能力。

4. 生活化应用,提升模型迁移能力。

在拓展练习环节,教师引入排队、锯木头、钟表等生活中的"植树问题"实例,鼓励学生运用所学规律解决实际问题。特别是封闭图形的引入,拓宽了学生对植树模型的理解,帮助学生灵活应对不同情境下的问题,提升了数学知识的迁移能力和应用意识。通过这些实例,学生更加深刻地体会到数学在实际生活中的应用价值,增强了他们的学习兴趣和成就感。

附教学设计二

"一一列举"教学设计与评析

▶ 教学内容

青岛版小学数学五年级上册智慧广场第 126—127 页。

▶ 教材解析

本节课体现了数学与现实生活的密切联系,是在学生已经积累了用列表和画图的策略解决问题的基础上进行学习的。教材以学生熟悉的"买巧克力"的情境为素材,激发学生数学学习的兴趣,给学生独立思考的空间,注重让学生自主探索"一一列举"的方法,关注学生已有的数学活动经验,引导学生借助画图、列表的方法来解决问题。学生在这一学习过程中,不仅系统掌握了用一一列举解决问题的方法与策略,还在这一过程中训练了数学思维。

▶ 教学目标

(1)会用列举策略解决生活中的实际问题,体会一一列举在解决问题过程中不重复、不遗漏的优势。

(2)在独立思考与合作交流中,积累解决问题的活动经验,体会有序列举的意义,从而培养学生思维的有序性和条理性。

(3)在解决问题的过程中,增强对策略运用的意识,体验成功解决问题的喜悦,提升学习数学的信心。

▶ 教学过程

一、创设情境,产生问题

师:"双十二"马上就要来了,老师也不想错过这次省钱的机会,想不想知道老师要买什么?

师:请看大屏幕,老师想买的是——(课件:巧克力)是的!老师想买一些巧克力给同学们当奖品,可是,在购买的时候遇到了点困难,想请大家帮帮忙,你们愿意吗?

师:谁来读一下题目?(巧克力有 6 块装和 4 块装两种不同的包装,要买50 块。)

师:读得真清楚!那你想怎么买呢?说说理由?

生:6 块装的 5 盒,5×6=30 块,4 块装的 5 盒,5×4=20 块,合起来正好 50块。

师:看来,不管怎么买,只要满足什么条件就可以了?

生:加起来是 50 块。

师:除了这一种,还有不一样的买法吗?那么,总共有多少种不同的购买方式呢?

【设计意图】由巧克力这一学生喜爱的生活情境引入,简单明了,能够引发学生的共鸣,激发他们的学习兴趣。通过分析"如何购买 50 块巧克力,有多少种不同的购买方式"这一问题,加深学生对题意的理解。

二、主动探究、感悟新知

1. 独立思考,方法初探。

师:(指大屏幕)下面,请同学们用画一画或算一算的方法在探究单上试着找一找吧!

师:大家都找完了吗?谁愿意来交流一下?

预设 1:我用画图的方法找到了两种买法,分别是:6 块装的买 5 盒是 30 块,4 块装的买 5 盒是 20 块,加起来一共 50 块。

预设 2:6 块装的 1 盒是 6 块,4 块装的 11 盒是 44 块,加起来是 50 块。

预设 3:除了刚才的两种买法以外,我还找到了,6 块装的买 3 盒是 18 块,4块装的买 8 盒是 32 块,加起来是 50 块。

预设 4:还有 6 块装的买 7 盒是 42 块,4 块装的买 2 盒是 8 块,加起来是50 块。

师:刚才大家找到了 4 种买法,是不是只有这 4 种买法呢?能确定吗?那有没有更好的方法能把所有买法都找出来呢?

预设:我觉得应该排着试。

师:具体说说,怎样排着试?

预设:就是先试1盒6块装是6块,还剩下44块,再看44能买到11盒。

这种买法就行。再买2盒6块装是12块,剩下38块买不到整盒,这种买法就不行。再买3盒6块装的,4盒6块装的,这样排着拭下去。

【设计意图】为学生提供充足的时间和空间,鼓励他们独立思考并尝试解决问题,培养独立解决问题的能力。通过小组交流,培养学生认真倾听的习惯,并在倾听时思考他人观点的正确性,同时比较不同方法的优劣,促进学生思维的活跃性。

2. 小组合作,有序尝试。

(1)算术法。

师:同学们,这个方法怎么样?下面咱就用这个方法排着找一找。

学生独立做,教师巡视。

师:哪个同学想来交流你是怎么找的?

预设1:$1×6=6,50-6=44,44÷4=11;2×6=12,50-12=38,38÷4$,不行……

预设2:先买1盒6块装是6块,还剩下44块能整除4,这种买法行。再买2盒6块装是12块,还剩下38块不能整除4,这种买法不行。再买3盒6块装是18块,还剩下32块能整除4,这种买法行……一直试到买8盒6块装,一共找到了4种买法。

师:条理真清楚!为什么试到8盒6块装就不继续往下试了?

预设:买9盒六块装就是54块巧克力,超过50块就没有必要往下试了。

师:看来我们的尝试是有范围的。这个范围是多少?

预设:总块数。

师:谁能再说说,刚刚我们是怎样找到所有买法的?

预设:按照顺序依次找。

师:是的,按一定顺序思考就能不重复不遗漏找到所有的方法。(贴板书:按一定的顺序,不重复,不遗漏)

(2)表格法。

师:看着这么多的算式,想一想,能不能用一种更简洁的方式把所有买法记录下来呢?

预设:用表格的方法整理。

师:下面就请大家小组合作,把这些买法整理在表格里,比比看哪个小组整理得最清楚。

师:哪个小组想来交流一下?

预设：我们小组，也是从 1 盒 6 块装开始尝试，买 1 盒 6 块是 6，剩下了 44 块除以 4 得 11 盒，这种方法能买。再试 2 盒 6 块装的是 12 块，剩下的 38 块不能整除 4，这种方法不能买。再试 3 盒 6 块装的是 18 块，剩下的 32 除以 4 的 8 盒，这种方法能买……一直试到 8 盒 6 块装。一共有 4 种买法。

师：这个表格还可以进一步完善一下，数学上不符合要求的我们一般用小横线表示。（加横线）

师：刚才我们都是从买一盒开始的，想一想，如果不买 4 盒装的，就单只买 6 块装的可不可以？这个时候 6 块装的就记录几盒？（0 盒）一般情况下从 0 开始按照顺序找就更严谨了。（板书：从 0 开始）

师：对比表格跟刚才的算式，你更喜欢哪一种？

预设：表格法。

【设计意图】通过交流，展示不同的解题方法，让学生体会到按照一定的顺序来解决问题才能更全面，引领学生用表格来整理、记录，让学生进一步感受"一一列举"策略的特点和价值，进一步发展培养学生的条理性和严密性。

3. 拓展练习，优化策略。

师：刚刚我们是从 6 块装开始找的，那你会从 4 块装开始找吗？自己找一找吧。

师：找完的同学对照品屏幕自己批改一下。观察这两个表格，有什么相同点？

预设：都是从 0 开始按照一定的顺序尝试，也都能找到 4 种不同的买法。

师：有什么不同点呢？

预设：列举的次数不同，从 4 块装开始列举，次数更多。

师：如果让你选，你会从几块装开始找？

预设：6 块装！

师：为什么？

师：是的，从大数开始找，尝试次数少，效率高。今后，这样的问题，咱们就从大数开始找起！（贴板贴：从大数）

【设计意图】本环节通过变式练习，引导学生从 4 块装开始尝试，不仅有效检验了学生对"一一列举"方法的理解与掌握，还通过对比两种不同的解题策略，让学生深刻体会从大数开始找的优势。学生在这一过程中，不仅提升了解决问题的能力，还培养了思维的灵活性。

4. 文化引领,归纳策略。

师:同学们,像这样按照一定的顺序,将所有可能的情况都一个一个列举出来,实际上也是我们数学中经常用到的一种解决问题的策略(板书:一一列举),叫一一列举。想一想,一一列举解决问题的关键是什么呢?

预设:有序思考。(板书:有序思考)

师:请大家通过一段小音频,再来进一步了解一下一一列举。(微视频播放)

【设计意图】巧用数学文化,让学生感受数学文化的博大精深。像这样按照一定的顺序,有序思考,将所有可能的情况都列出来就是一一列举。在这个过程中学生对一一列举的理解更深入,学习能力也得以发展。

三、应用练习、形成能力

师:刚才用一一列举的方法解决了巧克力的问题,那接下来,你能帮老师再来解决一下这个问题吗?(屏幕出示问题)

完成作业纸的第二题。

全班订正交流。

师:邻居王爷爷也喜欢网购,前段时间他在网上购买了18根1米长的栅栏,打算围一个长方形的羊圈,同学们,你能帮王爷爷算一算一共有多少种不同的围法吗?(出示课件)

学生独立完成,订正。

师:这道题为什么不从0开始试了?

预设:因为栅栏长1米。

师:是的,虽然从0开始试更严谨,但也要结合生活实际来考虑。

【设计意图】通过巩固练习,进一步加深学生对一一列举法的理解和掌握。同时,在拓展应用环节中,学生能够灵活运用本节课的知识,解决生活中的实际问题,培养灵活应用知识的能力。

四、总结评价、课后延伸

师:好了同学们,一节课很快就要结束了。这节课,我们学习了解决问题的一种策略,一一列举。其实,一一列举以前帮助我们解决过不少问题。一年级相加是10的所有情况,就是在一一列举。二年级表内乘法,三年级周长和面积,以及四年级的排列问题,都是用一一列举的方法帮我们解决了问题。今天的巧克力问题同学们又用这种方法快速找到了所有的买法。一一列举能解决这么多问题的关键是进行了有序思考。今后,我们还会用这种方法解决更多更复杂的问题。

【设计意图】这样设计,一是引导学生梳理本节课的学习内容,将新知识和新方法一并融入自身的认知结构中,建构知识网络体系。二是提升总结高度,潜移默化地引导学生学会整理所学内容,培养学生良好的数学学习和思考习惯,进一步培养学生的数学素养。

▶ 评析:本节课具有以下几个特点。

1. 情境导入,以趣激思。

本节课创设了"买巧克力""双十一购物"等贴近学生生活的情境,激发了学生的学习兴趣,引导他们迅速进入学习状态。在轻松自然的氛围中,学生带着问题主动思考,积极参与。这样的"情境—问题"式导入,不仅激发了学习动机,还明确了学习方向,为后续的探究活动奠定了良好基础。

2. 探索合作,以思促行。

教学过程中注重学生的自主探究,鼓励他们通过画图、计算、思考等方式独立尝试解决问题,并借助小组合作进行交流与完善。在交流中,学生的思维得到碰撞与提升,解决策略也更加完善。这一过程不仅发展了学生的逻辑推理能力和独立思考能力,也培养了倾听、表达、合作等良好的学习习惯,有效提升了综合素养。

3. 梳理策略,以序促能。

教师引导学生聚焦"按顺序列举"这一核心策略,通过"从 0 开始""从大数开始"等不同思路,引导学生理解"一一列举"不仅要做到不重复、不遗漏,还要有条理。通过对比不同方法的优劣,帮助学生选择更高效的策略,提升了解题效率。在实践体验中,学生逐步形成清晰、有序的思维方式,进一步发展了严谨的数学思维品质。

第六章
成长飞跃

回顾 34 年的小学数学教育教学历程，不可否认我也曾走过很多弯路，但也在探索中积累了宝贵的经验。面对那些设计巧妙、充满创意、富有代入感的观摩课、优质课和公开课，我曾努力模仿和实践，也一度追求课堂上的"标新立异"。然而，当喧嚣散去，留给我的却是无尽的空虚。跌跌撞撞中，我既品尝过失败的苦涩，也体验过成功的喜悦。在失败的教训和成功的经验中，我慢慢领悟到：数学教学的核心就是帮助学生"明理"。课堂上的各种教学手段和方法，无非是想让学生能够用自己的方式去理解数学，而非师生一起在课堂上"作秀"。教学应当立足于先进的教育理论，以学生为本，着眼于学生的发展，促使新的数学教学形态的出现。这，或许才是成长的真正意义。

第一节　学课标　用课标

一、在阅读中学习课标

阅读课标是教师深化理解新课程标准内涵、指导教学实践的重要途径。随着《义务教育数学课程标准（2022 年版）》的颁布，全国各地掀起了读课标、学课标的浪潮。通过深入研读课标的各个部分，教师可以更清晰地把握课程改革的方向，理解数学教育的核心任务，从而在教学实践中更有针对性地设计和实施教学活动。教师可以从以下几方面展开阅读。

读"主要变化"，悟课改方向。2022 版小学数学新课标的主要变化集中在数学核心素养的培养、内容结构化、增加量感、注重数学文化和跨学科融合、加强实践性与情境化学习教学等方面。这些变化指明了课程改革的目标，即从注重知识和技能的传授转向更重视学生核心素养的发展和实际应用能力的培养。教师应从这些变化中领悟到，未来的数学教学不仅仅是知识点的讲解，更应关注学生的思维能力、解决问题能力。

　　读"课程性质"，悟数学育人价值。阅读"课程性质"，可以更深刻地理解数学学科在学生全面发展中的独特价值。数学不仅是一门工具学科，更是一门发展学生理性思维、培养逻辑推理能力和创新能力的基础学科。数学教育的育人价值在于帮助学生形成严谨的思维习惯、科学的分析方法和有效地解决问题的策略。教师应在教学过程中，让学生体会到数学思维的严密性和创造性，通过数学学习培养科学精神和探索精神，引导学生理解数学的实际应用价值和文化价值。

　　读"课程理念"，悟教学改革方向与思考路径。新课标强调以"学生为中心"的教育理念，注重学生的主动学习和自主探究，引导学生在学习过程中构建知识体系和发展核心素养。教学改革的方向应以提高课堂教学的有效性为目标，鼓励多样化的教学方法，如探究式学习、合作学习、项目式学习等，营造有利于学生个性发展的学习环境。教师要不断反思和优化教学策略，以满足不同学生的学习需求，促进学生的全面发展。

　　读"课程目标"，悟教学目标要义。课程目标明确指出，数学教学不仅是为了让学生掌握基本的数学知识和技能，更重要的是培养他们的数学核心素养，如数学抽象、逻辑推理、数学建模、数据分析和数学交流等。这些核心素养的培养需要在教学过程中通过多种方式实现。因此，教师在制定教学目标时，应注重目标的具体性、可操作性和发展性，确保每节课都能够有效推进核心素养的培养。

　　读"课程内容"，悟教学内容本质。新课标在课程内容上做出了优化调整，更注重知识的逻辑性和系统性，以及数学知识的实际应用和跨学科融合。教师应根据这些内容要求，设计出贴近学生生活和认知水平的教学内容，使数学知识不再是孤立的，而是与学生的生活经验、社会实际紧密相连，让学生能够在真实情境中体验数学的应用价值。

　　读"课程实施"，悟教学实施原则。新课标倡导科学合理的教学实施策略，包括要关注学生的差异化需求，注重学情分析，实施分层教学、因材施教。教师要根据不同学生的学习情况设计适合的教学活动，促进学生的深度学习和全面发展。同时,教学实施还要注重过程性评价和反馈,引导学生在不断反思中进步。

读"课程内容中的实例",悟教学实施变化。课程实例提供了具体的教学活动设计和教学策略建议,教师可以从中汲取灵感,将新课标的要求转化为具体的课堂实践。教师应根据这些实例,结合自己班级的实际情况,创新性地设计教学活动,确保数学课堂充满活力和创新,促进学生深度参与和自主学习。

读"有关行为动词的分类",悟目标的发展性。新课标注重从知识与技能、过程与方法、情感态度与价值观三个维度来设定目标,鼓励使用多层次的行为动词来体现学生不同层次的学习表现。教师在设计教学目标时,应根据学生的学习起点和发展需求,选择合适的行为动词,逐步引导学生从"了解""理解"到"掌握""运用"等更高层次的学习目标。

新课标为数学教育指明了新的路径,也为教师的专业成长提供了更广阔的空间。只有不断学习和反思,才能真正实现学生数学核心素养的全面发展,为学生的未来奠定坚实的基础。

二、在反思中学习课标

(一)课程标准功能的理解

课程标准是什么?它是国家对基础教育课程的基本规范和质量要求,是课程管理和评价的依据。教材编写、教学评估、考试命题等都应以课程标准为依据。对于教师而言,有了新课程标准,教什么、怎么教、教到什么水平,也就有了明确的指南,教学也因此更加有的放矢。然而,在学习新课标的过程中,许多教师却感到"课标"不够"解渴",认为它无法解决教学中的实际问题。其实,这种感觉源于对课标功能的误解。课程标准作为一份指导性文件,不可能对具体教学实施过程作出统一、明确的规定。

例如,新课标在课程理念部分指出:"认真听讲、独立思考、动手实践、自主探索、合作交流等是学习数学的重要方式。"相比 11 版课程标准中的"积极思考","独立思考"一词的变化显得格外引人深思,它促使我们回顾和反思自己的课堂教学。试想,课堂上当数学问题一出现,教师是否常常会这样说:"这个问题你想怎么解决呢?同桌俩互相讨论讨论吧。"或者:"下面大家以小组为单位交流一下吧。"于是几个小脑袋立马凑在一起,课堂也顿时热闹起来,这些场景是否似曾相识?是否代表了课改初期课堂的常态?为了突出小组合作学习这种学习形式,教师习惯于组织学生小组讨论。表面上学生课堂参与度很高,但仔细观察就会发现:同桌交流时,基本都是优等生在滔滔不绝,学困生或学习一般的学生只是安静地坐着或是频频点头;小组讨论时,总是"学霸"讲得起劲,其他同学只能乖乖地听,学具也常是小组长一个人在操作,其他小组成员更像是一个旁观者;小组汇报时,话筒往往也总是被优生牢牢握在手中,其他人就算有不一样的想法,也没机会开口,只能在旁边干着急。表面上大家都在"积极思考",实际上,课堂成了优生展示自我的舞台,而"独立思考"则更强调对个体的关注。著名数学家陈省身说过:数学是自己思考的产物。首先要能够思考起来,用自己的见解和别人的见解交换,会有好的效果。没有"独立思考"的小组合作,学生只是人云亦云,盲目随从,这不是真正意义上的合作学习,只是形式上的合作。由回忆课堂再到反思课堂,我们就能更深刻地体会课标中"独立思考"一词之变的深意。课标是站在"培养担当民族复兴大任的时代新人"的高度,直面我们课堂教学中的问题,精准有力地指出了数学教学中必须改变的问题。如果我们每一位教师都能结合自身的课堂教学状态学课标,那我们的专业成长空间将是无限的。

还有一些教师在学习完课标后,觉得课程标准过于"务虚",只是提出了一些新理念、新框架,看起来只是理论和原则。其实,这样的认识也是不全面的。课程标准中所提出的理念、方法以及教学框架、评价原则,恰恰是针对当前教学中的实际问题提出来的。认真研读课程标准,我们常能在其中看到自己曾经是如何教学的,并能想象出未来应当如何去教。

又如,课标中提到选择能够引发学生思考的教学方式,强调了要改变单一的讲授式教学,更多地采用启发式、探究式、参与式、互动式等多样化的教学方法。这是否又让我们想起了课改初期的课堂场景——为了避免被贴上"满堂灌"或"穿新鞋走老路"的标签,很多教师在课堂上"隐身",让学生成为课堂的主角。虽然学生表现得热闹非凡,小组合作与讨论也在积极进行,但由于缺少必要的引导,课堂方向往往偏离了原有的轨道,教学重难点无法有效突破,最终教学目标也难以实现。其实,教师在课堂上讲与不讲,应该根据学习内容的特点和学生的实际学习情况来灵活把握。比如,在二年级学习"角的初步认识"时,当学生已经从生活中找到了角,教师可以引导他们指一指这些角。然而,很多学生会下意识地把角指为一个点。在这种情况下,教师无需反复提问"角是一个点吗?"也不必一个一个找学生重复操作。此时,教师完全可以在简单引导学生思考后,直接讲解正确的指角方法。学生不会因为你反复的追问或反复地找学生下来指就能自己学会指角,因为在学生的认知中尖端部分就是角。因教师只须适时明确讲解,让学生掌握正确的指法,再让他们实践即可。过度依赖提问和重复操作,不仅徒劳无功,反而会消耗宝贵的教学时间。

记得一位特级教师曾说过:"该讲的十句不多,不该讲的一句都是废话。"我们在学习新课标理念的同时,也要避免走向极端。在学习中要善于思考,并在思考中继承优良的教学方法。课堂教学的核心不在于讲多少,而在于讲什么、如何讲。教师应根据教学目标、教学内容和学生的实际情况,合理掌握讲解的尺度。该引导时引导,该提问时提问,该点拨时点拨,只有这样,才能充分发挥教师与学生的主动性和创造性。

又如,课标对信息技术与教学融合的建议是:教师可以利用信息技术对文本、图像、声音、动画等进行综合处理,丰富教学场景,激发学生学习数学的兴趣和探究新知的欲望。然而,课程改革初期,许多教师认为离开了现代化的教学手段,课堂就显得不够"新潮",导致一上课,教师就要使用课件,而不是根据课程的特点和内容需求来考虑,陷入了"为了多媒体而使用多媒体"的误区。

例如,在"认识物体"一课中,教师通过课件展示图片,让学生根据图片给物体分类,再看图观察这些物体的特征。表面上课进行得很顺利,但当我私下画了一个长方形问学生是什么形状时,学生回答是长方体。由此可见,仅靠课件展示而不让学生亲手触摸物体,学生对"体"与"面"的理解依然模糊。教师对此也表示无奈,认为学生太多,若都用实物操作,课堂难以管理,而课件则让课堂整齐划一,便于掌控。然而,实践操作是体验学习的关键手段,符合学生的认知规律,能够满足他们的好奇心和探索欲望。通过动手操作,学生不仅能加深对知识的理解,还能在探索中发现规律,形成实践求知的意识。新课标学习过程中,我们结合教学实践不断反思,就能通过学习,掌握国家对课程设计的基本规范和质量要求。从这个角度来解读课程标准,它就不是务虚的,而是对我们的教学改革提出了要求,进行了规范。

(二)课程标准学习与梳理方法探讨

我们教师最关心的是教学内容的组织、教学目标的达成以及基本教学要求的详细规范。课程标准按照四大领域进行了主题化的详细说明和规范。教师在学习课标的基础上,可以按主题将内容与相应的目标梳理成一个树状图形,不仅直观,还方便后续教学过程中更好地把握和落实目标。同时,教师可以根据自己的理解进行补充和修改。实际上,对目标要求的归纳,更多的是对能力培养的总结。小学数学每个主题的教学内容都与其要培养的核心素养及学生的某种能力相对应。梳理的过程,有助于教师明确教学方向和重点。如果教师能够认真做好这一工作,那么学课标、用课标就能真正落到实处。

三、在实践中落实课标

在对课程标准进行内容和目标的分主题归纳后,接下来的关键是如何在教学中切实落实这些目标和内容。这就需要教师在实际教学过程中加强研究和探索。正如前面所提到的,课程标准为教学提供了一些基本的方法提示,但更多是对教学的规范和要求。面对新课标和旧教材并存的现实情况,需要教师深入思考和研究,才能真正将课程标准的理念转化为课堂实践中的具体行动。

我们先看一个关于落实课程理念的例子。课标中关于课程理念第三条有这样一段话:"有效的教学活动是教师教和学生学的统一,学生是学习的主体,教师是学习的组织者、引导者与合作者。"如何体现学生在课堂教学中的主体地位?教师在设计教学设计和课堂实践过程中需要做哪些调整?

以二年级"除法竖式"的教学片段为例,看看教师在课堂上如何突出学生的主体地位,让学生主动参与,自主探索。

片段一:自主列式,质疑互动。

师:想一想,我们已经学过哪些运算?

生:加法、减法、乘法。

师:这些运算的竖式你们还记得吗?今天我们继续学习除法,除法的竖式又该怎么写呢?自己在练习本上写一写吧。

教师巡视搜集作品,展示交流。

$$
\begin{array}{r}
1\ 5 \\
\div\ 3 \\
\hline
5
\end{array}
\qquad
3\overline{)\begin{array}{r}
5 \\
1\ 5 \\
1\ 5 \\
\hline
0
\end{array}}
$$

作品1　　　作品2

师:这两个算式,你更喜欢哪一个? 为什么?

生 1:第一个,因为很清楚。

生 2:第一个,第二个太麻烦了。

师:可你们知道数学家最终选定哪个作为除法的竖式吗? 对第二个竖式,你有什么疑问吗?

生 1:除法竖式,怎么没有除号呢?

生 2:除法竖式,为什么要写这么长呢?

生3:怎么会有2个15呢?

…………

片段二:操作交流,理解竖式。

师:看来大家对这个竖式充满了好奇,接下来我们就用15个圆片代替15朵花,通过操作来理解除法竖式为什么要这么写。

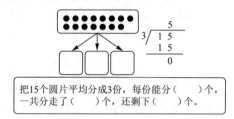

把15个圆片平均分成3份,每份能分(　　　)个,一共分走了(　　　)个,还剩下(　　　)个。

学生按要求操作后分享交流。

师:刚才小朋友们交流了分圆片的过程,看着你刚才分圆片的这个图式,再看看这个竖式,你能从这个竖式中找到你每次分的圆片吗?

生1:厂字下的第一个15表示一共有15个圆片。

生2:厂字下的第二个15表示图中刚才分的15个圆片。

生3:厂字上面的5表示图中每份是5个。

生4:厂字外面的3表示平均分给3份。

生5:0表示最后都分完了。

师:同学们真得太棒了,你们从这个除法算式不仅能找到刚才分圆片的结果,还能从这个算式中发现刚才分圆片的过程。这个除法算式把我们之前学过的三种运算都包含在里面了。现在你明白除法竖式为什么这么长了吗?

生:原来除法竖式表示的是分圆片的过程。

师:现在你能说说这个除法竖式中每个数的意义吗?

…………

片段三:整体建构,数学抽象。

师:下面我们一起来写写这个竖式,我们先写厂字,表示除号,再写15,15是什么数?

生:被除法。

师:接着写3,3是?

生:除数。

师:15除以3得5,叫——

生:商,写在3的上面。

师：想一想，为什么一定要写在 3 的上面，不能 1 的上面呢？

生：因为每人分了 5 个，表示 5 个 1。

师：3 乘 5 得 15，写在——

生：15 的下面，15 减 15 得 0。

…………

除法竖式历来是小学生学习中的难点，由于不理解，学生只能照着葫芦画瓢做题，这也就不难理解为什么小学生不喜欢计算除法。在上述案例中，教师把学生推到学习的前台，让他们自己尝试列竖式。学生基于已有的加、减、乘的经验，列出了不同形式的竖式。哪个算式才是表示除法的竖式呢？当教师说第二种才是正确的时，学生表现出很大的困惑。面对学生的疑问，教师作为学习活动的组织者，设计了多种活动来帮助学生理解。分一分：学生借助已有的平均分的经验进行自主操作。找一找：学生根据图示，寻找与算式对应的数量。说一说。找到后用准确的语言描述。通过这些活动，学生借助数形结合，再次将除法竖式的外在形式与圆片分割图和每个计算步骤有机结合，从形到意，让学生更加透彻地理解了除法竖式的结构和含义。

在整个学习过程中，学生始终是学习的主体，教师作为组织者、引导者和合作者，通过设计活动、提出问题、引导讨论和总结提升，有效支持了学生的学习。学生在这样的学习活动中，不仅提升了数学思维能力，还增强了合作精神和表达能力，充分体现了新课程理念中"有效的教学活动是教师教和学生学的统一"的要求。

再看一个体现课程内容结构化特征的案例。在教学建议第二条整体把握教学内容，其中有这样一段话："在教学中要重视对教学内容的整体分析，帮助学生建立能体现数学学科本质对未来学习有支撑意义的结构化的数学知识体系。"教学中如何对教学内容进行整体分析，体现结构化？如何在体现数学学科本质的过程中实现结构化？结构化是不是就是把内容进行整合、压缩？

看"平行四边形面积"的教学片段。

片段一：谈话导入，提出猜想。

师：看，这是什么图形？（出示一个长方形)，想一想，长方形的面积怎么求？

生：长×宽＝长方形的面积。

师：继续看，这是什么图形？（课件拉动，长方形变成平行四边形）

师：想一想，平行四边形的面积又该怎么求呢？

学生有的说是两个邻边相乘，有的说是底乘高。

片段二:主动探索,构建新知

1. 头脑风暴,初探研究方向。

师:到底哪个猜想对呢? 你们想怎样验证?

生1:平行四边形也是平面图形,它的面积应该和长方形一样,也是求它所包含的面积单位的总个数。

生2:我打算把它放在方格纸中,把不满格的部分通过平移、旋转组合成满格再数一数。

师:用方格纸很直观。

生3:平行四边形和长方形不太一样,不太好数,我想能不能把它也变成规则图形数一数。

师:既然大家都有了想法,请把你的想法在小组内交流一下,小组合作一起探究平行四边形的面积。

2. 动手实践,展示探究成果。

师:同学们探究、交流的很认真,很多小组都已经有了探究成果,哪个小组来分享一下?

(1)数方格。

生1:我是先数出整格的,有15个整格的,再把这个小格和那个小格拼成一个整格,这个再和那个小格拼成一个整格,最后一共是21个整格。

教师随着学生的回答在课件上移动拼格。

师:还有不同的数法吗?

生2:将左边的三角形整体移到右边,能得到一个长方形,就更好数了。

师:你们觉得哪种数法更好?

生:第二种好。

师:那谁能说一说这种数法好在哪儿?

生:它把这个平行四边形剪开,拼成了一个长方形,这样数起来就方便了。

(2)割补法。

生3:我们小组和刚才第2个同学的拼法是一样的,但我们没有用数的方法,因为我们发现拼好的图形是长方形,直接用7乘3就能得到21。

生4:我们小组沿着这个平行四边形的一条高剪开后,发现也能拼出一个长方形。

师:那是不是所有的平行四边形都能转化成长方形呢? 下面请同学们从学具袋中任选一个平行四边形,剪一剪,拼一拼。

学生活动,汇报验证结论。

师:经过刚才的交流,我们发现,一个平行四边形,只要沿着它的高剪开,都能拼成一个与它面积相等的长方形。那转化后的长方形的长和宽与平行四边形的底和高有什么关系呢?面积公式又是什么呢?

生:平行四边形的底和长方形的长相等,平行四边形的高和长方形的宽相等。

…………

师:看来平行四边形的面积等于底乘高的猜想是对的。

(3)融入数学文化。

师:其实,同学们想到的这种割补的方法和两千多年前我国古代数学家刘徽的想法不谋而合,刘徽在《九章算术》中就是用出入相补的原理,计算图形的面积。

介绍:"出入相补"(又称以盈补虚),即以多余补不足,是数量的平均思想在几何上的体现。你有什么感想呢?

生:我们今天的发展是一代又一代人传承下来的,我们和数学家一样厉害!

片段三:回顾整理,沟通联系

回顾今天我们探究平行四边形面积公式的过程:平行四边形的面积就是它包含的面积单位的总个数,在数面积单位个数的过程中转化成学过的图形,寻找新旧图形之间的关系,最终推导公式并应用公式解决问题。

回顾我们学过的平面图形面积,公式的总结都是为了更好地算出图形包含的面积单位的个数。

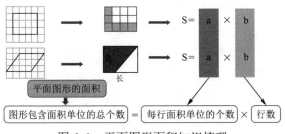

图 6-1　平面图形面积知识梳理

师:谁能继续说说这些公式当中底代表什么,高代表什么?

生:底代表他们每行面积单位的个数,高或者宽代表行数。底乘高算的就是面积单位的总个数。

师：说得好，知其然更要知其所以然。今后再学习三角形、梯形的面积及其他平面图形的面积时，也可以借鉴今天的思路去研究。

在这一教学案例中，教师充分利用学生已有的长方形和正方形面积计算经验，引导学生经历了猜测与验证的过程。在验证过程中，学生通过数长方形的格子，自然而然地过渡到数平行四边形的格子，并在此过程中发现了割补法的优越性。通过割补法，学生将平行四边形转化为熟悉的长方形，完成了从未知到已知的数学思想转化，深化了对平面图形面积计算的理解，积累了宝贵的数学活动经验。更为重要的是，这种学习过程为后续探索其他图形（如三角形和梯形）的面积计算奠定了坚实基础。当学生研究三角形和梯形的面积时，可以自然联想到平行四边形的转化方法，将这些新图形转化为已学过的长方形或平行四边形，进一步探究它们之间的关系，并推导出相应的面积公式。通过这样的学习路径，学生不仅掌握了具体的计算方法，还逐渐形成了从已知到未知、从具体到抽象的数学思维方式，体现了数学知识内容的系统性和层次性。这种结构化的学习方法帮助学生建立起更完整的数学思维框架，为解决类似问题提供了灵活的策略。

"为实现核心素养导向的教学目标，不仅要整体把握教学内容之间的关联，还要把握教学内容主线与相应核心素养发展之间的关联。"也就是说，要整体把握教学内容，要重视对内容的整体分解，帮助学生建立能体现数学学科本质，对未来学习有支撑意义的结构化的数学知识。

如学习"图形的旋转"一课时，教师聚集旋转的本质，创编学习材料，引导学生经历了从一维的线段、二维的三角形到三维的绕轴旋转成体的纵向结构化学习历程，让学生深刻理解了旋转的意义。

一维线段：教师先让学生在方格纸中画线段 AB 绕一个点旋转 90 度后的图形。随后，针对学生画的各种图形，围绕下面的两个问题，让学生先独立思考，再全班交流。

①上面这些作品，你认为哪幅是对的？为什么？

②想一想，为什么会画出这么多不同的作品呢？

学生在讨论交流中，进一步明确了旋转的三要素，直观地看到了图形在旋转过程中，线段长度不变，变化的只是图形的位置，并理解了变与不变的原因。

二维三角形：教师先出示直角三角形 ABC，让学生想象三角形 ABC 绕直角边旋转后会是什么样的图形？学生在想象的基础上上台演示操作，最后用语言描述图形的旋转过程。在这一过程中，学生通过用前面线段旋转习得的三要素，经历了想象、观察、描述平面图形的旋转过程,实现了由线的旋转到面的旋转的过渡。

三维立体:课的结尾,教师引导学生想象一个点、一条线段可以绕点旋转,那图形是不是也能旋转呢?图形旋转后又会得到什么样的图形呢?随即课件演示旋转后得到的立体图形,从而使学生的思维实现由二维到三维的跃升,为后续研究立体图形打下基础。

总之,新课程标准的实施需要教师在教学中深入理解课程理念,整体把握内容结构,注重学生核心素养的培养。教师要在教学设计和课堂实践中不断探索,灵活运用多样化的教学策略,帮助学生逐步建立起系统化的数学知识体系,实现从具体到抽象、从已知到未知的思维发展。唯有在学中用、在用中学,不断反思与改进,才能真正将课程标准的精神落到实处,推动数学教学的高质量发展,为学生的未来学习和全面发展奠定坚实的基础。

第二节　小学数学单元整体教学实施与意义

《义务教育数学课程标准(2022年版)》在教学建议中指出,应当改变以课时为单位的传统教学设计,推行单元整体教学设计,从而展示数学知识之间的内在逻辑及其与核心素养的关联。从教学的角度来看,课程标准明确了单元整体教学的要求。这就意味着教师需要改变过去"课时视角"下的教材解读和教学实施方法,转而采用"单元视角",以更系统的方式分析和理解教材内容,结合学生的实际情况,理清各知识点之间的关联。这样做的目的是实现教学的结构化,使教师能够有条理地教,学生能够有联系地学,达到"教得好,学得会"的效果。因此,以单元整体教学为抓手,逐渐成为小学数学教学的重要策略。然而,单元整体教学在实际课堂上的落实并不容易。教师需要面对如何深入分析和解读教学内容,如何提升自身的教学设计能力等诸多挑战。如何在课堂中有效地实施单元整体教学策略,已经成为每位小学数学教师必须面对和解决的重要课题。

一、小学数学单元整体教学概述

（一）单元整体教学的内涵

小学数学单元整体教学的核心在于教师能从单元的整体视角出发,将学生前面所学与本单元内容相关的知识进行有效衔接,同时联系后续学习中的相近知识点,把这些相互关联的内容串联成一个有逻辑的学习链条。在这种模式下,数学知识彼此紧密联系、相互支撑。教师从整体的角度设计教学,不再局限于单个知识点或技能的传授,而是围绕一个主题展开教学,从多个角度展开学习与探究,帮助学生建立起一个完整的数学知识体系。这不仅使学生更深入地理解数学概念,还能帮助他们掌握多种解题方法并能灵活应用。单元整体教学的策略拓宽了学生的学习视野,使他们在学习中逐步形成系统的数学思维能力,为他们将来的学习和生活打下了坚实的基础。

（二）单元整体教学原则

1. 目标的整体性。

教学目标是课堂教学的核心,决定着教学的方向。单元整体教学时,教师应遵循目标的整体性原则。即要把每个教学单元置于整个学段甚至整个小学数学知识体系中去分析。要理清该单元内容与前后知识之间的衔接,进行横向与纵向的分析,准确把握教学内容的重点和难点。基于对知识结构的深入理解,教师要从多个维度制定科学合理的教学目标。与此同时,单元教学目标还须进一步细化,落实到每一节课的具体目标上。各课时目标应保持前后连贯、层层递进、有机衔接,确保整个单元的教学目标既系统又完整,形成一个和谐统一的教学整体。

2. 内容的结构性。

教学内容的结构性突出了各课时内容之间的联系,知识点能有序衔接。在同一个单元中,知识点、例题和练习题应循序渐进,逐步深入,形成一条连贯的学习链条,避免知识点的零散分布,确保学习的系统性和连续性。此外,单元之间的内容也应前后关联,教师需要对前后知识进行深入分析和合理整合,构建一个系统的知识结构。例如,在学习"多边形的面积"单元时,长方形和正方形的面积计算不仅是学生学习其他平面图形的基础,同时也为后续学习圆的面积和立体图形表面积打下了坚实的基础。基于这一分析,教师在设计单元教学时,需特别关注知识之间的连贯性。

3. 活动的层次性。

在小学数学单元整体教学中,设计有层次的教学活动是关键。教师需要精心安排,使每个教学环节和学习任务有序衔接,逐步深入,形成一个环环相扣的学习链条。层次性设计的核心在于,教学活动和学习任务要循序渐进,引导学生从浅显到深刻,逐步接触数学知识的核心内容,推动思维的逐级提升。这种层次性设计需要从两个方面来考虑。首先,在一个单元内,各课时的教学内容应体现出递进关系。重点课时需要深入讲解,而与之相似的辅助课时则可以更多地让学生自主学习,实现从引导到放手的过渡。其次,每节课的教学活动也应从简单到复杂逐步展开。教师可以通过设定不同层次的问题,引导学生逐步理解和掌握知识,从而达到更高层次的学习效果。

4. 方法的迁移性。

优秀的教师不仅关注知识的传授,更注重培养学生的学习方法和思维方式。在数学教学中,教师要引导学生学会在新的情境中能尝试用已有知识和方法解决新问题,并通过对比分析、独立思考,达到融会贯通、举一反三的目的。这种迁移能力的培养可以使学生在面对不同类型的问题时,能够灵活运用所学知识,提升解决问题的能力。单元整体教学为学生迁移能力的培养搭建了平台。例如,在"多边形的面积"单元中,包含了多种平面图形及组合图形的面积计算。虽然每种图形的面积计算方法不同,但它们之间具有共通的数学思想——转化。学生可以利用"割补法"或"拼图法"将未知的面积问题转化为已知的面积问题来解决。教师应引导学生将前面学到的方法迁移到新的问题情境中,通过类比和联想,把复杂问题简化,逐步培养他们灵活运用知识的能力。

二、小学数学单元整体教学的意义

(一)助力教师深入理解数学核心素养

单元整体教学设计引导教师跳出单一课时的局限,以全局视角规划整个学科的教学布局。通过整体性思维,教师能更好地理解各知识模块之间的联系和逻辑,从而避免"只见树木,不见森林"的局限。这样一来,教师不仅能更有效地组织教学内容,还能建立起系统、层次分明的知识体系,使得教学更具连贯性和针对性,真正体现数学核心素养的教育价值。

(二)提升学生的综合能力

单元整体教学通过系统化的知识结构设计,帮助学生在学习过程中建立起各个知识点之间的内在联系。这种教学方式打破了单一、分散的学习模式,学生可以在更广泛的背景下理解和应用知识,进而培养学生综合分析和解决问题的能力。此外,单元整体教学鼓励学生在一个主题内进行多角度思考和探讨,促进逻辑思维、问题解决和跨学科迁移能力的提升,从而培养他们的创新思维和综合素养。比如,在学习小数的乘除法前,学生已掌握整数乘除法的算理和算法。接下来学习分数乘除法时,学生就可以迁移"计数单位"来理解和关联。因此,教师在教学中可以通过强调这些不同运算之间的共同点和差异,帮助学生形成有效的学习思路,促进知识的迁移与灵活应用。

(三)激发学生学习兴趣

单元整体教学鼓励学生在大单元情境中进行学习,从而把数学知识与生活紧密结合起来,使原本抽象的数学概念更加具体化、生动化,增强了课堂的吸引力。通过这种方式,学生能够切实体会到数学在日常生活中的应用价值,提升他们解决实际问题的兴趣和积极性。在这一过程中,学生被鼓励积极参与问题的探究与解决,亲身经历发现问题、分析问题、解决问题的过程。学生不仅感受到数学的实际应用与乐趣,也变得更愿意主动投入学习,提升了学习的动力和自主性。

三、新课标下小学数学单元整体教学的策略

(一)确立单元目标,合理规划内容

教师在实施单元整体教学时,首先要清晰设定每个单元的教学目标,在此基础上,合理安排教学内容。有了目标的指引,教师可以准确把握单元的重点和难点,更有针对性地引导学生学习。为此,教师需要从以下几个方面进行深入分析和规划。

1. 深入解读课程标准。

在义务教育阶段,数学课程内容划分为四个主要领域:数与代数、图形与几何、统计与概率、综合与实践。每个领域根据不同的学段又进一步细化为多个主题。以数与代数领域为例,该领域又细分为"数与运算"及"数量关系"两大主题。教师在教材分析时,需要先明确当前单元的内容属于哪个主题,并在课程标准中找到该单元的总体学习目标,参考具体的内容要求和教学提示,以精准把握教学方向。

例如,在《11～20各数的认识》这一单元中,它属于"数与代数"领域数的

认识部分,是正式认识数位的开始,对学生形成初步的数感、符号意识、运算能力具有重要作用。这部分内容基于学生对 1～10 的数的认识,进一步加深学生对计数单位"一"和"十"的理解,并为后续学习更大的数打下基础。学生将在此单元中学习 11～20 各数的意义、读写、组成、数序和大小比较,这些内容对后续百以内数的认识以及大数的学习具有承上启下的作用。

2. 系统解读教材内容。

教师在进行单元教学设计时,应对教材内容进行深入的纵向和横向分析。纵向分析需要了解每个知识点的基础,并明确其在后续学习中的作用,这要求教师对整套教材有全面的把握。横向分析则是要对单元内部的每个知识点进行整体掌握,明确其教学重点和难点。在单元整体教学的框架下,教师不能仅依赖某一版本的教材,而应对比多个版本的教材,找出它们的共性和差异,确保对教学内容的全面理解和掌握。

例如,在《11～20 各数的认识》这一单元中,教材将其划分为两个信息窗,并对两个窗的内容进行了科学整体编排:信息窗 1 聚焦 11～20 各数的认识,涵盖数的读写、组成、大小比较等核心知识点,旨在系统构建学生对这一数域的认识框架;信息窗 2 侧重解决 11～20 的简单加减法问题,强调通过学具操作直观展现加减运算的本质,就是计数单位个数的增减,进一步巩固数的意义,并在计算的过程中加深对数的认识。

3. 全面了解学生的学情。

在设计单元教学之前,教师应先通过问卷、知识测试等方式,了解学生的知识基础和学习中的困难。在此基础上,教师可以更明确地确定单元教学的重点和难点,并制定更符合学生实际需求的教学计划。了解学情有助于因材施教,增强学生的学习兴趣和课堂参与度,从而提高教学效果。

例如,在《11～20 各数的认识》这一单元中,教师可以从学生的知识基础和学习能力两方面进行具体的学情分析。

(1)知识基础分析。该单元是在学生掌握了 1～10 数的认识和运算的前提下展开的对整数的再次认识。1～10 各数认识、组成、读写及加减法运算等内容是该单元学习的重要基础。

(2)学习能力分析。学生具备了一定的观察、分析等逻辑思维能力,以及初步的抽象意识,但仍以具体形象思维为主,教师需要借助学具(小棒、小圆片等)操作,引导学生通过数一数、摆一摆、捆一捆、拨一拨、写一写、读一读等活动,经历从直观到抽象的过程。

基于以上学情分析,可以确立该单元的教学目标:

（1）体验从数量到数的抽象过程,能用11～20各数表示物体的个数或事物的顺序,能认、读、写20以内的数,能说出"个位"和"十位"上的数表示的数值,会比较11～20各数的大小,形成初步的数感和符号意识;

（2）能熟练口算10加几、十几加几(不进位)及相应的减法,知道加减法算式各部分的名称,形成初步的运算能力;

（3）经历用20以内的数描述身边事物的过程,体会数与生活的联系,感受数学表达的简洁美,增强数学学习的兴趣。

通过明确单元目标、系统解读教材内容以及全面了解学生学情,教师能够在单元整体教学中更好地组织和实施教学,帮助学生构建连贯的数学知识体系,促进他们的全面发展。

（二）设计核心问题,促进思维碰撞

在小学数学单元整体教学中,核心问题起着关键作用。它不仅能引发学生的认知冲突,激发他们的主动思考和讨论,还能帮助学生深刻理解数学的本质。核心问题可以作为贯穿整个教学过程的主线,有效地串联各个教学活动,引导学生在解决问题的过程中不断深化对知识的理解,逐步培养其逻辑推理和思维能力。通过精心设计核心问题,教师可以引导学生从具体的操作和图形展示,到抽象的公式推导,层层递进。这样,学生不仅能掌握表层的知识,还能在思维深度上得到提升,真正实现数学思维的发展。

例如,在学习"除数是两位数的口算除法"时,教师可以设计一系列核心问题,引导学生自主探索和思考。学生根据情境图列出算式后,教师要求他们独立计算并进行全班交流。有的学生用加法得到结果:因为20+20+20=60,所以60÷20=3;有的学生运用乘法推导:因为20×3=60,所以60÷20=3;还有的学生想到可以把被除数和除数后面的"0"都去掉,算6÷2等于3。这时,有学生质疑:为什么要把被除数和除数后面的"0"都去掉计算?这就成为该节课的第一个核心问题。教师围绕这一核心问题引导学生理解口算的原理。有的学生用小棒解释:把60看作6捆小棒,除以20(即2捆一组),结果要圈3次,得到3;有的学生则说,60就是6个"十",20就是2个"十",所以60里面有3个"2个'十'",因此60÷20=3。在学生交流后,教师引导学生发现两种说法的相同之处。学生意识到,他们算的都是"6个十里面有几个2个十"。最后,教师及时总结:原来,同时划掉60和20后面的"0"进行计算,其实是计算"6

个十除以2个十",所以得出结果为3。接下来,教师设计了一组拓展练习题:$60\div20,600\div200,6\,000\div2\,000$,学生独立完成后,教师问:"你有什么发现?"学生们发现,当被除数和除数同时增加相同的"0"时,结果仍然是3。教师继续追问:"为什么结果都是3呢?"这又成为学生思考的第二个核心问题。教师引导学生得出结论:不论除数是几位数,计算的都是"计算单位的个数是另一个计算单位的几倍"。在这个教学案例中,学生没有进行机械模仿和重复练习,而是在教师的引导下,围绕核心问题进行思考和探索。通过这些核心问题,学生不仅学会了计算方法,还深刻理解了"为什么这么算"。在最后的练习环节,教师突破了教材的编排限制,以单元整体教学的视角整合了相关内容,引导学生在观察中比较、思考中分析,最终学生知其然也知其所以然。在这样的学习过程中,不仅培养了学生的运算能力和推理意识,还逐步帮助学生形成系统化的知识结构。

(三)设计任务活动,促进知识理解

单元整体教学的核心在于精心设计任务活动。任务活动是重要的教学组织形式,能帮助学生在实际操作中理解抽象的数学概念,深入探讨问题的本质。通过参与任务活动,学生可以积极投入,动手操作与思考相结合,将抽象的数学概念转化为具体的解题方法和策略,深化对知识的理解,逐步构建起完整的知识体系。教师在教学过程中应围绕单元和课时目标,基于核心问题,设计层层递进的任务活动,并准备相应的活动材料,激发学生的学习兴趣和主动性,帮助他们逐步深入理解数学知识。

例如,在教学"长方形和正方形的面积"时,教师设计了四次任务活动,引导学生通过探索和实践,逐步推导出长方形面积的计算公式。

第一次任务活动:趣味拼摆。 教师为每个学生提供了12个1平方厘米的小正方形,让学生摆出面积为12平方厘米的不同长方形,并记录每个长方形的长和宽。学生操作后,全班进行交流。学生摆出了长12厘米、宽1厘米,长6厘米、宽2厘米,长4厘米、宽3厘米的长方形。在交流之后,教师引导学生根据表格中的数据猜测长方形的面积与长和宽之间的关系,提出初步猜想。

第二次任务活动:验证猜想。为了将第一次活动中学生的直观经验转化为明确的数学结论,教师让学生选择不同数量的小正方形来拼摆长方形,或者通过画图的方法验证他们的猜想。学生在操作后进行了交流讨论:有的学生说:"我沿长摆5个,宽摆2个,共10个,所以长乘宽是正确的。"还有学生说:

"我画了一个长 6 厘米、宽 3 厘米的长方形,面积是 18 平方厘米,也就是长乘宽……"通过讨论,学生验证了长乘宽就是长方形面积的计算方法。

第三次任务活动:反猜图形。教师给出一个长方形的面积,让学生反推该长方形的长和宽可能是多少。在这个环节中,学生不仅需要考虑长方形面积的构成要素,还要通过计算找出不同长宽组合下相同面积的长方形。这一过程帮助学生在想象中构建长方形面积的概念模型。

第四次任务活动:拓展延伸。在这个环节,教师通过课件演示,引导学生发现正方形是长方形的一种特殊形式,从而总结出正方形的面积公式。学生通过观察和讨论,掌握了正方形面积的计算方法,并体会到正方形面积公式与长方形面积公式之间的内在联系。

在这些任务活动中,学生的思维逐渐从具体操作走向抽象理解。每一个活动都需要深入的思考和参与,学生在动手操作和讨论交流的过程中,将数学思维训练与知识学习紧密结合,使数学学习的过程成为思维不断深化和提升的过程。

(四)完善单元教学评价

在单元整体教学中,评价不仅仅是检验学生掌握知识的结果,更是一个反馈调节教学过程的重要工具。评价的完善与优化,能够帮助学生及时了解自身的学习状况,明确改进方向,同时为教师提供依据,调整和改进教学策略,从而进一步增强教学的结构化效果。

1. 教师评价:多维度的反馈。

教师评价是单元教学评价的核心环节。教师不仅要关注学生在测试中的正确率,还应关注学生的学习过程、参与度和思维发展、学习习惯与态度等。

2. 学生自评与互评:增强学生主体地位。

为了突出学生在课堂中的主体地位,教师可以引入学生自评和互评的环节。通过自评,学生可以反思自己在整个单元学习中的表现,明确哪些知识点还未掌握,哪些解题技巧需要进一步提高。同时,互评让学生在相互交流中学习,促进他们的深度思考。

3. 过程性评价:注重学习过程中的进步。

评价不应局限于单元学习的最终结果,过程性评价能够更全面地反映学生的学习状态和发展情况。教师通过观察学生的课堂表现、小组合作情况、作业完成情况等,进行过程性评价。

通过完善评价体系,教师不仅能够全面掌握学生的学习进度和情况,还能及时调整教学策略,提升课堂教学的有效性和针对性。在这样的评价反馈中,学生能够意识到学习中的不足和进步方向,有助于形成学习习惯,进一步增强数学单元整体教学的结构化效果。

附:青岛版小学数学一年级上册"11～20各数的认识"单元学习任务

青岛版小学数学一年级上册"11～20各数的认识"单元创设了漂亮的粘贴画的真实情境,能够激发学生的探究兴趣,因此,该单元学习任务设计,依托教材"漂亮的粘贴画"下的真实情境串,设计学习任务与关键问题,引领学生在解决实际问题的过程中学习11～20各数的相关知识。

表6-1　青岛版小学数学一年级上册"11～20各数的认识"单元学习任务

课型及课时	内容及关键目标	关键问题	主要学习任务及评价设计
种子课 1课时	内容:11～20各数的认识 学习目标如下。 1. 认识11～20各数,并能正确读写;了解20以内数的顺序。 2. 进一步认识十进制,巩固"10个一是1个十",体验位值制的作用。 3. 知道11～20各数的组成,建立初步的数感模型,为多位数的认识打好基础。 4. 学习过程中体会数学知识与日常生活的紧密联系,激发学生数学学习的乐趣。	问题1: 一共用了多少片叶子?	任务1:11～19的认识。 1. 用小棒表示出叶子的总数,1捆和1根合起来是11。 2. 用小棒按顺序表示出11～19各数,并能说出组成。 3. 计数器表示出11～19各数,能说出数的组成,会写数。 评价设计:利用小棒和计数器,按顺序表示出11～19各数,并能数形结合说出各数的组成,会读写。
		问题2: 19根小棒再加1根是多少?	任务2:20的认识。 通过摆小棒,在19基础上继续数,认识20,知道2个十就是20。 评价设计:利用计数器进一步认识20,知道个位满十向十位进一,会写20,体会不同数位数字表示的意义。

课型及课时	内容及关键目标	关键问题	主要学习任务及评价设计
成长课 1课时	内容:11～20各数的大小比较 学习目标如下。 1. 经历比较20以内两位数大小的过程,掌握比较两位数大小的方法;培养抽象概括及语言表达的能力。 2. 让学生在活动过程中养成用数学思维方法去思考问题的良好习惯。	问题1: 比 一 比, 14和16谁大?	任务:14和16的大小比较。 小组合作交流出比较大小的方法,可以是按照数数的顺序确定;可以是利用小棒数形结合一一对应比较;可以通过数的意义进行比较,体验比较方法的多样性。 评价设计:利用数线图,送11～20各数回家,深化20以内数的认识。猜数游戏,明确11～20各数的顺序、组成和大小关系。
生长课 2课时	内容1:十加几及相应的减法 学习目标如下。 1. 经历探索过程,掌握计算十加几的计算方法,理解其中的算理,了解加法算式各部分的名称。 2. 能根据加法算式写出两个相应的减法算式,体会加减法之间互为逆运算的关系。	问题1: 树叶画一共用了多少个海螺?	任务1:探索十加几加法的算理和算法。 交流十加几的计算方法,借助数的组成、摆小棒等理解其中的算理。 评价设计:会计算十几加几,能理解和完整表达出其中的算理。
		问题2: 你能根据10＋3＝13写出两个减法算式吗?	任务2:根据10+3=13写出两个减法算式。 活动1:借助情境图中的信息,在理解图意的基础上根据10+3=13写出两个减法算式。 活动2:运用"数的组成""相加算减"等方法交流计算13－3和13－10的方法,体会加减法之间互为逆运算的关系。 评价设计:能根据加法算式写出两个减法算式,理解并能表达出三个算式所表达的意义。

课型及课时	内容及关键目标	关键问题	主要学习任务及评价设计
生长课 2课时	内容2:十几减几及相应的加法 学习目标如下。 1. 经历探索过程,掌握计算十几减几的计算方法,理解其中的算理。 2. 体会计算都是相同计数单位的个数相加减,了解减法算式各部分的名称。 3. 能根据减法算式写出两个相应的加法算式,体会加减法之间互为逆运算的关系。	问题1: 贝壳画一共用了多少个贝壳?	任务1:探索十几减几减法的算理和算法。 交流十减几的计算方法,借助数的组成、拨计数器等理解其中的算理。 评价设计:会计算十几减几,能理解和完整表达出其中的算理。
		问题2: 你能根据17−5=12写出两个加法算式吗?	任务2:能根据17−5=12写出两个减法算式。 活动1:借助情境图中的信息,在理解图意的基础上根据17−5=12写出两个减法算式。 活动2:运用"数的组成""相减算加"等方法交流计算5+12和12+5的方法,体会加减法之间互为逆运算的关系。 评价设计:能根据减法算式写出两个加法算式,理解并能表达出3个算式所表达的意义。
		问题3: 你能根据10+3=13写出两个减法算式吗?	任务3:根据10+3=13写出两个减法算式。 活动1:借助情境图中的信息,在理解图意的基础上根据10+3=13写出两个减法算式。 活动2:运用"数的组成""相加算减"等方法交流计算13−3和13−10的方法,体会加减法之间互为逆运算的关系。 评价设计:能根据加法算式写出两个减法算式,理解并能表达出3个算式所表达的意义。

续表

课型及课时	内容及关键目标	关键问题	主要学习任务及评价设计
梳理课 1课时	内容:我学会了吗? 学习目标如下。 1. 通过回顾整理,对本单元的知识有一个整体的感知。 2. 能灵活用本单元的知识解决生活中的实际问题,体验数学与生活的密切联系。	问题1: 通过本单元的学习,你都有哪些收获?	任务1:回顾整理。 活动1:回顾交流本单元学习的知识,用智慧树的形式梳理本单元的知识,形成简单的知识网络。 活动2:猜数游戏。 根据提示快速说出所表示的数字。(以实物、声音、文字描述、小棒图、计数器图等不同的形式进行呈现) 评价设计:能对本单元所学的知识进行回顾和整理,能较清楚地表达出自己的想法。
		问题2:你能运用本单元的知识解决问题吗?	任务2:综合运用。 综合运用本单元知识解决问题。 评价设计:通过"数一数、画一画、填一填、算一算"等不同层次的练习激发学生的学习兴趣,既巩固所学知识又体会数学与现实生活的联系。
实践课 3课时	内容1:找找身边的数——方案规划 学习目标如下。 1. 能在具体情境中,找到生活中的数,能说出数表示的意义形成初步的数感。 2. 在教师指导下学会查找资料,了解数的产生以及发展历史,感悟数学文化。 3. 能发现数学信息、提出问题,学会制定活动方案。	问题1:这是哪里?你找到哪些数?	任务1:找运动场上的数。 找到运动场上的不同数,说出数表示的意思,理解数表示多少和顺序的不同作用。 评价设计:借助运动场情境找数,理解现实生活中数表示的不同意义。
		问题2:关于找数你还能提出什么问题?	任务2:围绕"找数"主题提出问题。 围绕"找数"提出问题,确定研究方向。 评价设计:去哪里找数,这些数表示什么意思?明确要进行研究就要有计划进行。

课型及课时	内容及关键目标	关键问题	主要学习任务及评价设计
		问题3:方案规划是什么?怎样设计?	任务3:讨论完善方案规划。 1. 明确什么是方案规划。 2. 小组合作,讨论方案规划。 3. 合作交流,完善方案规划。 评价设计:根据小组合作交流完善方案规划,明确去哪里找数,和谁一起,什么时间,怎样记录,数表示什么。
		问题4:你知道数是怎么来的吗?你会玩数的游戏吗?	任务4:关于数的内容拓展。 1. 可以通过看书、上网查阅关于数的产生来历。 2. 会玩数学游戏。 评价设计:能通过看书、上网、同伴协作等方式,了解关于数的更多内容。
实践课 3课时	内容2:找找身边的数——实践活动 学习目标如下。 1. 能在具体情境中,找到生活中的数,能说出数表示的意义,会与同学一起玩数的游戏,初步获得一些数学活动经验,形成初步的数感。 2. 在教师指导下学会查找资料,了解数的产生以及发展历史,感悟数学文化。	问题1:找找身边的数主题活动第一阶段是什么?	任务1:回顾活动方案规划过程。 找找身边的数主题活动确立研究方向,制定方案规划过程的回顾,明确实践活动记录单的相关内容。 评价设计:了解活动记录单各项内容,明确课下实践活动的实施方法。
		问题2:开始我们的找找身边的数实践活动。	任务2:"找找身边的数"实践活动。 根据"找找身边的数"的方案规划,完成实践活动,填好实践活动记录单。 评价设计:经历找找身边数的实践活动,积累数学活动经验。

课型及课时	内容及关键目标	关键问题	主要学习任务及评价设计
实践课 3课时	内容3：找找身边的数——汇报交流 学习目标如下。 在解决问题的过程中，体验数在现实生活中的用途，感悟数学与社会生活之间的密切联系，学会交流反思、自我评价，引发对数学的好奇心，初步培养对数学的兴趣和与同伴共同学习的意识。	问题1：你在生活中找到数了吗？	任务1：找找身边的数实践活动成果交流。 1. 小组交流实践活动过程、发现。 2. 优秀成果展示交流。 3. 视频介绍古人对数的探究历程及相关演变，了解数学文化。 评价设计：视频介绍神舟系中出现的数，发现数在生活中的广泛应用。
		问题2：你会玩数学游戏吗？	任务2：玩数学游戏。 走方格游戏。游戏规则：我用●，你用○，掷骰子，掷出几就走几个，不能斜着走，看谁先到达终点。 评价设计：抽卡片游戏。游戏规则：每人抽1张，谁抽到的点数大，两张卡片就归谁。玩数学游戏，应用数的过程中激发学习兴趣。

附:青岛版三年下册"三位数乘两位数"单元整体实施规划

表6-2 青岛版三年下册"三位数乘两位数"单元整体实施规划

课时课型	课时目标	达成评价
起始种子课"整百数乘整十数、几百几十数乘整十数的口算"（1课时）	1. 在具体情境中，学会整百数乘整十数和几百几十的数乘整十数的口算方法，体验口算方法的多样化，能正确熟练地进行口算。 2. 通过类推、比较，理解整百数乘整十数和几百几十的数乘整十数口算的算理。	1. 能理解三位数乘两位数口算的算理。 2. 能掌握口算三位数乘两位数的口算方法。 3. 能正确熟练地进行口算。
探究生长课"三位数乘两位数笔算"（2课时）	1. 通过迁移两位数乘两位数的学习经验，自主探索三位数乘两位数的计算方法，理解算理，体会整数乘法的算理，感悟整数乘法运算的一致性。 2. 在探索三位数乘两位数及多位数乘多位数的计算方法的过程中，发展数感、运算能力和推理意识，积累数学思考经验。 3. 能结合具体情境选择合适的估算方法，理解估算的算理。	1. 能迁移两位数乘两位数的学习经验，自主探索三位数乘两位数的计算方法，理解算理。 2. 能掌握三位数乘两位数的计算方法，正确计算三位数乘两位数。 3. 能选择合适的估算方法解决问题。
探究生长课"积的变化规律"（1课时）	1. 掌握积的变化规律，能将这一规律恰当地运用于计算和解决简单的实际问题。 2. 经历积的变化规律的探索过程，初步获得探索和发现数学规律的基本方法和经验，发展推理意识。	1. 能自主探索并发现积的变化规律。 2. 能掌握积的变化规律，并应用这一规律解决简单的实际问题。
"三位数乘两位数练习拓展课"	1. 通过观察、比较、分析灵活运用口算、估算、笔算计算三位数乘两位数。 2. 通过对比练习，能灵活运用计算解决生活中的实际问题。 3. 通过对比练习，会观察、会思考、会表达。	1. 能灵活运用口算、估算、笔算计算三位数乘两位数。 2. 能灵活运用计算解决生活中的实际问题。
单元复习课	1. 通过对本单元知识的回顾与整理，进一步巩固本单元知识，并建立知识间的联系，对整数乘法形成完整的知识结构。 2. 能够综合运用单元知识解决具体问题。	1. 能完整构建本单元的知识网络。 2. 能灵活运用本单元知识解决问题。

续表

课时课型		课时目标		达成评价
学习活动及评价设计	三位数乘两位数	三位乘两位数口算	活动1：复习整十数乘整十数的口算方法和算理。 活动2：学生独立思考：怎样口算400×20？算理是什么？然后小组交流。 活动1：对比思考：怎样口算210×30？算理是什么？然后小组交流。 活动2：对比计算方法，说说三位数乘两位数的口算方法。	
		三位乘两位数笔算	活动1：迁移学习经验，试着写出竖式并解释计算过程。 活动2：自主探索340×21竖式计算并解释每一步的含义。 活动3：尝试总结竖式计算的方法。 活动4：独立思考尝试用估算解决问题，交流解题方法。选择合适的估算方法。	
		积的变化规律	活动1：观察算式的特点，提出猜想。 活动2：举例验证猜想，获得结论。	

附："三位数乘两位数"单元学习过程评价表

表6-3 "三位数乘两位数"单元学习过程评价表

评价维度	评价内容	评价标准	评价主体
情感态度	探究兴趣	能主动投入学习，自信地解决问题，能主动探索，积极思考，认真作答，有学习的热情。☆☆☆ 能比较主动地进行学习，能主动解决问题，能认真思考，进行作答。☆☆ 能按照要求进行学习，去解决问题，努力思考和作答。☆	学生自评 ☆☆☆ 小组互评 ☆☆☆ 教师评价 ☆☆☆
思考水平	交流习惯	能提出有价值的问题，在合作和交流中能积极互动质疑，能有理有据、清晰、有条理地运用相关数学语言表达出自己的想法。☆☆☆ 能提出问题，积极思考，在合作交流中较清晰地运用相关数学语言表达出自己的想法。☆☆ 能根据别人提出的问题认真思考，能合作倾听，能运用相关数学语言进行复述。☆	
知识技能	概念理解	能多元表征两位数乘两位数的算理，掌握算法，正确熟练地进行计算。☆☆☆ 能理解两位数乘两位数的算理，掌握算法，能正确较熟练地进行计算。☆☆ 能正确进行两位数乘两位数的计算，明白算理。☆ 能数形结合理解分数乘分数的意义和算理，掌握算法，正确熟练地进行计算，感悟运算的一致性。☆☆☆	

评价维度	评价内容	评价标准	评价主体
知识技能	概念理解	能理解分数乘分数的意义和算理,掌握算法,能正确进行计算,感悟分数乘法间的关系。☆☆ 能正确进行分数乘分数的计算,明白算理。☆	
问题解决	方法运用	能灵活准确运用所学的知识决实际问题,把生活问题转化为数学问题,体会学数学、用数学的乐趣,发展应用意识。☆☆☆ 能较灵活地运用所学的知识解决实际问题,把生活问题转化为数学问题,体会学数学、用数学的乐趣,发展应用意识。☆☆ 能运用所学的知识决实际问题,把生活问题转化为数学问题,发展应用意识。☆	

第三节　简简单单教数学

随着 2022 版小学数学新课标的实施,大观念、核心概念、结构化、单元整体教学等新的教学名词如雨后春笋般涌现,专家讲座也如雪花般纷至沓来。这些新理念、新方法为小学数学教学带来了无限可能,但同时也让许多教师感到迷茫和困惑。"越教越不会教"道出了许多教师的心声。面对这种情况,教师们无需过度焦虑,保持一颗平常心,冷静思考,从容应对,牢记教育的初心。找寻数学教学的"北极星",也就是找到那些不受外界变化影响,始终为我们指明方向的核心价值观。以此为指引,教师可以回归简单,从而简简单单教数学,教简简单单的数学,是我们教师面对新课标的最好心态。

一、课前,教师要做到心中有数

教师做明白之师,说白了,就是要认真备课。这听起来似乎是一个老生常谈的话题。备课对于教师来说再熟悉不过了。每天我们都在备课,有个人备课、年级组教研备课、校内集体磨课、区里的集体备课等等。无论教学如何改革,教师要上好课就要先备课,这一点始终不会改变。备课不仅能让教师明白课堂上要教给学生什么,更重要的是明白自己怎么教,怎么教才会更好。

备课,教师应坚守三个在场:数学在场,学生在场,教师在场。

(一)数学在场

数学在场,意味着数学内容始终是课堂教学的核心。正如张奠宙教授所指出的,数学教育应以"数学"内容为核心,教学不能仅停留在符号与逻辑的抽象层面,要引导学生走向更具意义的学习境界。数学教学不仅要传授知识,还要让学生在学习的过程中感受数学思维的严谨、数学方法的巧妙以及数学精神的深刻。因此,教师在备课时,首先要深入理解教材内容的深度和广度,明确每个知识点的内涵和外延,理清它们之间的逻辑关系。与此同时,教师还要注意灵活选用多种教学资源,如教学参考书、教辅材料及网络资源等,创造性地设计教学活动,使数学课堂充满活力和吸引力。

例如,在教学"植树问题"时,教师设计了多样化的活动,帮助学生在动手操作、自主思考、讨论交流中逐步建构起植树问题的数学模型。课前热身,看似调节课堂气氛的手指游戏,不仅让学生直观感知了"间隔"概念,还在无形中渗透了植树问题"两端都栽"的模型。新授环节,教师让学生模拟栽树,学生在操作中发现植树问题的三种情况:"两端都栽""只栽一端""两端都不栽",并以"两端都栽"为例,引导学生探讨棵数与间隔数的关系,从而总结出:间隔数加1等于棵数,并进一步推导出其他两种情况的关系,最终构建了植树问题模型。

这一过程中,学生的学习不是简单的知识记忆,而是在深入理解的基础上完成了知识的建构。他们不仅深刻认识到数学模型的本质,还体验到了数学模型在生活中的实际应用,从而进一步激发了他们对数学的兴趣和热爱。这样的教学设计,不仅传递数学知识,也是师生共同探索、建构知识的过程,从而使数学真正"在场",成为课堂中无处不在的引导力量。

(二)学生在场

学生在场,强调学生在课堂教学中的主体地位,有效的教学离不开学生的主动参与。教师在备课时应从学生的角度去考虑,思考这个问题学生是如何理解的、可能会有哪些想法以及这些想法背后的原因。只有站在学生的立场,设计符合他们认知特点的教学方案,才能使课堂成为学生自主探索、主动学习的舞台,知识的形成过程才不会是空谈。同时,教师在备课中还要把学生的个体差异作为设计教学内容的重要参考。学生的知识背景、理解能力、兴趣点和学习方式会有差异,教师要通过了解这些差异,设计多样化的教学活动,灵活运用各种教学方法,因材施教,激发学生的学习兴趣和参与度。

例如，一年级学习"两位数加减一位数竖式计算（不进位、退位）"时，有的学生从十位加起，有的学生从个位加起，这是学生已有的摆小棒、拨计数器的经验。教师在尊重学生已有经验的基础上，对学生的两种算法都给予了肯定，而不是在第一课时就总结相同数位对齐，从个位加起的算法，把算法的总结移到了第二节课，让学生在学习进位加法时体会从个位加起的必要性。

　　又如，质数与合数对学生来说是两个抽象的概念，如何让学生理解概念，而不仅仅是机械地背诵，教师组织学生进行了两次操作。第一次操作：比一比，看谁的摆法多。教师为每个小组准备了个数不等的小正方形（5个、9个、11个、12个、17个），让学生用所有的小正方形摆出长方形或正方形，并用算式表示，看哪个小组的摆法最多。学生操作后组织全班交流，交流中学生初步发现，摆法的多少可能与这个数因数的多少有关。第二次操作：探究摆法的多少到底与谁有关。教师这次不给学生提供数据，而是让学生自己选数据（35、25、59、32、36）摆一摆，写一写，画一画。学生在第二次操作中发现：有两个因数的都只能摆一种，三个或三个以上的因数都不止一种摆法，从而在数形结合的操作中理解了质数与合数的概念。

　　再看一个"比的认识"的教学案例，学生在生活中积累了很多比的知识，如比多少、比大小、赛场中的比分等，但这些"比"都不是数学中的"比"。如何基于儿童经验，让学生理解比表示两个数相除关系，从而理解比的本质呢？课的开始教师由学生最熟悉的两杯蜂蜜水开始，让学生比较"哪杯蜂蜜多""哪杯蜂蜜水更甜"。在比较中，学生初步体会到，比较蜂蜜的多少，只需要一个量；而比较蜂蜜水的甜度，则需要两个量，初步渗透了比的模型——研究两个量的关系。接着教师继续往蜂蜜里加水，让学生再次比较哪杯蜂蜜水更甜，学生发现蜂蜜和水的倍数关系是一定的，自然由倍数关系引入比，学生在配制同等甜度蜂蜜水的过程中，初步感知了比的变与不变的本质。不同类量的比是学生认识上的难点，如何让学生感悟比的本质，教师借助"1小时飞行了800千米，2小时呢……还能继续写下去吗？"引导学生发现原来路程和时间之间也有类似蜂蜜水的变与不变，不同类量之间也存在着比的关系，从而对比的认识由单一走向多维。赛场上的比分是学生熟悉的比，很多学生在学完"比的认识"后，依旧会把赛场中的比分当作"比"，如何让学生理解二者的区别，教师又创设了中国女排奋力拼搏、勇夺冠军的真实情境，引导学生在分析比分意义的过程中，理解了两个比的不同，从而让学生深刻理解了比的意义。

　　以上教学案例，教师在尊重学生经验、理解学生学习困惑的基础上，设计了科学合理的教学步骤和活动,让学生在愉快的学习氛围中,真正掌握知识,培养能力,这样的备课就坚守了学生立场。

(三)教师在场

教师需要认真思考课堂上可能出现的各种情况,灵活设计教学方案,以应对课堂中可能发生的意外和学生多样化的反应。课堂是一个动态生成的过程,学生的思维发展往往会偏离教师的预设。面对这种情况,教师是选择无视,任其发展?还是正面回应,引导学生讨论并探究,帮助他们回到正确的学习轨道?这些都需要教师在备课时提前思考和预设。教师要做到"站在学生前面",既要有较强的应变能力,又要具备引导学生学习的智慧和方法。同时,教师还需展现出扎实的专业素养。课堂的精彩通常体现在学生的学习效果上,而课堂的高度往往反映了教师的专业深度与能力。一个好的教师不仅能把握课堂的走向,还能在学生的每一次思考偏离方向时,灵活地引导他们回到知识的核心,这也是教师专业性的体现。

例如,学习"连续进位的三位数加三位数加法"时,在已有的三位数加三位数不连续进位竖式计算的基础上,大多数学生能正确计算。在这种情况下,教师的关注点应该在哪里呢?教师应引导学生进行比较,问:"这道题与我们之前学习的知识有什么不同?"在学生回答的基础上,教师可以进一步追问:"看,这里写了两个小 1,长得一样,它们的意思是一样的吗?"教师引导学生发现一个 1 代表个位满十向十位进一,另一个 1 代表十位满十向百位进一。然后教师又引导学生大胆推测:"如果百位满十呢?"通过这种逐步引导,教师帮助学生总结出:"哪一位相加满十,就向前一位进一"的计算法则,从而让学生不仅掌握了算法,还理解了其背后的道理。

再看一个教学案例,学习"对称"时,寻找平面图形中的轴对称图形,平行四边形常常是学生认识上的难点。在教学中,有一部分学生认为平行四边形是轴对称图形,并尝试通过将平行四边形剪开再重合来证明。面对学生的这种想法,教师及时组织学生讨论:"对于这种想法,你有什么疑问吗?"通过交流,学生会逐渐发现,判断轴对称图形时,不能破坏图形本身,而是要通过对折来判断。这样,学生不仅解决了问题,还真正理解了什么是轴对称图形。通过这种互动和引导,教师在教学中的主导作用得以充分发挥,不仅帮助学生掌握知识,还引导他们深入思考,真正理解所学内容。

总之,教师备课不仅是为了让自己明白要教什么,更是为了让学生明白要学什么。通过认真备课,教师可以更加明确教学的目标和任务,从而更有针对性地组织课堂活动,确保教学效果最大化。备课是教师的基本功,更是提升专业素养的重要途径。只有不断学习、深入思考,教师才能在教学中不断进步,用自己的智慧和努力助力学生的成长与发展。这是每位教师持续成长的重要方式。

二、课中,教师要做到传授有方

备好了课,教师要认真上课。那么,如何才能算是认真上课呢?这主要包括以下几个方面。

(一)以饱满的精神走进课堂

学生每天开开心心地背着书包上学,对于他们来说,您的这一节课只是他一天学习生活的一部分,教师状态的好与坏也直接影响着学生的心态。一个阳光、面带微笑的教师自然也很容易调动起学生的学习热情,营造一种积极向上的课堂氛围,从而让他们以同样的热情投入学习。反之,一位无精打采、面带怒容,或是说话有气无力的教师,在走进课堂的那一瞬间,就会影响这节课的教学效果。因此,教师必须学会调节情绪,不能把负面情绪带到课堂上。比如,在办公室与同事发生了争执,或刚刚受到校长的批评,教师在进入课堂前,可以深呼吸几次,让自己迅速从负面情绪中脱离出来,以最佳状态面对学生。同时,教师的积极态度还能激发学生的潜能,让学生感受到学习的乐趣,从而更积极地思考,主动参与讨论,提出问题并解决问题。总之,教师要以饱满的精神状态走进课堂,才能真正做到以学生为本,从而使每一堂课都充满生机和活力。

(二)采用有效的教学形式

新课标强调,学生的学习应是积极主动的,认真倾听、独立思考、动手实践、自主探索和合作交流等方式都是数学学习的重要途径。虽然我们不否认真听讲的重要性,但教师应根据教学内容灵活选择教与学的方式。目前,许多课堂仍然普遍存在单一的师讲生听的教学模式,有些教师为了提高成绩,往往以讲代学,以讲代练。学生能够独立掌握的知识,教师仍在讲解;学生能通过操作理解的知识,教师则通过课件演示代替讲解;而对于教学中的重难点,教师常常是一讲再讲。正如苏霍姆林斯基所说:"教学和教育的技巧与艺术在于,让每个学生的潜力和可能性得以发挥,使他们在脑力劳动中体验成功与乐趣。"而我们这样的课堂,其乐趣与价值何在?对于学生来说,学习是一个主动且充满个性色彩的过程。因此,教师在教学中应关注学生的个性化学习和独特体验。在提出问题后,教师不应急于让学生交流,而应给予学生思考、动手操作和动笔尝试的时间与空间,让他们有更多独立获取知识的机会。

例如:学习 20 以内的退位减法时,当学生列出了式子 16-9 时,不立即组织学生小组讨论,而对学生提出了以下要求:① 你能用自己的方法算一算得多少吗？② 想一想,你是怎样算的,准备在小组内交流。学生个个情绪高昂,非常投入,他们有的在思考,有的摆小棒,有的数手指,个别同学一边摆一边请教别人,课堂成为学生自己活动的天地。学生在学习过程中的独特感受和经历,对于个体而言是难能可贵的宝贵财富,同时也应为班级全体学生所共享。因此教师要为学生提供个性化学习展示的机会,给学生提供尽可能多的信息交流的机会和场所,让他们去发展自己的数学思想,去倾听别人的想法。这就必须改变传统组织教学的形式,采用个体探索、同桌学习、小组讨论、全班交流等方式,让学生在合作中体会数学、体验生活。

例如,在学习"公因数和最大公因数"时,学生已有了对倍数和因数的初步认识,能够找出 100 以内某个自然数的所有因数。基于学生已有的知识和经验,教师大胆放手,给学生充分的时间和空间,让他们经历"猜想—操作验证—观察分析—总结概括"的过程,从而理解公因数和最大公因数的意义。在这种学习过程中,教师不再是单纯的知识传授者,而是学生学习的组织者和引导者,真正做到了以学生为中心,为学生创造了一个充满活力和创造力的学习环境。

(三)让学生经历扎实的学习过程

学生的学习过程不仅是获得知识的过程,更是提升智慧、发展思维的过程。学生只有在深刻的学习经历中,才能真正理解和掌握数学的核心概念和原理,不断提升思维能力和独立解决问题的能力。因此,教师在设计教学时,应确保每一个环节的合理性和科学性,帮助学生逐步深入,层层递进地学习数学知识。

1. 给学生足够的思考空间。

独立思考是理解和掌握知识的关键环节。课堂上,教师应避免急于求成,耐心等待学生的思考结果,并鼓励他们独立探索和发现。如教学重叠问题时,教师给学生两份名单,一份是参加小记者名单,一份是参加小交警活动的名单。教师让学生在名单上找找哪些同学只参加了一项活动,哪些参加了两项活动。学生在找的过程中遇到了困难,随即教师让学生以小组为单位整理这两份名单,让人一眼就看出哪些同学只参加了一项活动,哪些参加了两项活动,并且还能清楚看到参加活动的一共有几人。有的小组想到要把重复的名字拿走,把两项都参加的放中间;有的小组想到把两项都参加放到最上面,还有的想到用线把两项都参加的连起来。在交流中学生发现把重复的名字拿走,把两项都参加放到两个小组中间更符合整理要求。没有教师反复的讲解,课堂上教师给予学生充分思考和交流的时间与空间,韦恩图就在学生摆一摆、说一说、圈一圈的过程中产生了。

2. 创设交流机会,促进知识建构。

数学知识是教师讲清楚的,还是学生想清楚的?显然,教师讲得清楚并不意味着学生就能想清楚,学生的数学学习过程应当表现为一个探索与交流的过程,在探索的过程中形成对数学的理解,在与他人的交流中逐渐完善自己的想法。师生之间、生生之间互动对话后产生的思想,不是1+1=2,而是1+1>2。如学习"分数乘整数"时,列出算式后,教师让学生独立试做,教师在巡视中选取学生的几种方法张贴在黑板上。

① $\frac{1}{2} \times 6 = 0.5 \times 6 = 3$(米)

② $\frac{1}{2} \times 6 = \frac{1}{2} + \frac{1}{2} + \frac{1}{2} + \frac{1}{2} + \frac{1}{2} + \frac{1}{2} = \frac{6}{2} = 3$(米)

③ $\frac{1}{2} \times 6 = \frac{1 \times 6}{2} = \frac{6}{2} = 3$(米)

④ $\frac{1}{2} \times 6 = \frac{1 \times 6}{2 \times 6} = \frac{6}{12} = \frac{1}{2}$(米)

⑤ $\frac{1}{2} \times 6 = \frac{1}{2 \times 6} = \frac{1}{12}$(米)

面对学生的这些方法,教师没有过早介入,而是引导学生展开全班交流,在交流中寻找正确的方法。

师:这几种做法哪些是对的,哪些是错的?

生:④和⑤是错的,①、②、③是对的。

师:其他小组还有不同意见吗?看来大家都认为④和⑤这两种做法是错的。具体说说,为什么错了?

生1:一根布条长 $\frac{1}{2}$ 米,6根布条不可能还是 $\frac{1}{2}$ 米。

生2:一根布条长 $\frac{1}{2}$ 米,6根布条怎么可能是 $\frac{1}{12}$ 呢?还没有一根长。

师:再看这三种做法。先看做法①,他是怎么做的?

生：他把$\frac{1}{2}$化成了小数 0.5，0.5×6=3。

师：把分数乘法转化成了我们以前学过的小数乘法，用以前学过的旧知识来解决新问题，方法①产生了。再看做法②，他又是怎么做的？

生4：因为$\frac{1}{2}$×6 表示 6 个$\frac{1}{2}$相加，写成分数加法算式。

师：它是根据分数乘整数的意义，把乘法算式写成了加法算式，再利用同分母分数相加的方法计算，也是把新知转化成了旧知，方法②也诞生了。再看做法③。

生：他把分子 1 乘 6 相乘，分母没变。

师：对于这种方法，你有没有什么疑问？

生：为什么要把分子 1 和 6 相乘，而不和分母相乘呢？

师：你真会提问题，是呀，为什么要把分子 1 和整数 6 相乘呢？这个问题你能解答吗？

师：同学们听明白了？谁能再说说为什么要分子 1 和 6 相乘？

生：因为$\frac{1}{2}$×6 表示 6 个$\frac{1}{2}$相加，同分母分数相加，分母不变，分子是 6 个 1 相加，所以用 1×6。

师：现在你明白了吗？（指刚才有疑问的那个同学）现在你能再说说为什么要把分子 1 和 6 相乘吗？（结合学生回答教师进行课件演示）

师：同学们想到了三种方法计算分数乘整数，下面用自己喜欢的方法计算$\frac{2}{3}$×9。

（生独立完成，展示交流）

师：同学们都做完了，坐好，哪个同学想来交流一下你的做法？

生：我是这样算的，$\frac{2}{3}×9=\frac{2×9}{3}=6$

师：和他做的一样的请举手。为什么这次都不选择这两种方法计算呢？（指着黑板上两种）

生：因为$\frac{2}{3}$不能化成有限小数，用加法麻烦。

师：看来这两种方法在计算分数乘整数时都有局限性，而第三种方法有普遍性。

师：现在谁能说一说，怎么计算分数乘整数？

上面案例，教师要善于借力，拨动问题之球在学生之间流转，借同伴之力促学生想清楚;善于挑拨,挑起学生间的认知分歧,让学生在争论中对知识越辩越明;善于使坏,摧毁学生原有的认知大厦,引他们重新搭盖。

(四)做好当堂训练,及时巩固新知

当堂训练是帮助学生巩固新知识、查漏补缺的重要环节。课堂上新知学完后,教师可以通过设置多样的练习,帮助学生巩固新知。① 设计多层次练习题。教师可以根据教学目标,设计多层次的练习题,从基础到提高,逐步加深难度。② 设置限时练习。新知学习后,教师可以计时,要求学生在一定时间内完成一些题目,有效训练学生的专注力和做题速度。③ 组织小测验。教师定期安排小测验,检测学生对知识的掌握情况。根据测验结果,分析学生的薄弱环节,进行针对性的再教学和再训练。④ 及时反馈与讲解。当堂训练后,教师应立即检查学生的答案,并进行集体讲解,分析常见错误及其成因。扎实的当堂训练,教师能够有效帮助学生掌握数学知识,提高课堂教学质量。

总之,认真上课,让每一节课都充满生机和活力,让每一个学生都能在课堂上有所收获、有所成长,不仅是教师的职责,更是对学生负责的体现。

三、课后,教师要做到评改有心

作业是课堂教学的延伸和补充,通过作业的布置和批改,教师可以了解学生对课堂内容的掌握情况,从而有针对性地进行辅导,提高教学效果。

(一)精心选择作业,合理布置

结合课堂教学内容,教师应精心选择和合理布置作业。作业的布置不在于量的多少,关键是是否有针对性,能否真正提升学生的学习质量。教师要根据学生的不同水平和学习需求,设计层次分明的作业,让每个学生都能在适合自己的挑战中取得进步,从而既能帮助学生夯实基础,又能激发他们的学习兴趣和潜能。

例如:学习了圆柱的表面积和体积后,教师可以设计不同层次的作业:必做题(如已知底面半径或直径,求侧面积、表面积和体积的基本题),选做题(如"西山公园要挖一个圆形水池,底面周长是 942 米,深 3 米。这个水池的占地面积是多少平方米?"或"一台压路机的前轮是圆柱形,轮宽 1.5 米,直径 1.2 米,前轮转动一周,压过的路面是多少平方米?"),挑战题(如"一个高 6 厘米的圆柱,如果它的高增加 3 厘米,那么它的表面积就增加 18.84 cm^2,原来圆柱的体积是多少?")。

学生可以根据自己的实际情况选择适合的题目作答,这样既能巩固所学知识,也能明确自己还有哪些知识需要进一步学习。通过这种层次化的作业设计,不同层次的学生都能找到适合自己的学习任务。基础薄弱的学生可以体验到学习成功的乐趣,而优秀的学生则能够挑战更有难度的题目,获得进一步的成长与提升。

(二)及时批改作业,反馈有效

教师批改作业并提供有效反馈是帮助学生改进学习和掌握知识的关键环节。教师不仅要通过批改作业了解学生的学习情况,还应采用多种方式给予具体、针对性的反馈,帮助学生纠正错误,巩固知识。

1. 逐一批改,精准施教。

教师应逐一批改每一位学生的作业,而不是简单地检查对错。通过逐题批改,教师能够发现学生在某些知识点上的共性问题,了解哪些概念或方法是学生普遍感到困难的。例如,批改过程中,如果发现多个学生在"分数的约分"题目上出错,教师就可以在下节课上有针对性地进行讲解和集体练习,确保所有学生都能掌握这一知识点。

2. 符号引导,细致反馈。

在批改作业时,教师不仅可以使用一些符号或图示来使反馈更加直观。例如,使用"√"表示正确,"?"表示需要改进的地方,或者画一个"放大镜"符号表示需要特别注意的知识点。同时还可以在作业上指出问题的原因,并提供具体的改进建议。例如,如果学生在计算过程中出现了小数点位置的错误,教师可以在批注中写道:"你可以试着用竖式再核对一次小数点的位置。"通过这样的具体指导,学生能更清楚地知道自己错在哪里以便及时改正。这种批改方式,学生能够清楚地看到自己的进步和问题所在,促进持续学习和改进。

3. 多种反馈方式,鼓励与建议并重。

教师可以通过多种方式给予学生反馈,除了指出错误,还应给予鼓励性的评语,增强学生的学习信心。例如,教师可以在作业的最后写下:"你在解题思路上有进步,继续努力!"或"虽然这题做错了,但我看到你在尝试不同的方法,保持这样的探索精神。"这种正面反馈有助于学生保持积极的学习态度,减少因错误而带来的挫败感。

4. 课堂反馈,集体讲评。

在作业批改后,教师可以在课堂上进行集体讲评,针对作业中出现的典型错误和难点问题进行讲解。例如,在讲评"周长与面积"相关题目时,教师可以利用图示或者实物演示来加深学生的理解。通过全班讨论和互动,学生可以从他人的错误中吸取教训,避免类似问题的发生。

通过以上多种措施,教师在批改作业的过程中不仅能够及时发现学生的问题,还能通过有效的反馈和指导,帮助学生不断进步,提高学习效果。有效的作业批改和反馈是课堂教学的重要延续,可以真正实现以学生为中心的差异化教学。

(三)关注学困生,个别辅导

教师在批改作业和辅导学生时,应特别关注学困生,给予他们更多的关注和帮助。对于学困生,教师应耐心细致地进行个别辅导,帮助他们克服学习中的困难,树立学习的信心。

1. 定期辅导,精准帮扶。

教师应充分利用好课后服务的时间,每周为学困生提供课后辅导。通过观察学生的作业和课堂上的表现,找出他们在知识掌握中存在的问题。例如,在异分母分数加减法教学中,不少学困生会把分子和分子相加减,分母和分母相加减。这是因为他们对分数单位的理解还不到位,很容易受整数、小数加减的影响,不理解通分的必要性。对此,教师要从基础入手,帮助学生从简单的分数单位开始理解,并在此基础上从同分母分数加减逐步过渡到异分母加减,再通过分层练习题,帮助学生通过循序渐进的练习逐步掌握相关知识。

2. 同伴互助,共同成长。

同伴互助是帮助学困生提高学习效果的有效方法之一。教师可以引导学困生与学有余力的学生结成学习伙伴,让他们在课堂上或课后共同完成学习任务。例如,在学习"乘法口诀"时,学有余力的学生可以为学困生提供帮助,通过口头练习、互相提问等方式加深记忆。这种方式不仅有助于学困生的进步,还能增强学生之间的合作意识和团队精神。

3. 家校携手,合力共进。

教师可以通过电话、家校联系本或在线沟通平台等方式,与学困生的家长保持密切联系。通过了解学生在家的学习习惯和表现,教师可以和学生家长共同制订个性化的辅导计划。例如,如果家长反映学生在家中缺乏数学练习的主动性,教师可以建议家长在每天固定时间陪同学生完成一定量的数学练习,并进行适当的鼓励。家校合作能够更好地帮助学困生养成良好的学习习惯。

4. 关注情感,激发动力。

学困生的学习困难有时不仅仅是知识点的欠缺,还可能伴随有负面的情感体验和学习态度。教师在个别辅导中应关注学生的情绪状态,给予耐心倾听和理解,帮助他们从情感和态度上正向看待学习困难。例如,教师可以通过分享自己或其他学生克服学习困难的故事,激励学困生面对挑战,坚持努力,逐步树立起积极的学习态度。

通过以上措施,教师能够在个别辅导中更有针对性地帮助学困生克服学习障碍,增强学习信心,逐步提高数学成绩。同时,这种个性化的关注和辅导,也体现了教育的公平性和因材施教的理念,让每一个学生都能在适合自己的节奏中不断进步。

附教学设计一

"比的认识"教学实践与思考

▶ **课前思考**

"比的认识"是一节概念课,包含的内容多而杂,其中,理解比的意义是本节课的重、难点。学生理解比的意义有几点困惑:一是生活中的比多少、比大小、赛场中的比分是比吗?二是同类量的倍数比是比,那不同类量的比也是比吗?三是既然两数相除就是比,学了除法,为什么还要学习比呢?因此,如何基于学生生活经验,引导他们深刻理解比的本质,便成为本节课的价值追求。

▶ **课堂实录**

一、激趣导入

师:今天的数学课我们就从两杯蜂蜜开始。(课件出示)

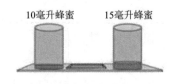

10毫升蜂蜜   15毫升蜂蜜

图6-2　蜂蜜水情境导入图1

师:哪个杯子的蜂蜜多?

生(众):第二杯。

师:继续第二个问题,如果往两个杯子里分别加水,哪杯蜂蜜水更甜?

生1:第二杯,因为第二杯的蜂蜜多。

生2：不能确定,还要看加了多少水。

师：看来要比较哪个杯子的蜂蜜水更甜,只知道蜂蜜的多少行不行? 还要考虑?

生(众)：加了多少水。

【思考】由"哪杯蜂蜜多""哪杯蜂蜜水更甜"这一学生熟悉的生活问题引入教学,学生在不知不觉中跳进教师设下的"陷阱"。激发学生兴趣的同时,也激活了学生思维,拉近了数学与生活的距离。交流中学生发现：比较蜂蜜的多少,只需要一个量;而比较蜂蜜水的甜度,则需要两个量,初步渗透了比的模型——研究两个量的关系。

二、学习新知

1. 在变与不变中,初步认识同类量的比。

课件出示

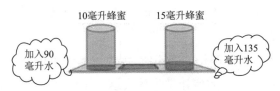

图 6-3　蜂蜜水情境导入图 2

师：看,第一个杯子加了 90 毫升的水,第二个杯子加了 135 毫升的水,现在你能比较出哪杯蜂蜜水更甜了吗?

生：一样甜。

师：你怎么知道的?

生：第一个杯子水的量是蜂蜜的 9 倍,第二个杯子水的量也是蜂蜜的 9 倍。

师：通过计算我们知道两杯蜂蜜水一样甜。怎么列式? (板书：$90 \div 10 = 9$ $135 \div 15 = 9$)因为两杯蜂蜜水中水的量都是蜂蜜的 9 倍,所以两杯蜂蜜水一样甜。还有不同方法吗?

生：用 $10 \div 90 = \frac{1}{9}$, $15 \div 135 = \frac{1}{9}$,蜂蜜的量都是水的九分之一。

师：看来用两个量之间的倍数关系就可以解决这个问题。当一个量是另一个量的几倍或几分之几时,除了用除法表示外,还有一种新的表示方法。就是我们今天要认识的比。(板书课题：比的认识)

师：我们来看第一杯蜂蜜水,还可以说水与蜂蜜的比是 90 : 10。那如果表示蜂蜜与水的比,该怎么写呢?

生：10∶90。

师：这次为什么数的位置变了呢？

生：因为这次把蜂蜜的量放在前面。

师：比还是有顺序的呢。两个量进行比较的时候，一定要弄清楚谁和谁比。现在你能用比描述一下第二杯蜂蜜水，水和蜂蜜的关系吗？（生答略）

师：你还能配出和刚才甜度一样的蜂蜜水吗？

生1：水的量与蜂蜜量的比是27∶3。

生2：水的量与蜂蜜量的比是180∶20。

…………

师：说了这么多种配法？能说得完吗？你能从这组数据中发现什么？

生1：水和蜂蜜一起增加或是减少，但9倍的关系不变。

…………

师：你们的这个发现是比一个很重要的特点，在今后的学习中，我们将会进行更深入的研究。

【思考】"比较两个同类量的关系时，如果以b为单位来度量a，称为a∶b"，这是比概念的本质描述。如何让学生体会这一本质？本环节学生继续围绕两杯蜂蜜水展开交流，在描述蜂蜜和水的关系时，教师由元概念"倍"自然引入"比"，揭示了比的本质意义。配制同等甜度的蜂蜜水时，教师引导学生发现蜂蜜和水的量虽在变，但量之间的倍数关系却不变，深入浅出地渗透了变中不变的函数思想。函数思想还原了比的本质，学生对比的认识由模糊走向清晰。

2. 在深层感悟中，认识不同类量的比。

师：现在大家对比有点感觉了吧，下面我们来做几个练习，用比表示每组信息中的两个量。课件出示：

（1）一个长方形长12厘米，宽9厘米。

（2）科技小组有女生3人，男生8人。

（3）一架客机2小时飞行1 600千米。

（1、2题生答略）

生1：第三组信息不能用比表示，因为它们的单位不同。

生2：路程除以时间等于速度，不是倍数关系。

师：很多同学认为路程除以时间不能用比表示，下面我们重点研究这组信息。客机2小时飞行1 600千米，1小时飞行多少千米？继续看，1小时可以飞800千米，2小时呢？3小时呢……你又发现了什么？

路程	时间	速度
800	1	
1 600	2	
2 400	3	
3 200	4	
4 000	5	
……	……	

生1:当路程增加时,所需时间也增加;当路程减少时,所需时间也减少。

生2:虽然路程和时间在变化,但速度始终保持不变。

师:你们有没有似曾相识的感觉?

生:感觉和刚才配蜂蜜水一样。

师:看来路程和时间之间也有比的这个特点对吧?判断两个不同的量能不能用比表示,关键看两个量之间是否有一个不变的量。比如路程和时间之间就有一个不变的量——速度。那路程和时间可不可以用比来表示呢?

生:可以。

师:以前我们说路程除以时间等于速度,今天学了比,我们还可以说速度是路程和时间的比。想一想,刚才为什么你们都认为这两个量不能用比表示呢?你发现它们的不同之处了吗?

生1:前面的比两个量之间是倍数关系,这个比求的是速度。

师:说得真好。我们把单位名称一样的两个量的比叫作同类量的比,单位名称不一样的两个量的比叫作不同类量的比。

师:除了路程和时间可以写成比的形式,还有哪些数量关系也可以写成比的形式呢?

生1:工作总量、工作时间、工作效率。

生2:单价、数量和总价。

师:下面我们一起来试一试,请说出下面的比。课件出示:

(1)用12元买了3个练习本。

(2)工人生产21个零件,需要3小时。

生1:总价与数量的比是12:4。

生2:工作总量与工作时间的比是21:3。

【思考】认识不同类量的比是学生学习"比"的一个不可或缺的环节。如何把不同类量的比引进来?教师巧借练习,引发冲突,激发了学生的探究欲望。

教师借助"1 小时飞行了 800 千米,2 小时呢……还能继续写下去吗?"引导学生发现原来路程和时间之间也有类似蜂蜜水的变与不变,不同类量之间也存在着比的关系。学生在交流中,进一步感悟了比的两种具象意义,对比的认识由单一走向多维。

3. 抽象比的意义,介绍比号的由来。

师:认识了这么多的比,那你能试着说一说到底什么是比吗?

生 1:比就是一个量变化,另一个量也变化,但两个量之间的关系不变。

生 2:比就是两个量不管怎么变,但关系一直不变。

…………

师:同学们理解得真好,比表示两个量之间的关系,我们用除法表示它们之间关系。

出示比的概念,两个数相除又叫作两个数的比。(生齐读)

师:知道了什么是比,那比号是怎么来的呢?我们来看一段视频。(课件出示微视频)

【思考】由同类量的比到不同类量的比,学生对比的理解呼之欲出。学生的尝试表述虽然有差异,但核心都指向比的本质。教师再适时引入数学文化,介绍比号的由来,不仅拓宽了学生的视野,也强化了比与除法之间的关系。

4. 自学相关材料,交流中完善认知。

师:其实比还有许多丰富的知识,请大家拿出课前发的资料卡,认真阅读,看看你有什么新的收获。阅读的时候可以用笔把你认为重点的内容圈出来。(学生自学,教师巡视指导)

师:哪个同学想来分享你的收获?

生 1:我知道冒号一样的符号叫比号,比号前面的数叫比的前项,比号后面的数叫比的后项。

生 2:我知道了比值可以用前项除以后项求出来。

师:那你们会求比值吗?试着求出下面这三个比的比值。

14:11   330:3   0.5:1

(生独立解决,交流答案)

师:继续观察这些比值,你又有什么发现?

(1)$14:11=14\div11=\dfrac{14}{11}$

(2)$330:3=330\div3=110$

（3）0.5：1＝0.5÷1＝0.5

生：比值不仅可以是一个分数，还可以是一个小数或者是整数。

师：那比、除法、分数之间有关系吗？把你的发现和同桌说一说。（同桌交流）

师：知道了他们之间的关系，相信下面的问题一定难不住你，比的后项可以是 0 吗？

生：不可以，因为除数、分母不能是 0，所以比的后项也不能是 0。

师：那如果用 a 表示被除数，b 表示除数，你能用字母表示比、除法、分数之间的关系吗？

生：$a：b＝a÷b＝\dfrac{b}{a}$（b≠0）

师：比、除法、分数虽然关系密切，但它们之间也是有区别的。比是一种关系，除法是一种运算，分数是一个数。

【思考】学生希望自己是发现者、研究者和探寻者，因此，教师要为学生提供更多的自主探索的时间与空间。学了比的意义后，教师让学生自学有关比的其他知识。在自学的基础上，通过师生、生生的讨论交流、展示反馈，灵活地把比纳入已有的知识体系中，形成了更加完整的知识结构。在这个过程中学生对比的理解更深入，学习能力也得以发展。

三、拓展应用

1. 辨析赛场中的比。

师：刚才我们探究出这么多比的奥秘，生活中，你们在哪些地方见到过比呢？（生交流略）

师：刚才这位同学提到了赛场上的比分，老师也带来了一场比赛，我们一起来看看。（出示 2019 年女排比赛视频）中国女排的姑娘们在第十三届女排世界杯比赛中，以 11 连胜的成绩获得了世界冠军。习近平总书记称赞她们不畏强手、敢打敢拼，打出了风格、赛出了水平。看，这是决定中国女排是否夺冠的最关键的一场比赛，中国队对塞尔维亚队。

图6-4　比分图

师：这些比是今天学的比吗？

生：我觉得最后一个不是比，因为比的后项不能是 0。

师：其他 3 个比是今天学习的比吗？（生附和是）

师：我们一起来看第一场 25∶16，你知道了什么？

生 1：中国队得了 25 分，塞尔维亚队得了 16 分。

生 2：中国队比塞尔维亚队多了 9 分。

师：因为中国队比塞尔维亚队多了 9 分，所以中国队赢了第一场比赛。第二场中国队比塞尔维亚队多了几分？第三场呢？看着这 3 个比，再看看今天学的这些比，你又有什么新的发现？

生 1：我发现这三个比是减法关系，不是除法关系，不是比。

生 2：它们看起来和比一样，但表示的意思不一样。

生 3：我还发现第二场塞尔维亚队的比分从 16 增加到 17，但中国队的分数一直没变。

师：现在你觉得这 3 个比与我们这节课刚学习的比一样吗？它们是比吗？

生：不是我们今天学习的比。

师：是的，比赛中的比不存在相除的关系，它只是一种记录分数的形式。

【思考】对学生而言，最熟悉的比莫过于赛场上的比分了。为什么学生会把赛场中的比分当作"比"呢？如何把比分从"比"的家族中请出去？本环节教师创设了中国女排奋力拼搏、勇夺冠军的真实情境，引导学生分析比分的意义，将学生对比的认识由"形"的定势中解脱出来，由关注比的"形"到理解比的"神"。这一情境不仅激发了学生的爱国热情和民族自豪感，还活跃了学生思维，使学生对比的认识由清晰走向深刻。

2. 感受比的应用。

教师出示生活中的一组比。

（1）制作馒头时，通常面粉和水的比是 2∶1。

（2）五星红旗长与宽的比是 3∶2。

（3）一种混凝土是由水泥、沙子、石子组成的，水泥、沙子、石子的比是 2∶3∶5。

师：看了这些比，你有什么问题吗？

生：第 3 个比有点怪，它有 3 个数。

师：从这个比中，你能知道哪些信息呢？

生：水泥和沙子的比 2∶3，沙子和石子的比 3∶5，水泥和石子的比 2∶5。

师：像这样不仅能把水泥和沙子、沙子和石子、水泥和石子的关系表示清楚,而且能同时把三个量的关系清清楚楚地表示出来的比,我们称为连比。既然 3 个数能比,那 4 个数呢? 5 个数呢……

师:刚才我们说了这么多生活中的比,想一想如果我们不按照这个比做馒头、做国旗、生产混凝土会怎样?

生 1:做馒头可能就一会儿加面,一会儿加水,很麻烦。

生 2:做国旗可能会变形。

生 3:混凝土不结实,就会是豆腐渣工程。

师:是的,比就像一把尺子,一个标准。有了它我们就可以做出好吃的馒头,做出大大小小的国旗,生产出合格的混凝土用来建造高楼大厦。

【思考】好素材、好问题能促进学生积极思考。本环节教师利用一组生活中的比,再次把数学与生活进行了有效对接。在观察质疑中,学生对比的认识由两个量拓展到三个量或更多的量,进一步体会了比的优越性。通过"如果不按照这个比做会怎样"这一现实问题,让学生深切感受到比就是一把度量的尺子、一个衡量的标准,可以给我们的生活带来更多的便利,将比的应用价值不断升华。

四、回顾总结

引领学生回顾本节课的学习过程。(略)

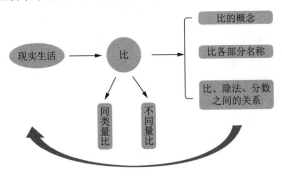

图 6-5 本节课学习过程回顾

【思考】课尾教师用思维导图引领学生回顾比的学习过程,再次关注知识和方法,使学生在可见的学习中学会结构化地思考问题,让经历变为经验,让方法提升为思想。

▶ 课后反思

在小学数学教学中,一方面需要教师把握数学的理性,另一方面也要尊重儿童的天性。该课教师很好地兼顾了这两点,从儿童经验出发,生动呈现了学生认识比的过程,深刻诠释了比的本质。

1. 生动呈现。

生动的学材成就了灵动的课堂。课始教师巧设梯度问题"哪杯蜂蜜多""哪杯蜂蜜水更甜",激发学生兴趣的同时还活跃了学生的思维。随即教师又以两杯蜂蜜水为纽带,在配置同等甜度蜂蜜水的过程中,引导学生初步体会了同类量比的变与不变;在探究路程和时间两个不同类量比时,学生再次发现原来不同类量的比也有类似蜂蜜水的变中不变,学生在思考、质疑、讨论、交流中建构了比的意义。随后,教师又呈现了赛场上的比分和生活中的比,这些贴近学生生活的学材,不仅让学生在应用中深化了对比本质的认识,还让学生体会到比就在我们身边,生活中处处有比。

2. 深刻诠释。

比表示两个量之间的关系,对关系的认识和理解是认识比的内核。该课教师引导学生由同类量的倍数比扩展到两个不同类量的比,学生在交流中发现,不管同类量的比还是不同类量的比,本质上都是变中有不变。认识比、分数、除法三者的关系时,学生学会了用数字表示,文字描述,字母表示,在具体到抽象的过程中,理解了三者的联系与区别,加深了对比概念的理解。对于赛场上的比分,学生认识到比分之间是"相差"关系,不是倍比关系,进一步认识了比。生活中的连比能表示两个或两个以上量的关系,学生体会了比的优势,扩展了比的应用。该课中,围绕比的本质和形式,学生完整地经历了比概念的抽象过程,深刻理解了比的本质。

附教学设计二

"重叠问题"教学设计与评析

▶ 教学内容

青岛版《小学数学四年级上册》智慧广场第124～125页。

▶ 教学目标

(1)通过具体情境,理解并掌握重叠问题的概念,能够借助直观图示,运用集合思想方法解决简单的重叠问题,体现解决问题策略的多样性。

(2)引导学生经历集合图的形成过程,初步感受数学的严密逻辑。在自主探究与合作交流中,培养学生勇于质疑、敢于探索、善于思考的精神,体验重叠问题建模的过程。

（3）在解决实际问题的过程中,感受数学与生活的紧密联系,获得成功的体验,提升对数学学习的兴趣。

◉教学准备

多媒体课件,练习纸,名片

◉教学过程

一、创设情境,激趣引课

师：同学们,冬奥会能圆满举办,离不开默默无闻的志愿者。为了弘扬这种奥运精神,我们学校组织学生积极参加小小志愿者活动,请看屏幕,(出示信息)你知道三年级一班参加社会实践活动的一共有几人吗？（19人)怎样列式？

师：这个问题也太简单了吧,一年级的小朋友也会。可我们已经三年级了,深入思考一下,一定是19人吗？

生：可能有同学两项活动都参加了。

师：有没有这种可能？看,这是三年级一班参加实践活动的名单。有没有两项活动都参加的？

师：都有谁？

师：果然有两项活动都参加的。像这样一人参加两项活动的,就属于重复现象,在数学上我们把有重复现象的问题叫作重叠问题,这节课我们就一起来深入研究重叠问题(板贴课题)。

二、合作探索,学习新知

（一）小组合作,整理信息

师：仔细观察这份名单,你一共找到几位既参加小记者又参加小交警活动的同学？

师：好找吗？那你能不能开动脑筋把这份名单整理一下,让人一眼看出哪些同学参加了两项活动,哪些同学只参加了一项活动？

师：有想法了吗？看起来有些困难。这样吧,老师给每个小组提供了一份名单,请同学们发挥集体的力量把名单整理一下。看一下整理后的作品要求,请你来读一读。

1. 能清楚地看出哪些同学参加了两项活动,哪些同学只参加了一项活动。

2. 能清楚地看出参加实践活动的一共有多少人。

师：开始行动吧！

（二）展示交流，感受集合

师：同学们都整理完了，请坐好，刚才在你们整理的过程中，老师也收集了几幅作品，我们一起来看一下。

1号作品：我们是用连线的方法，把重复的名字用线连起来。连线的是参加了两项活动的，没连的是只参加了一项活动的。

师：他们小组的这种整理方法，你听明白了吗？对这种整理方法你有什么疑问？

生：能看出哪些同学参加了两项活动，哪些参加了一项，但看不出总人数。

师：我们再来看2号作品。

2号作品：我们把参加两项活动的4个人放在上面，下面这些是只参加一项活动的。

师：对这种整理方法，你又有什么疑问？

生：总人数看起来还是19人。

师：哦，看来这种方法和刚才的第一种一样，总人数还是19人，还是不能清楚地看出参加实践活动一共有多少人。

师：我们再来看3号作品。

3号作品：我们把参加两项活动的名字放在中间，只参加一项活动的放在两边，我们把重复的名字拿走了。

师：他们整理的和之前那两个小组有什么不一样？

生：重复的人拿走了。

师：把重复的人拿走了，这下总人数就变成了多少人？现在你能清楚地看出参加实践活动一共有多少人了吗？

生：15人。

师：除了总人数的变化，还有什么不一样的地方？

生：两项活动都参加的放在中间。

师：你能给大家解释一下为什么要把重复参加两项活动的放中间吗？

生：因为他们既参加了小记者活动，又参加了小交警活动，所以把他们放在了中间。

师：同学们看，3号作品它既能清楚地看出哪些同学参加了两项活动，哪些同学只参加了一项活动，又能清楚地看出参加实践活动的总人数。所以，最符合我们整理要求的是几号作品？

（三）深入理解，初步建模

1. 认识韦恩图。

师：再来仔细看看 3 号作品。把重复参加活动的同学放在中间，他们既属于小记者组，又属于小交警组。谁能下来指指小记者的 10 人在哪里，小交警的9 人在哪里。

师：是这样吗？现在我们心里清楚了，那怎么能让别人一眼看出这 10 人是参加小记者活动的，这 9 人是参加小交警活动的？有没有什么好办法？

生：圈一圈，画一画。

师：老师这里有两个圈，还有一些小圆片，同学们能不能把刚才的想法搬到黑板上？请你们小组再一展身手。

师：谁能结合图示给大家介绍一下各部分的意思？

师：咱班同学们太了不起了！早在 1881 年韦恩发明了这种图形，用来解决重叠问题，（课件出示）它不但能清楚的看出各部分之间的关系，而且简洁易懂。为了纪念他的发明，人们就把这种图叫作韦恩图。（板贴：韦恩图）

师：现在你能看明白这幅韦恩图了吗？请你跟同位说一说这幅韦恩图各部分表示的意思。

2. 探究算法。

师：那三年级一班到底有多少同学参加了实践活动呢？还是 19 人吗？现在你能根据我们探究的韦恩图重新列出算式吗？将你的想法写在练习纸上。

师：谁来跟大家分享一下你的想法？

生：1：6+4+5=15（人）

师：来，结合韦恩图跟大家解释一下你为什么这么列式？

师：谁还有不同的想法？（生交流，师板书）

师小结：同学们真了不起！借助韦恩图想出了这么多算法，仔细观察这些算式，你有什么发现？（都减了 4）为什么都要减 4 呢？

师：是啊，在计数时，重复出现的人数只能算一次，所以要从总人数里去掉重复的人数。这些算法中，哪一种既简便又容易理解？

生：总人数减重复人数。

师：好，那以后遇到重叠问题，我们就用这种方法来计算。

三、归纳总结，提炼方法

师：其实，重叠问题的奥秘还有很多。再回过头来看看课开始的问题，试想一下，只能重复 4 人吗？还可能是几人？

师：只有一人重复的韦恩图是什么样？算式该怎样写？

师：还可能重复几人？又该怎样列式？3人呢？……看似一道简单的数学问题，却有这么多的可能呀！（课件全部呈现）现在请仔细观察这些算式，什么没变？什么变了？

师：结合这些算式，想一想，当遇到重叠问题的时候，该怎样列式计算？

四、巩固练习，拓展延伸

1. 基本练习，自主练习第一题。

师：现在同学们已经掌握了解决重叠问题的方法，我们一起做一道题试试吧。做后订正。

师：同学们，你知道到目前为止，世界上唯一一个既举办过夏季奥运会又举办过冬季奥运会的是哪个城市吗？

师：是的，是北京。北京又被称为双奥之城。作为一个中国人，你有什么感受？

师：是啊，两次奥运会的圆满举办，向全世界彰显了我们祖国的强大，瞧，奥运会中也藏着重叠问题。

五、全课总结，畅谈收获。

▶教学评析：本节课具有以下几个特点。

1. 情境创设贴近生活，激发学习兴趣。

本课从学生熟悉的冬奥会志愿者活动引入，使数学问题与生活实际相联系，学生通过情境中的社会实践活动数据，感受到数学的实用性和趣味性。教师通过逐步引导，帮助学生认识到数据中的"重复"现象，自然过渡到"重叠问题"的概念，激发了学生探索新知识的兴趣，也在潜移默化中渗透了对社会责任感的教育。

2. 动手操作探索，构建数学模型。

在教学过程中，教师引导学生整理重复数据。学生通过不同的方法整理名单并展示，逐步发现和构建了韦恩图这一有效工具。通过分组操作和讨论展示，学生能在图示化的帮助下直观理解集合的概念以及重叠问题的求解思路。此环节不仅帮助学生形象化、具体化地理解了抽象问题，还让学生通过建模逐步感受到数学的严谨性和逻辑性。

3. 总结归纳算法，强化逻辑推理。

教师通过层层深入的探究与归纳，帮助学生总结出解决重叠问题的通用算法——即在总人数中减去重复的人数。并通过不同数量重复的变化引导学生进行观察对比,强化了学生的分析能力和逻辑推理能力。最后的总结环节提升了学生对重叠问题一般解法的掌握,使学生对重叠问题的计算过程和集合思想有了更加深刻的认识,也提高了他们的数学建模意识。

附教学设计三

"公因数和最大公因数"教学设计与评析

▶ **教学内容**

青岛版小学数学四年级下册第七单元 93～95 页

▶ **教材解析**

本节课是青岛版《小学数学教材四年级下册》第七单元"分数加减法"中的内容,这是学生后续进一步学习异分母分数加减法以及分数乘除法的基础。之前,学生已经知道了什么是倍数和因数,也能够找出 10 以内自然数的倍数,以及 100 以内自然数的因数。该单元将在此基础上,继续深入学习倍数和因数的相关知识,理解什么是公倍数、最小公倍数、公因数和最大公因数,并掌握找出两个数的最小公倍数和最大公因数的方法。教材中信息窗呈现的是同学们在剪纸前进行裁制的场景,借助问题"正方形的边长可以是几厘米? 最长是几厘米?"引入对公因数和最大公因数的学习。

▶ **教学目标**

(1)通过解决实际问题,结合具体操作和交流活动,理解公因数和最大公因数的概念,掌握在 100 以内找出两个数的公因数和最大公因数的方法。

(2)在探索公因数和最大公因数的过程中,积累观察、猜测、验证、归纳等数学活动经验,培养初步的推理能力。

(3)会用公因数和最大公因数的知识解决简单的实际问题,并在解决过程中学会有条理、有依据地思考。在参与学习活动时,学生能感受到探索的乐趣,增强数学学习的信心。

▶ **教学过程**

一、创设情境,激发兴趣

师:中国剪纸属于世界级非物质文化遗产,今天,老师给大家带来了一些剪纸作品,一起来欣赏吧!剪纸社团的同学们在裁纸时遇到了困难,我们一起来看一看。

师：从图中你知道了什么？

预设1：把大长方形剪成小正方形。

预设2：边长是整分米。

预设3：剪完后没有剩余。

师："整分米""剪完后没有剩余"是什么意思呢？

生交流。

【设计意图】由剪纸社团在裁纸遇到问题的情境引入新课，有利于激发学生的学习兴趣。学生在解读问题的过程中理解了"整分米""剪完后没有剩余"的意思，激发了探究新知的欲望，也进一步体会到数学与生活的密切联系。

二、合作交流，探索新知

1. 猜想验证。

师：要剪成整分米还要没有剩余，我们来猜一猜正方形的边长可能是几分米？

预设：1分米、2分米、3分米、4分米……

师：大家有这么多的猜想，要想知道猜得对不对，我们还需要来验证一下。

师：由于长18分米、宽12分米的长方形太大，验证起来不太方便，我们就用长18厘米，宽12厘米的长方形纸来代替。你想用什么方法来验证？

预设：我想摆一摆试试。

师：老师为每个小组都准备了两张长方形纸和边长是1~5厘米的小正方形，下面我们就以小组为单位用摆一摆的方法来验证。

生小组活动，教师巡视。

【设计意图】猜想唤醒了学生已有的因数概念认知，验证使抽象的数概念蕴于具体的操作活动中，学生形象感知了小正方形边长与大长方形长与宽之间的关系，为理解公因数和最大公因教概念奠定了基础。

2. 全班交流。

师：哪个小组愿意下来交流一下你们的想法？

预设1：

A：我们用边长2厘米的正方形来摆，沿着长正好摆9个，没有剩余，沿着宽正好摆了6个，也没有剩余，所以用2厘米的来摆没有剩余。

B：我们用边长5厘米的摆，这两边都有剩余，所以用5厘米摆有剩余。我们还验证了1厘米的，也没有剩余。

师：你们组一共验证了三种，验证结果是，边长是1、2厘米没有剩余，边长

5厘米的正方形有剩余。

师：还有哪个小组想交流？

预设2：

A：我们组用边长3厘米的正方形来摆，沿着长正好摆了6个，沿着宽正好摆了4个，都没有剩余，大家同意吗？

B：用边长4厘米的摆了4个，后面摆不开了，有剩余。

C：不用了，这一行有剩余，下面的每一行都会有剩余。

师：你们组的验证结果是边长是3厘米的没有剩余，边长4厘米的正方形有剩余。

【设计意图】本环节让学生展示交流自己的验证过程，交流中学生既展示作品，又汇报数据，从而把生活问题转化为数学问题。同时也培养了学生的动手操作能力、小组合作能力、表达能力和推理意识。

3. 揭示关系。

师：刚才通过摆一摆，发现用边长1、2、3厘米的小正方形来摆，没有剩余。下面我们一起再来看一看（课件演示），仔细观察，你找到的这些小正方形的边长与长方形的长、宽有什么关系？

预设：1、2、3是18和12都有的因数。

师：谁听懂了他的意思？

预设：他的意思是说它们既是18的因数也是12的因数。

师：总结得真好。1、2、3既是18的因数也是12的因数，数学上我们还可以说它们是18和12的公因数。

师：谁能说说什么是公因数？

师：刚才在验证中我们还发现用边长4厘米和5厘米的小正方形来摆都有剩余，我们一起来看，你能解释一下这是为什么吗？

师：对了，4是12的因数但不是18的因数。能再简练一点吗？

生：4不是12和18的公因数。

师：表达得真准确，那5厘米呢？

生：5既不是18的因数也不是12的因数，5不是12和18的公因数。

师：那看来，要想没有剩余，正方形的边长必须符合什么条件？

生：正方形的边长必须是18和12的公因数。

师：刚才我们找到12和18的公因数有1、2、3，那12和18还有没有其他的公因数呢？

师：还需要再去摆吗？你有什么更好的办法？

生：可以算一算。

师：前面我们学习了怎样找一个数的因数，可不可以借助我们学过的知识想办法，找到它们的公因数？

生：可以写出 12 和 18 的因数，然后找出相同的因数。

【设计意图】数学的本质是研究联系，建立关系。学生在一系列的操作和交流活动中感知了图形边长与数之间的联系，在此基础上，教师引导学生展开对数之间关系的研究，公因数和最大公因数的概念也就水到渠成了，这为后续学习如何求公因数和最大公因数奠定了基础。

三、学习求公因数与最大公因数的方法。

1. 列举法。

师：18 的因数有哪些呢？我们一起来写一写，18 的因数有：1，2，3，6，9，18。

师：12 的因数呢？

生：12 的因数有：1，2，3，4，6，12。（生说师板书）

师：他们公有的因数有 1，2，3，6，为了看得更清晰，我们可以这样，先把它们圈出来，18 和 12 的公因数有：1，2，3，6，在这些公因数中最大的是 6，我们称它为 18 和 12 的最大公因数。

师：这就是今天要学习的新知识，板贴课题。回想一下，刚才我们是怎样找到 18 和 12 的公因数的？

师：像这种找公因数的方法，在数学上叫作列举法。

2. 集合图。

师：为了能更清楚形象地看出 1，2，3，6 既是 18 的因数，又是 12 的因数，我们还可以用集合图来表示公因数。这是 18 的因数，这是 12 的因数，想一想怎样能更清楚形象地看出 18 和 12 的公因数？

生：把两个圈重合一部分。

师：是这样吗？还认识它吗？我们的老朋友韦恩图。我们一起来填一填。

师：这是中间的部分填？表示…… 这边呢？表示……

师：看来，用集合图可以清楚地看出两个数的公因数。

师：好了，同学们通过刚才的研究，我们知道了要把这张小长方形剪成整厘米没有剩余的正方形，就是要找到 18 和 12 的公因数，那回到我们课前的问题，你能告诉剪纸小组的同学们要这张大长方形剪成整分米还没有剩余的正方形，也就是求……，他们可以选择的正方形的边长可以是 1，2，3，6。

师：如果想选择一种即省时又省力的方法，你建议他们选择哪种边长的正方形呢？为什么？

师：真会思考，是呀，因为 6 是公因数里面最大的。

【设计意图】学生理解了公因数和最大公因数的概念后，引导他们自主探索寻找两个数公因数和最大公因数。学生想到了不同的列举方法，拓宽了思维。通过将现实问题转化为数学问题，学生深入理解数学原理，体会公因数和最大公因数的实际意义。

四、巩固练习

师：我们在帮助剪纸小组解决问题的过程的同时，又学到了新知识。你会找两个数的公因数和最大公因数了吗？请你在作业纸上找出 24 和 18 的公因数和最大公因数。

师：刚才在填集合图时，我发现这位同学填得特别快，你能给大家介绍一下你怎么这么快就找到了它们独有的因数？

生：我把 24 和 18 的公因数圈了出来，剩下没圈的那些数就是它们各自独有的因数。

师：还有一位同学是这样找公因数的，他的方法与我们的有什么不同？

预设 1：他只找了 24 的因数，没找 18 的因数。

预设 2：他是先写出 24 的因数，然后圈出了一些数字，观察一下圈出的这些数字都是……

师：你的意思是说他从 24 的 8 个因数中去找出了 18 的因数，你觉得这样可以吗？

师：有没有什么疑问？老师有个疑问，他只是从 24 的 8 个因数中去找出了 18 的因数，除了这 8 个数，其他的数不需要试试吗？比如 9，10……

生：24 和 18 的公因数必须是它俩公有的因数，其他数字不是 24 的因数，就更不是 24 和 18 的公因数了，所以不用试其他数字。

师：刚才这位同学是从 24 的因数里圈出 18 的因数，找到公因数和最大公因数，我们也可以……先写出 18 的因数，再从中圈出 24 的因数，找到公因数和最大公因数，这种方法我们可以称为部分列举。前面我们用的方法，把 24 和 18 的因数列举出来，再找出公因数和最大公因数，这种方法可以称为全面列举。比较一下，你喜欢哪一种？为什么？

四、巩固练习

小红有一块长 36 厘米、宽 24 厘米的长方形布料。她想将其裁剪成边长为整厘米数的正方形布块,且不留剩余。请问,她可以选择边长为多少厘米的正方形布块?其中,边长最长是多少厘米?

师:完成了吗?下面我们一起来订正一下。谁来说一下你的答案?

生:可以选择边长是 1,2,3,4,6,12 厘米的布料,边长最长是 12 厘米。

【设计意图】练习的设计注重层次性,第 1 题是基本练习,第 2 题是引导学生用公因数和最大公因数的知识解决生活中的问题,有助于学生对数学知识的理解,增强学好数学的信心。

五、梳理总结

师:求公因数和最大公因数的方法还有很多,以后我们还会学习其他方法。你想了解古人是怎样求两个数的最大公因数吗?一起来看(课件演示)。

师:数学文化博大精深,古代流传下来的数学著作和数学思想更是我们中华民族的瑰宝,感兴趣的同学课后可以继续研究。

师:回顾本节课,我们在帮助剪纸社团解决裁纸问题中,经历了从猜想到验证的过程,借助对小长方形的验证,发现了要裁成整厘米还没有剩余,正方形的边长必须是 12 和 18 的公因数。在讨论交流中,我们学会了用列举法找出公因数和最大公因数,发现用集合图来表示公因数更清楚形象。最后我们又把所学的知识运用到生活中,生活中处处有数学,只要你善于发现、勤于思考,相信你一定会有更多的收获。

【设计意图】通过渗透数学文化,对学生进行数学文化方面的启迪和教育。在回顾本节课所学的知识、方法时,学生不仅掌握了数学知识,还感受到了学习数学的乐趣,增强了概括、归纳和总结的能力,提升了数学素养。

▶ 评析:本节课具有以下几个特点。

1. 情境贴近生活,激发学习兴趣。

本课以学生熟悉的"剪纸"活动为切入点,通过"剪纸时要边长相等且无剩余"的现实问题,顺势引出对"公因数"和"最大公因数"的学习。教师巧妙地将生活情境与数学知识有机融合,使抽象概念变得具体、生动,不仅有效激发了学生的学习兴趣与探究欲望,还让学生体会到数学与生活的密切联系。

2. 引导探究实践,深化概念理解。

教学中注重学生对知识的自主建构,组织学生经历"猜想—验证—分析—归纳"的完整探究过程。通过动手操作与小组讨论,学生逐步掌握了"公因数"和"最大公因数"的含义,理解了两者之间的关系。这样的探究式学习,既提升了学生的逻辑思维与表达能力,也促进了对数学概念的深入理解与内化。

3. 策略多样灵活,发展数学思维。

在"寻找最大公因数"的教学环节中,教师鼓励学生尝试多种解题策略,如列举法、集合图法等,引导他们在比较中选择更高效、合理的方法。学生在实践与交流中不断优化思路,不仅提升了问题解决的效率,也培养了策略意识和有序思维,进一步发展了灵活运用知识的能力和数学思维品质。

参考文献

[1] 中华人民共和国教育部. 义务教育数学课程标准(2022 年版)[S]. 北京: 北京师范大学出版社, 2022.

[2] 周玉仁. 小学数学教学论 [M]. 北京: 中国人民大学出版社. 1999.

[3] [苏] B. A 苏霍姆林斯基. 杜殿坤编译. 给教师的建议 [M]. 北京: 教育科学出版社, 2010.

[4] 教育部师范教育司组. 吴正宪与小学数学 [M]. 北京: 北京师范大学出版社. 2014.

[5] 章志光, 彭聃龄. 小学生年龄特点与教育 [M]. 江苏: 人民教育出版社. 1980.

[6] 熊雨佳. 小学数学量感培养的教学设计研究 [D]. 重庆: 西南大学, 2023.

[7] 张亦玫, 张泽庆. "除法竖式"教学实录与评析 [J]. 小学数学教育, 2024, (5): 51-53.

[8] 刘金花. 例谈小学数学数与运算一致性的教学探究 [J]. 数学教学通讯, 2024, (1): 58-59+62.

[9] 许霜霜, 丁杭缨. 整体架构关联要素——"旋转的再认识"教学实录与评析 [J]. 小学数学教育, 2024, (5): 36-38+69.

[10] 迟辉. 理法相融: 在多元表征中探寻运算一致性——"小数乘整数"教学实录与思考 [J]. 小学数学教师, 2024, (6): 30-35.

[11] 张荣美. 小学数学综合实践活动"活力教学"策略初探 [J]. 名师在线, 2024, (24): 2-4.

[12] 王雪傲. 融入数学文化的小学数学教学设计研究 [D]. 烟台: 鲁东大学, 2022.

[13] 鲜随花. 浅析新课标下小学数学单元整体教学策略 [J]. 智力, 2024, (9): 160-163.